KB040333

영어로 읽는 **논어**

돋을새김 푸른책장 시리즈 **026**

영어로 읽는 **논어**

초판 발행   2018년 9월 05일

지은이 | 공자
영 역 | 윌리엄 에드워드 수트힐
편역자 | 권혁
발행인 | 권오현

펴낸곳 | 돋을새김
주소 | 서울시 종로구 이화동 27-2 부광빌딩 402호
전화 | 02-745-1854~5 팩스 | 02-745-1856
홈페이지 | http://blog.naver.com/doduls 전자우편 | doduls@naver.com
등록 | 1997.12.15. 제300-1997-140호
인쇄 | 금강인쇄(주)(02-852-1051)

ISBN 978-89-6167-247-4 (03140)
Copyright ⓒ 2018, 권혁

값 14,000원

돋을새김
푸른책장
시 리 즈
0 2 6

영어로 읽는 논어

공자 지음 | **윌리엄 에드워드 수트힐** 영역

돋을새김

차 례

부록: 공자의 생애와 사상/논어에 대하여
      서양의 지식인들에게 전해진, 공자의 철학

이 책의 영어 원문은 윌리엄 에드워드 수트힐(William Edward Soothll)의 《THE ANALECTS OF CONFUCIUS》에서 전재한 것으로, 그가 중국 산시성 (山西省)에 있는 임페리얼 대학의 학장으로 재직하던 1910년에 번역한 것이다. 수트힐은 책의 서문을 통해 지나치게 학술적이어서 논어를 배우고자 하는 사람들이 쉽게 접근할 수 없었던 제임스 레게(James Legge) 박사의 번역을 좀더 쉬운 영어로 새롭게 번역했다고 밝히고 있다. 두 사람 모두 옥스퍼드 대학의 중국어학과 교수로 재직했다.

제1편 학이

1. 공자께서 말씀하셨다. "배우고 때때로 그것을 스스로 익히면 기쁘지 아니한가. 벗이 있어 먼 곳에서 찾아오면 즐겁지 아니한가. 다른 사람이 알아주지 않아도 화내지 않는다면 군자답지 않겠는가."

The Master said : "Is it not indeed a pleasure to acquire knowledge and constantly to exercise oneself therein? And is it not delightful to have men of kindred spirit come to one from afar? But is not he a true philosopher who, though he be unrecognized of men, cherishes no resentment?"

2. 유자(有子)가 말했다. "부모에게 효도하고 공손하면서 자신이 섬기는 사람을 배반하는 사람은 드물다. 자신이 섬기는 사람을 배반하지 않는 사람이라면 난(亂)을 일으키고 싶어 하지 않는다.

군자는 자신의 본분에 전념하는데, 그것이 확립되면 올바른 도가 생겨난다. 효도하고 공손한 것이 바로 인(仁)을 실천하는 근본이 아니겠느냐?"

The philosopher Yu said : "He who lives a filial and respectful life, yet who is disposed to give offence to those above him is rare ; and there has never been any one indisposed to offend those above him who yet has been fond of creating disorder. The true philosopher devotes himself to the fundamental, for when that has been established right courses naturally evolve ; and are not filial devotion and respect for elders the very foundation of an unselfish life?"

3. 공자께서 말씀하셨다. "말을 교묘하게 하며 얼굴빛을 좋게 꾸민 사람 중에는 어진 사람이 드물다."

The Master said : "Artful speech and an ingratiating demeanour rarely accompany Virtue."

4. 증자(曾子)가 말했다. "나는 매일 세 번 나 자신을 반성한다. 다른 사람을 위해 일을 도모하면서 충실하지 못한 것은 없는지? 친구들을 사귀며 신의를 다하지는 않았는지? 배운 것을 잘 익히지 못한 것은 없는지?"

The philosopher Tseng said : "I daily examine myself on three points. In planning for others have I failed in conscientiousness? In intercourse with friends have I been insincere? And have I failed to practice what I have been taught?"

5. 공자께서 말씀하셨다. "천승(千乘)의 나라를 다스릴 때는 일을 도모함에 있어서 신중하게 처리하고 신뢰를 얻어야 하며, 비용을 절약하고, 사람을 사랑하는 마음가짐을 갖추고, 백성을 부려야 할 때는 시기를 유의한다."

The Master said : "To conduct the government of a State of a thousand chariots there must be religious attention to business and good faith, economy in expenditure and love of the people, and their employment on public works at the proper seasons."

6. 공자께서 말씀하셨다. "젊은이들이 집에서는 효도하고, 집밖에서는 윗사람을 공경하며, 말과 행동을 조심하고 신뢰를 소중히 하며, 널리 사람들을 사랑하면서 어진 사람과 가까이 지내도록 해야 한다. 이런 것을 행하고도 남은 힘이 있다면 학문에 힘쓰는 것이다."

The Master said : "When a youth is at home let him be filial, when abroad respectful to his elders ; let him be circumspect and truthful, and while exhibiting a comprehensive love for all men, let him ally himself with the good. Having so acted, if he have energy to spare, let him employ it in polite studies."

7. 자하(子夏)가 말했다. "마치 미색을 좋아하듯이 어진 사람을 어질게 대하고, 부모를 모실 때 자신의 힘을 다할 수 있다면, 임금을 섬길 때도 자신의 몸을 바칠 수 있다. 친구와 사귈 때에도 언행에 믿음이 있다면, 비록 배운 바가 없다 해도 나는 그 사람이야말로 배운 사람이라고 말하겠다."

Tzu Hsia said : "He who transfers his mind from feminine allurement to excelling in moral excellence ; who in serving his parents is ready to do so to the utmost of his ability ; who in the service of his Prince is prepared to lay down his life ; and who in intercourse with his friends is sincere in what he says, though others may speak of him as uneducated, I should certainly call him educated."

8. 공자께서 말씀하셨다. "군자는 신중하지 못하면 권위가 없으며 배움도 견고함이 부족해진다. 충실과 신뢰를 중시하고 감당할 수 없는 사람을 친구로 사귀면 안 된다. 과오를 범했을 때는 즉시 그것을 고치는 데 서슴지 말라."

The Master said : "A Scholar who is not grave will not inspire respect, and his learning will therefore lack stability. His chief principles should be conscientiousness and sincerity. Let him have no friends unequal to himself. And when in the wrong let him not hesitate to amend."

9. 증자가 말했다. "장례에 진심을 다하고, 먼 조상의 제사에도 정성을 기울인다면, 백성들의 덕은 더욱 두터워질 것이다."

The philosopher Tseng said : "Solicitude on the decease of parents, and the pursuit of them for long after, would cause an abundant restoration of the people's morals."

10. 자금이 자공에게 물었다. "스승님(공자)께서는 다른 나라에 가시면 반드시 그 나라의 정치에 대해 들으셨는데, 이것은 스승님께서 청하신 것입니까, 아니면 그들이 스스로 묻는 것입니까?"

자공이 대답했다. "스승님의 자애로움, 선함, 공손함, 검소함, 겸양의 품성 때문에 자연스럽게 듣게 되는 것입니다. 스승님께서 구하고자 하는 것은 다른 사람들과 전혀 다릅니다."

Tzu Chin enquired of Tzu Kung saying : "When the Master arrives at any State he always hears about its administration. Does he ask for his information, or, is it tendered to him?"

"The Master," said Tzu Kung, "is benign, frank, courteous,

temperate, deferential and thus obtains it. The Master's way of asking, how different it is from that of others!"

11. 공자께서 말씀하셨다. "아버지가 살아 계시는 동안에는 그의 마음을 살펴보고, 돌아가신 다음에는 그의 행동을 살펴보아야 한다. 그리고 3년상 동안 아버지의 방식을 바꾸지 않는다면 효도한다고 말할 수 있다."

The Master said : "While a man's father lives mark his tendencies ; when his father is dead mark his conduct. If for three years he does not change from his father's ways he may be called filial."

12. 유자가 말했다. "예를 실천하는 데 있어서 가장 중요한 것은 조화로움이다. 앞선 왕들의 도에서는 이것을 가장 훌륭한 것으로 여겨서, 크고 작은 일들에서 이것의 이치를 따랐다. 그러나 조화로움만으로도 행해질 수 없는 경우란, 단지 겉치레에 지나지 않는 조화로움일 때이다. 이것을 예로써 절제하지 않으면 이 또한 세상에 통하지 못할 것이다."

The philosopher Yu said : "In the usages of Decorum it is naturalness that is of value. In the regulations of the ancient kings this was the admirable feature, both small and great arising therefrom. But there is a naturalness that is not permissible ; for to know to be natural, and yet to be so beyond the restraints of Decorum, is also not permissible."

13. 유자가 말했다. "신뢰가 의(義)에 가까워지면 내뱉은 말을 실천할 수 있다. 공손함이 예(禮)에 가까워지면 치욕으로부터 멀어진다. 가까운 사람에게도 그렇게 하면 가히 존경받게 된다."
The philosopher Yu said : "When you make a promise consistent with what is right, you can keep your word. When you shew respect consistent with good taste, you keep shame and disgrace at a distance. When he in whom you confide is not one who fails his friends, you may trust him fully."

14. 공자께서 말씀하셨다. "군자는 배불리 먹기를 추구하지 아니하고, 거처하는 데 편안함을 추구하지 아니하며, 행동은 민첩하게 하고, 말은 삼가며 도가 있는 곳으로 나아가 잘못을 바로잡는다. 그러면 가히 배움을 좋아한다고 말할 수 있다."
The Master said : "The Scholar who in his food does not seek the gratification of his appetite, nor in his dwelling is solicitous of comfort, who is diligent in his work, and guarded in his speech, who associates with the high-principled and thereby rectifies himself, such a one may really be said to love learning."

15. 자공이 말했다. "가난해도 남에게 아첨하지 않고 부유해도 다른 사람에게 교만하지 않다면 어떻겠습니까?"

공자께서 말씀하셨다. "그 정도면 괜찮은 것이다. 그러나 가난함을 즐길 수 있고, 부유해도 예의를 좋아하는 것만은 못하다."

자공이 물었다. "《시경》에서 '칼로 끊어내듯, 줄로 갈듯이, 정으로 쪼는 듯, 숫돌로 광을 내는 듯하다'라고 말한 것을 가리키는 것입니까?"

공자께서 말씀하셨다. "자공아! 이제 너와 함께 시를 이야기할 수 있구나! 옛것을 가르쳐주니 알려주지 않은 것까지 깨우치는구나."

"What do you think," asked Tzu Kung, "of the man who is poor yet not servile, or who is rich yet not proud?"

"He will do," replied the Master, "but he is not equal to the man who is poor and yet happy, or rich and yet loves Courtesy."

Tzu Kung remarked : "The Ode says : 'Like cutting, then filing ; Like chiselling, then grinding.' That is the meaning of your remark, is it not?"

"Tzu!" said the Master. "Now indeed I can begin to talk with him about the Odes, for when I tell him the premise he knows the conclusion."

14

16. 공자께서 말씀하셨다. "남이 나를 알아주지 않는 것을 근심하지 않을 것이며, 내가 남을 알지 못하는 것을 근심할 것이다."

The Master said : "I will not grieve that men do not know me ; I will grieve that I do not know men."

제2편 위정

1. 공자께서 말씀하셨다. "정치를 덕으로 하는 것을, 비유하면 북극성은 한 자리에 있고 주변의 별들이 그를 받들며 돌아가는 것과 같다."

The Master said : "He who governs by his moral excellence may be compared to the Pole-star, which abides in its place, while all the stars bow towards it."

2. 공자께서 말씀하셨다. "비록 《시경》에는 삼백 편의 시가 있지만, 한마디로 말하자면 '생각에 거짓이 없다'는 것이다."

The Master said : "Though the Odes number three hundred, one phrase can cover them all, namely, 'With undiverted thoughts.' "

3. 공자께서 말씀하셨다. "백성을 다스릴 때 법으로 이끌고, 질서를

16

잡을 때 형벌로 다스리면, 백성은 형벌을 면하여도 수치심을 모른다. 그러나 백성을 덕으로 이끌고 예로써 다스리면, 부끄러움을 알게 되어 더욱 품격을 갖추게 된다."

The Master said : "If you govern the people by laws, and keep them in order by penalties, they will avoid the penalties, yet lose their sense of shame. But if you govern them by your moral excellence, and keep them in order by your decorous conduct, they will retain their sense of shame, and also live up to standard."

4. 공자께서 말씀하셨다. "나는 열다섯에 학문에 뜻을 두었다. 서른에는 우뚝 섰으며, 마흔에는 미혹됨이 없게 되었고, 쉰에는 천명을 알게 되었으며 예순에는 무엇을 들어도 순조롭게 이해했으며, 일흔에는 원하는 바를 따라도 법도에 어긋남이 없었다."

The Master said : "At fifteen I set my mind upon wisdom. At thirty I stood firm. At forty I was free from doubts. At fifty I understood the laws of Heaven. At sixty my ear was docile. At seventy I could follow the desires of my heart without transgressing the right."

5. 맹의자가 효에 대해 묻자 공자께서 말씀하셨다. "어긋남이 없는 것이다."

수레를 몰고 있는 번지에게, 공자께서 이렇게 말씀하셨다. "맹손씨가 나에게 효에 대해 물었을 때, '어긋남이 없는 것이다'라고 말해주었다.

번지가 '무슨 뜻으로 말씀하신 것입니까?'라고 물었다.

공자께서는 다시 말씀하셨다. "효란 생전에는 예의로써 섬기고, 돌아가신 후에는 예법에 따라 장례를 치르고 제사를 올리는 것이다."

When Meng I Tzu asked what filial duty meant, the Master answered : "It is not being disobedient."

Afterwards when Fan Chih was driving him the Master told him, saying : "Meng Sun asked me what filial piety meant, and I replied 'Not being disobedient.' " Fan Chih thereupon asked, "What did you mean?" The Master answered : "While parents live serve them with decorum ; when they are dead bury them with decorum, and sacrifice to them with decorum."

6. 맹무백이 효에 대해 묻자 공자께서 말씀하셨다. "부모란 오로지 자식이 아픈 것만을 근심한다."

When Meng Wu Po asked what filial duty meant the Master answered : "Parents should only have anxiety when their children are ill."

7. 자유가 효에 대해 묻자 공자께서 말씀하셨다. "지금 사람들은 부모를 봉양하는 것을 효라고 생각한다. 그러나 개나 말 따위도 먹여 살리는 것은 마찬가지이니, 공경하지 않는다면 어떻게 구별할 수 있겠는가?"

When Tzu Yu asked the meaning of filial piety the Master said : "The filial piety of the present day merely means to feed one's parents but even one's dogs and horses all get their food ; without reverence wherein lies the difference?"

8. 자하가 효에 대해 묻자 공자께서 말씀하셨다. "항상 좋은 얼굴로 부모를 모시는 것이 어렵다. 어려운 일이 생겼을 때 자식들이 그 수고로움을 대신하고, 술과 음식을 윗사람이 먼저 드시게 한들, 이것을 효라고 할 수 있겠느냐?"

When Tzu Hsia asked the meaning of filial piety the Master said : "The demeanour is the difficulty. When there is anything to be done, that the young should undertake the burden of it ; when there is wine and food that they should serve them to their seniors ; is this to be considered filial piety?"

9. 공자께서 말씀하셨다. "안회와 더불어 하루 종일 이야기를

나누어보면, 전혀 거스르는 말을 하지 않아 어리석은 듯 보인다. 그러나 나중에 스스로 성찰하는 것을 보면, 내가 말한 내용을 충분히 실천하고 있으니, 안회는 어리석은 사람이 아니다."

The Master said : "I could talk to Hui for a whole day and he never raised an objection, as if he were stupid ; but when he withdrew and I examined into his conduct when not with me, I nevertheless found him fully competent to demonstrate what I had taught him. Hui! he was not stupid."

10. 공자께서 말씀하셨다. "그가 하는 바를 잘 주시하고, 그러한 연유가 무엇인지를 잘 살펴보고, 그가 편안해 하는 것이 무엇인지를 잘 관찰해 보면, 사람들이 어찌 자신을 감출 수 있겠는가, 사람들이 어찌 자신을 감출 수 있겠는가?"

The Master said : "Observe what he does; look into his motives; find out in what he rests. Can a man hide himself! Can a man hide himself!"

11. 공자께서 말씀하셨다. "옛것을 찾아 익히고 새로움을 알게 되면 이로써 스승이 될 만하다."

The Master said : "He who keeps on reviewing his old and acquiring new knowledge may become a teacher of others."

12. 공자께서 말씀하셨다. "군자는 그릇이 되어서는 안 된다."
The Master said : "The higher type of man is not a machine."

13. 자공이 군자에 대해서 물었다. 공자께서 말씀하셨다. "군자란 말보다 먼저 실행하고 그 후에 말이 뒤따르는 것이다."
On Tzu Kung asking about the nobler type of man the Master said : "He first practises what he preaches and afterwards preaches according to his practice."

14. 공자께서 말씀하셨다. "군자는 여러 사람들과 어울리면서도 당파를 만들지 않고, 소인은 당파를 만들어 여러 사람들과 어울리지 못한다."
The Master said : "The nobler type of man is broad-minded and not partisan. The inferior man is partisan and not broad-minded."

15. 공자께서 말씀하셨다. "배우고도 깊이 생각하지 않으면 얻어지는 것이 없고 생각만 하고 배우지 아니하면 대단히 위험하다."
The Master said : "Learning without thought is useless. Thought without learning is dangerous."

16. 공자께서 말씀하셨다. "그릇된 학문을 공부하는 것은 해로울 뿐이다."

The Master said : "To devote oneself to irregular speculations is decidedly harmful."

17. 공자께서 말씀하셨다. "유야! 지식이 무엇인지 너에게 가르쳐 주고 싶구나. 아는 것을 안다고 하고 모르는 것을 모른다고 하는 것, 그것이 바로 지식이다."

The Master said : "Yu! Shall I teach you the meaning of knowledge? When you know a thing to recognize that you know it, and when you do not know that you do not know, that is knowledge."

18. 자장이 녹봉을 받는 일에 대해 알려고 하자 공자께서 말씀하셨다. "많은 것을 들어도 의심스러운 것은 남겨두고, 다른 나머지를 신중하게 말하면 실수가 적어진다. 또한 많은 것을 보게 되어도 위태로운 것은 남겨두고 그 나머지를 신중하게 실행하면 후회할 일이 적어진다. 허허로운 말이 적어지고, 후회할 행동에 적으면 녹을 받는 일은 자연히 이루어진다."

Tzu Chang was studying with a view to preferment. The Master said to him : "Hear much, reserve whatever causes ; you doubt, and speak guardedly of the rest ; you will then suffer little criticism. See much, reserve whatever seems imprudent, and act guardedly as to the rest; you will then have few regrets. With little for criticism in your speech, and little to regret in your conduct, herein you will find preferment."

19. 애공이 물었다. "백성들을 따르게 하려면 어떻게 해야 합니까?" 공자께서 말씀하셨다. "정직한 사람을 천거하여 올바르지 않은 관리 위에 두면 백성들이 따르고, 올바르지 않은 사람을 뽑아서 정직한 관리 위에 놓으면 백성들은 따르지 않는다." Duke Ai enquired saying : "What should I do to ensure the contentment of the people?"
"If you promote the upright and dismiss the ill-doer," replied Confucius, "people will be contented ; but if you promote the ill-doer and dismiss the upright, the people will be discontented."

20. 계강자가 물었다. "백성들이 공경하고 충성하고 부지런히 일하게 하려면 어떻게 하면 되겠습니까?" 공자께서 말씀하셨다. "위엄을 갖추고 백성을 대하면 공경하게 되며, 부모께 효도하고 형제들을 사랑하고 진정으로 따르게 되며, 선한 사람을 뽑아 부족한 사람을 가르치게 하면 백성들은 부지런히

일하게 된다."

When Chi Kang Tzu asked how to inspire the people with respect and loyalty, so that they might be mutually emulous (for the welfare of the State), the Master said : "Lead them with dignity and they will be respectful ; be filial and kind and they will be loyal ; promote those who excel and teach the incompetent, and they will encourage each other."

21. 어떤 사람이 공자에게 말했다. "선생께서는 왜 정치를 하지 않으십니까?" 공자께서 말씀하셨다. "《서경(書經)》에 이르기를 '효도하는 것, 즉 효도하고 형제간에 우애가 넘치고, 이것을 정사(政事)에 베풀어라' 하였다. 이것이 바로 정치를 하는 것이니, 어찌 관직에 있어야만 정치를 한다고 할 수 있겠는가?"

Some one addressed Confucius with the remark : "Why, Sir, are you not in the public service?" The Master answered : "Does not the Book of History say concerning filial duty, – But one's duty as a son and friendliness to one's brethren are shewn forth in the public service? These then are also public service. Why should that idea of yours be considered as constituting public service?"

22. 공자께서 말씀하셨다. "사람에게 믿음이 없다면 어디에 쓰일

수 있겠는가. 만약 큰 수레의 소에 멍에를 매어둘 곳이 없고, 작은 수레에 말의 멍에를 걸어둘 곳이 없으면 어떻게 그런 수레를 끌고 갈 수 있겠는가?"

The Master said : "A man who is without good faith – I do not know how he is to get on. A waggon without its yoke-bar for the ox, or a carriage without its collar-bar for the horses, how can it be made to go?"

23. 자장이 물었다. "10번째 왕조 이후의 변화를 알 수 있을까요?" 공자께서 말씀하셨다. "은나라는 하나라의 예와 법을 승계했으니, 그것에 더했거나, 없앤 것을 알 수 있으며, 주나라는 은나라의 예와 법을 승계했으니, 그것에 더했거나 없앤 것을 알 수 있다. 아마 누군가 주나라를 계승한다면 비록 왕조가 백 번 바뀌어도 알 수 있을 것이다."

Tzu Chang asked whether the condition of things ten ages hence could be foreknown. The Master answered : "The Yin dynasty perpetuated the civilization of the Hsia ; its modifications and accretions can be known. The Chou perpetuated the civilisation of the Yin, and its modifications and accretions can be known. Whatever others may succeed the Chou, their character, even a hundred ages hence, can be known."

24. 공자께서 말씀하셨다. "자신과 관계없는 귀신인데도 제사를 지내는 것은 아첨하는 것이다. 의를 보고도 행하지 않는 것은 용기가 없는 것이다."

The Master said : "To sacrifice to a spirit not one's own is sycophancy. To see the right and not do it is cowardice."

1. 공자께서 계씨에 대해 말씀하셨다. "자신의 뜰에서 팔일무를 추게 하다니, 이것을 묵인할 수 있다면, 무엇인들 봐주지 못하겠는가?"

Confucius said of the head of the House of Chi, who had eight rows of dancers performing in his Temple : "If he can bear to do this, what can he not bear to do?"

2. 세 대부의 집안에서 제례를 올린 후에 '옹(雍)'을 노래하며 제기를 거두었다.

공자께서 말씀하셨다. "'제후들이 제례를 거들고, 천자께서는 곡을 읊으시니 그 모습이 장엄하구나'라고 했다. 그런데 이 노래를 어찌 세 대부의 제례에서 가져다 사용하는 것인가?"

The members of the three great houses of Lu used the Yung Ode at the removal of the sacrifices.

The Master said : "Assisted by princes and noblemen, Solemnly stands the Son of Heaven, – What application can this have in the Hall of the three Families!"

3. 공자께서 말씀하셨다. "사람으로서 인(仁)하지 못하다면 예가 무슨 필요가 있겠는가? 사람으로서 인(仁)하지 못하다면 음악을 해서 무엇 하겠는가?"

The Master said : "A man who is not virtuous, what has he to do with worship? A man who is not virtuous, what has he to do with the music (of the temple)?"

4. 임방이 예의 근본을 물었다. 공자께서 말씀하셨다. "대단한 질문이다! 예란 거창한 것이 아니고 오히려 검소한 것이다. 상례는 형식이 중요한 것이 아니고 오히려 슬퍼하는 것이다."

Lin Fang asked what was the chief principle in ceremonial observances. The Master answrered : "A great question indeed! In ceremonies in general, it is better to be simple than lavish : and in the rites of mourning, heartfelt distress is better than observance of detail."

5. 공자께서 말씀하셨다. "변방의 오랑캐에게도 군주는 있다. 그러나 중원에 왕조가 없는 것만도 못하구나."
The Master said : "The tribes of the east and north have their princes, and are not, like all our great land, without."

6. 계손씨가 태산에서 제를 지내려 하자, 공자가 염유에게 말씀하셨다. "너라도 막을 수 없겠느냐?" 염유가 대답했다. "제 힘으로는 가능하지 않습니다."
공자께서 말씀하셨다. "오호, 태산(의 신)이 임방만도 못하다는 말이냐!"
When the chief of the Chi family was going to sacrifice on Mount Tai, the Master addressing Jan Yu said : "Can you not save him from this?" "I cannot," he replied.
"Alas!" said the Master, "is that not saying that the Spirit of Mount Tai is not equal to Lin Fang?"

7. 공자께서 말씀하셨다. "군자는 다투어야 할 일이 하나도 없다. 그러나 반드시 한 가지를 겨룬다면 그것은 활쏘기이다. 그러나 겸양의 자세로 읍(揖)을 한 다음, 활 쏘는 자리에 오르고, 내려와서는 음주를 하는, 그러한 겨룸이야말로 군자의 모습이다."
The Master said : "A gentleman never contends in anything he

does. except perhaps in archery. Even then, he bows to his rival and yields him the way as they ascend the pavilion ; in like manner he descends and offers him the penalty cup, in his contentions he is still a gentleman."

8. 자하가 물었다. '아름다운 미소에는 정겨운 보조개가 생겨나고, 아름다운 눈에서 눈동자가 또렷해지며, 흰 바탕에는 여러 무늬가 그려지는 것이다'란 무엇을 뜻하는 것입니까?"
공자께서 말씀하셨다. "그림을 그리려면, 먼저 흰 바탕이 있은 다음에 할 수 있다."
자하가 말했다. "예는 나중의 일이라는 것입니까?"
공자께 말씀하셨다. "나를 일깨워주는 사람이 상(商)이다! 마침내 너와 함께 시경을 논할 수 있게 되었구나."
Tzu Hsia asked : "What is the meaning of the passage, — As she artfully smiles/ What dimples appear!/ Her bewitching eyes/ Shew their colours so clear./ Ground spotless and candid/ For tracery splendid!?"
"The painting comes after the ground work," answered the Master.
"Then Manners are secondary?"said Tzu Hsia. "It is Shang who unfolds my meaning," replied the Master. "Now indeed, I can begin to discuss the poets with him."

9. 공자께서 말씀하셨다. "난 하나라의 예에 관해서는 말할 것이 있다. 그러나 그 뒤를 이은 기(杞)나라는 증명할 길이 거의 없다. 은나라의 예에 관해서는 말할 수 있지만 그 뒤를 이은 송나라는 증명할 길이 거의 없다. 문헌이 부족하기 때문이니, 이것만 충분하다면 증명할 수 있을지도 모른다."

The Master said : "I can describe the civilization of the Hsia dynasty, but the descendant State of Chi cannot render adequate corroboration. I can describe the civilisation of the Yin dynasty, but the descendant State of Sung cannot render adequate corroboration. And all because of the deficiency of their records and wise men. Were those sufficient then I could corroborate my views."

10. 공자께서 말씀하셨다. "체(禘, 제례)를 올릴 때, 헌주한 이후의 절차를 나는 보고 싶지 않다."

The Master said : "At the quinquennial Sacrifice (in the Lu Ancestral Temple), after the libation has been sprinkled, I have no further wish to look on."

11. 어떤 사람이 체(제례)의 의미에 대해 물었다. 공자께서 말씀하셨다. "나도 모릅니다. 그것을 아는 사람이라면 천하를 다스리는 것도, 무릇 이것을 볼 수 있는 것과 같을 것입니다."

그리고 자신의 손바닥을 가리켰다.

When some one asked the meaning of the quinquennial sacrifice, the Master replied : "I do not know. He who knew its meaning, would he not find himself in regard to the whole Empire as if he were looking upon this?" – pointing to his palm.

12. 공자께서는 조상에게 제사를 지낼 때에는 마치 조상이 살아 있는 듯이 행하였으며, 신께 제사 지낼 때는 마치 신이 내려와 있는 듯이 했다.
공자께서 말씀하셨다. "내가 직접 제사를 행하지 않는다면, 제사를 지내지 않는 것이나 다름없다."

He sacrificed (to his forefathers) as if they were present ; he sacrificed to the gods as if the gods were present.

The Master said : "For me not to be present at a sacrifice is as if I did not sacrifice."

13. 왕손가가 물었다. '안방의 신에게 아첨하는 것보다는 차라리 부엌의 신에게 아첨하는 것이 낫다'는 것은 어떤 의미입니까?"
공자께서 말씀하셨다. "그렇지 않다. 하늘에 죄를 짓게 되면 빌어야 할 곳이 없는 법이다."

Wang-sun Chia enquired, "What is the meaning of the saying, 'It is better to pay court to the god of the hearth than to the god of the hall?' "

"Not so," answered Confucius, "He who sins against Heaven has no where left for prayer."

14. 공자께서 말씀하셨다. "주나라는 하, 은 두 왕조를 거울삼았기에 찬란한 문화를 만들어냈다! 나도 주나라의 문화를 계승할 것이다."

The Master said : "Chou had the advantage of surveying the two preceding dynasties. How replete was its culture! I follow Chou."

15. 공자께서는 태묘에 제사지내면서, 매사에 묻고 또 물었다. 그러자 어떤 사람이 말했다. "추읍에 살던 어떤 사람의 아들이 예를 안다고 누가 말했느냐? 태묘에서 매사에 묻고 또 묻고만 있는데."

그 말을 듣고 공자께서 말씀하셨다. "그것이 바로 예다."

When the Master first entered the Grand Temple he asked about everything, whereupon some one remarked, "Who says the son of the man of Tsou knows the correct forms? On entering the Grand Temple he asks about everything." The Master hearing (of) it remarked : "This too is correct form."

16. 공자께서 말씀하셨다. "활쏘기에서는 과녁에만 집중하지 않는다. 힘을 쓰는 것이 저마다 같지 않기 때문이다. 옛날에는 이것이 법도였다."

The Master said : "In archery (piercing) the target is not the essential, for men are not of equal strength. Such was the rule of yore."

17. 자공이 곡삭제에서 양을 바치는 희생의식을 하지 않으려 하자, 공자께서 말씀하셨다. "사야, 너는 그 양을 가엾게 생각하는 것일 테지만, 나는 그 예를 소중하게 여긴다."

Tzu Kung wished to dispense with the live sheep presented in the Ducal Temple at the announcement of the new moon. The Master said : "Tzu! You care for the sheep. I care for the ceremony."

18. 공자께서 말씀하셨다. "임금을 대할 때 예를 다하면 사람들은 아첨을 한다고 생각한다."

The Master said : "If one were to serve one's Prince with perfect homage, people to-day would deem it sycophancy."

19. 정공이 물었다. "임금이 신하를 대하는 것, 신하가 임금을 섬기는 일은 어떻게 해야 합니까?"

공자께서 말씀하셨다. "임금은 예로써 신하를 대하고, 신하는 충으로 임금을 섬기는 것입니다."

When Duke Ting asked how a Prince should employ his ministers, and how ministers should serve their Prince, Confucius replied saying: "A Prince should employ his ministers with courtesy. A minister should serve his Prince with loyalty."

20. 공자께서 말씀하셨다. "《관저》 편은 즐길 때도 지나치지 않으며, 슬퍼도 마음을 상하게 하지 않는다."

The Master said : "The Kuan Chu ode is passionate without being sensual, is plaintive without being morbid."

21. 애공이 재아에게 사(社)에 대해 물었다. 재아가 대답했다. "하나라 왕조가 소나무를 심었고, 은나라는 측백나무를 심었으며, 주나라는 밤나무를 심었는데 백성들을 두렵게 하려는 것이었다고 합니다."

공자께서 이를 듣고 말씀하셨다. "이루어진 일은 논란하지 말고, 끝난 일은 따지지 말며, 이미 지나간 일은 탓하지 않는 것이다."

When Duke Ai asked Tsai Wo concerning the Altars to the tutelary deities of the land, Tsai Wo responded : "The Sovereign of Hsia adopted the pine, the men of Yin the cypress, but the men of Chou

the chestnut, intimating that the people should stand in awe."
On the Master hearing of this he said : "When a deed is done it is
useless to discuss it, when a thing has taken its course it is useless to
remonstrate, what is past and gone it is useless to blame."

22. 공자께서 말씀하셨다. "관중은 그릇이 작다!"
어떤 사람이, "관중이 검소했다는 뜻입니까?"라고 물었다.
공자께서 말씀하셨다. "관중은 집을 세 채나 가지고 있었고, 그의
관리들은 업무를 겸하지도 않았다. 그러니 어찌 검소하다고 말할
수 있겠는가?"
"그렇다면 관중이 예를 아는 것입니까?"
공자께서 말씀하셨다. "나라의 임금만이 새문(塞門)을 설치할 수
있는데, 관중도 새문을 세웠다. 두 나라의 임금을 위한 연회에서
임금만이 술잔을 놓는 자리를 정할 수 있는 것이다. 그런데 관중도
술잔을 놓는 자리를 만들었다. 관중이 예를 안다면, 예를 모르는
사람은 아무도 없겠구나."
The Master said : "The calibre of Kuan Chung's mind was but
limited!"
Some one observed : "Do you mean that Kuan Chung was
economical?" "Kuan," he replied, "maintained his San Kuei palace,
and the members of his staff performed no double duties — how can

he be considered economical?"

"But surely Kuan Chung understood etiquette?"

"The Prince of a State," said Confucius, "has a screen to mask his gate, — Kuan too had his gate screen. Princes of State, when two of them have a friendly meeting, use a stand for their inverted pledge-cups, — Kuan too used such a cup-stand. If Kuan understood etiquette who does not understand it?"

23. 공자께서 노나라의 태사에게 악에 대해 말씀하셨다. "악은 쉽게 알 수 있는 것입니다. 여러 소리가 세차게 시작되고, 계속 이어지면서 조화를 이루게 되면 음이 또렷해지고 실 뽑듯이 흘러나오며 완성됩니다."

The Master discoursing to the State Band Master of Lu on the subject of Music said : "The Art of Music may be readily understood. The attack should be prompt and united, and as the piece proceeds it should do so harmoniously, with clearness of tone, and continuity of time, and so on to its conclusion."

24. 의 읍의 관리가 뵙기를 청하며 말했다. "군자께서 우리 고을을 지나칠 때면 제가 만나지 못한 적이 없었습니다."

공자의 제자들이 만날 수 있게 해주었더니, 관리가 밖으로 나와 말했다.

"그대들은 공자께서 관직이 없는 것을 왜 걱정하는 것인가? 천하의 도가 없어진 지 오래되었으니, 천하는 장차 선생님을 세상의 목탁으로 삼을 것입니다."

The Officer in charge of the frontier town of I requested an interview, saying: "Whenever a man of Virtue has come here I have never failed to obtain an interview," – whereupon the followers of the Sage introduced him. On coming out he observed : "Why do you grieve, gentlemen, over this loss of office? The Empire for long has been without light and leading ; but Heaven is now going to use your Master as an arousing Tocsin."

25. 공자께서 소(韶)에 대해서는 지극하게 아름다우며, 또한 지극하게 선하다고 말씀하시며, 무(武)에 대해서는, 지극히 아름답지만, 지극히 선하지는 않다고 말씀하셨다.

The Master spoke of the Shao as perfectly beautiful in its form and perfectly good in its influence. He spoke of the Wu as perfectly beautiful in its form but not perfectly good in its influence.

26. 공자께서 말씀하셨다. "윗자리에 있으면서 관용을 베풀 줄을 모르고, 예를 공경하지 않으며, 상가에 가서도 슬퍼하지 않는다면

무엇으로 그를 알아 줄 수 있겠느냐?"

The Master said : "High station filled without magnanimity, religious observances performed without reverence, and mourning conducted without grief, – from what standpoint shall I view such ways!"

제4편 이인

1. 공자께서 말씀하셨다. "마음이 어진 사람들이 사는 곳은 아름답다. 그런 마을을 선택하여 거처하지 않는다면 어찌 지혜롭다 할 수 있겠는가."

The Master said : "It is the moral character of a neighbourhood that constitutes its excellence, and how can he be considered wise who does not elect to dwell in moral surroundings?"

2. 공자께서 말씀하셨다. "어질지 못한 사람은 오랜 시간 곤궁함을 견디지도 못하며, 오래도록 편안함도 견디지 못한다. 어진 사람은 인(仁)을 편안히 여기고, 지혜로운 사람은 인을 이롭게 여긴다."

The Master said : "A man without Virtue cannot long abide in adversity, nor can he long abide in happiness; but the Virtuous man is at rest in Virtue, and the wise man covets it."

3. 공자께서 말씀하셨다. "오직 어진 사람만이 능히 사람을 좋아할 수도 있고, 능히 사람을 미워할 수 있다."

The Master said : "Only the Virtuous are competent to love or to hate men."

4. 공자께서 말씀하셨다. "진실로 인(仁)에 뜻을 두면 악한 일은 하지 않을 것이다."

The Master said : "He who has really set his mind on Virtue will do no evil."

5. 공자께서 말씀하셨다. "부귀는 모든 사람들이 원하는 것이지만, 정당하게 얻어낸 것이 아니면 그것을 누리려고 하면 안 된다. 가난과 비천함은 누구라도 원하지 않지만 정당하게 벗어날 수 없다면 억지로 벗어나려 해서는 안 된다. 군자가 인을 버리게 되면 어떻게 명성을 얻을 수 있겠는가? 군자는 밥 한끼 먹는 순간에도 인을 어기지 말며, 위급한 때일지라도 반드시 인에 근거해야 하고, 곤경에 빠진 순간에도 반드시 인에 근거해야 한다."

The Master said : "Wealth and rank are what men desire, but unless they be obtained in the right way they are not to be possessed. Poverty and obscurity are what men detest ; but unless it can be brought about in the right way, they are not to be abandoned. If a man of honour forsake Virtue how is he to fulfil the obligations of his name! A man of honour never disregards Virtue, even for the space of a single meal. In moments of haste he cleaves to it; in seasons of peril he cleaves to it."

6. 공자께서 말씀하셨다. "나는 아직 인을 좋아하는 사람과 불인(不仁)을 경멸하는 사람을 만난 적이 없다. 인을 좋아하는 사람이라면 더할 나위가 없겠지만, 불인(不仁)을 경멸하는 사람은 자신이 인을 실천할 때 스스로에게 영향을 미치지 않으려고 한다. 하루라도 인을 실천하기 위해 노력해 본 사람이 있기는 할까? 나는 능력이 모자라는 사람은 아직 보지 못했다. 아마도 있긴 하겠지만, 나는 아직 보지 못했다."

The Master said : "I have never seen one who loved Virtue, nor one who hated what was not Virtuous. He who loved Virtue would esteem nothing above it; and he who hated what is not Virtuous would himself be so Virtuous that he would allow nothing evil to adhere to him. Is there any one able for a single day to devote his strength to Virtue? I have never seen such a one whose ability would be insufficient. If perchance there be such I have never seen him."

7. 공자께서 말씀하셨다. "사람의 허물은 각각 그가 어울리는 무리들을 보면 알 수 있다. 또한 그 허물을 보면 그가 인(仁)을 어떻게 실천하는지 금방 알 수 있다."

The Master said : "A man's faults all conform to his type of mind. Observe his faults and you may know his virtues."

8. 공자께서 말씀하셨다. "아침에 도를 들어 깨닫게 되면 저녁에 죽어도 여한이 없다."

The Master said : "He who heard the Truth in the morning might die content in the evening."

9. 공자께서 말씀하셨다. "사(士)가 도를 지향하면서 나쁜 옷과 나쁜 음식을 부끄러워하면 함께 의논하기에는 아직 부족하다."

The Master said : "The student who aims at Wisdom, and yet who is ashamed of shabby clothes and poor food, is not yet worthy to be discoursed with."

10. 공자께서 말씀하셨다. "군자는 천하의 모든 일을 반드시 정해진 대로 하는 것이 아니며, 절대로 안 되는 일도 없는 것이다. 오직 의로운 일인지를 따져야 할 뿐이다."

The Master said : "The wise man in his attitude towards the world has neither predilections nor prejudices. He is on the side of what is right."

11. 공자께서 말씀하셨다. "군자가 덕을 생각한다면, 소인은 편히 거처할 곳 생각한다. 군자는 법을 생각하며, 소인은 자신의 이익만을 생각한다."
The Master said : "The man of honour thinks of his character, the inferior man of his position. The man of honour desires justice, the inferior man favour."

12. 공자께서 말씀하셨다. "이익만을 쫓고자 하면 원망이 많아진다."
The Master said : "He who works for his own interests will arouse much animosity."

13. 공자께서 말씀하셨다. "예와 겸양으로써 나라를 다스릴 수 있다면 어떤 문제가 있을 것인가. 예와 겸양으로 능히 나라를 다스릴 수 없으면 예가 무슨 소용이 있겠는가?
The Master said : "Is a Prince able to rule his country with courtesy and deference, – then what difficulty will he have? And if he cannot rule his country with courtesy and deference, what use are the forms of courtesy to him?"

14. 공자께서 말씀하셨다. "지위가 없다고 걱정할 것이 아니라, 그 자리를 맡을 수 있는 능력을 갖추었는지를 걱정해야 하며, 자기를 알아주는 사람이 없다고 걱정할 것이 아니라, 남이 알아줄 만한 실력이 되도록 노력해야 한다."

The Master said : "One should not be concerned at lack of position but should be concerned about what will fit him to occupy it. One should not be concerned at being unknown; he should seek to be worthy of being known."

15. 공자께서 말씀하셨다. "삼아, 내가 얻고자 하는 도는 한 가지 이치로 통하는 것이다."

증자는 '그렇지요'라고 주저없이 대답했다.

공자께서 나가고 나자 제자들이 물었다. "무슨 뜻입니까?"

증자가 말했다. "스승님의 도는 충(忠)과 서(恕)일 뿐입니다."

The Master said : "Shen! My teaching contains one all-pervading principle." "Yes," replied Tseng Tzu. When the Master had left the room the disciples asked, "What did he mean?" Tseng Tzu replied, "Our Master's teaching is simply this : Conscientiousness to self and consideration for others."

16. 공자께서 말씀하셨다. "군자는 의리에 밝고 소인은 이익에 밝다."

The Master said : "The Wise man is informed in what is right. The inferior man is informed in what will pay."

17. 공자께서 말씀하셨다. "어진 사람을 보면 그와 같이 되기를 생각하고, 어질지 않은 사람을 보면 마음속으로 자신을 반성해야 한다."

The Master said : "When you see a man of worth, think how to rise to his level. When you see an unworthy man, then look within and examine yourself."

18. 공자께서 말씀하셨다. "부모를 섬길 때는 잘못은 부드럽게 말하고, 따르지 않을 경우에도 공경하는 마음으로 부모를 거스르지 않아야 하며, 그것이 힘들지라도 원망하는 마음을 가져서는 안 된다."

The Master said : "In his duty to his parents a son may gently remonstrate with them. If he see that they are not inclined to yield, he should be increasingly respectful but not desist, and though they deal hardly with him he must not complain."

19. 공자께서 말씀하셨다. "부모가 살아 계실 때는 부모 곁에서 멀리 떠나면 안 되며, 잠시 떠날 때는 반드시 가는 곳을 정해 두어야 한다."

The Master said : "While a father or mother are alive, a son should not travel far. If he travel he must have a stated destination."

20. 공자께서 말씀하셨다. "아버지가 돌아가신 후 적어도 3년은 아버지가 살던 방식을 바꾸지 않아야 효라고 말할 수 있다."

The Master said : "If for three years a son does not change from his father's ways, he may be called filial."

21. 공자께서 말씀하셨다. "부모의 나이를 잊으면 안 된다. 오래 살면 그 때문에 기쁘고, 노쇠하면 그로 인해 두렵기 때문이다."

The Master said : "The age of one's parents should ever be kept in mind, as an occasion at once for joy and for fear."

22. 공자께서 말씀하셨다. "옛사람들이 말을 함부로 내뱉지 않는 것은 몸소 실천이 미치지 못할 것을 부끄러워함이다."

The Master said : "The men of ojd were reserved in speech out of shame lest they should come short in deed."

23. 공자께서 말씀하셨다. "절제 있는 생활을 하면서 실수하는 경우는 드물다."

The Master said : "The self-restrained seldom err."

24. 공자께서 말씀하셨다. "군자란 말은 더디게 해도 행동은 민첩하게 하려고 애써야 한다."

The Master said : "The wise man desires to be slow to speak but quick to act."

25. 공자께서 말씀하셨다. "덕(德)이 있는 사람은 외롭지 않다. 반드시 이웃이 있다."

The Master said : "Virtue never dwells alone ; it always has neighbours."

26. 자유가 말했다. "임금을 섬길 때, 번거롭게 하면 도리어 곤혹스러운 일을 당할 수 있으며, 친구에게 번거롭게 굴면 곧 사이가 멀어질 수 있다."

Tzu Yu said : "In serving one's prince importunity results in disgrace as importunity between friends results in estrangement."

제5편 공야장

1. 공자께서 공야장(公冶長)에 대해 말씀하셨다. "그는 아내를 맞을 만하다. 비록 감옥에 갇힌 적은 있었으나 그의 잘못은 아니었다"라며 자신의 딸을 그에게 시집보냈다.

남용(南容)에 대해 말씀하셨다. "나라에 도(道)가 올바르게 행해질 때는 버림받는 일은 없을 것이며, 도가 행해지지 않는다 해도 형벌은 면할 것이다"라며 자신의 형님의 딸을 그에게 시집보냈다.

The Master said of Kung Yeh Chang that he was a suitable man to marry, for though he had been in prison it was through no wrong-doing of his. So he gave him his own daughter to wife. The Master said of Nan Yung that when the country was well governed he would not be set aside, and when the country was ill governed he would escape suffering and death. So he gave him his elder brother's daughter to wife.

2. 공자께서 자천에 대해 말씀하셨다. "이 사람이야말로 군자다! 노나라에 군자가 없다면 이 사람이 어떻게 이런 덕을 갖출 수 있었겠느냐?"

The Master said of Tzu Chien : "An honourable man indeed is such a one as he! Were Lu without men of honour how could he have acquired this excellence!!"

3. 자공이 물었다. "저는 어떻습니까?"
공자께서 말씀하셨다. "너는 그릇이다."
"어떤 그릇이란 말입니까?"
"제례에 올리는 곡식을 담는 옥그릇이다."

Tzu Kung asked : "What is your opinion of me?"
"You are a vessel," said the Master. "What sort of a vessel?" he asked.
"A jewelled temple vessel" was the reply.

4. 어떤 사람이 염옹에 대하여 말했다. "그는 어진 사람이긴 하지만 말재주가 없다."
공자께서 말씀하셨다. "말재주를 어디에 쓰겠느냐? 말재주로 사람들을 대하면 오히려 미움을 받게 된다. 그가 어진 사람인지는 모르겠지만, 말재주로 쓸 사람은 아닐 것이다."

Some one remarked: "A virtuous man is Yung, but he is not ready of speech."

"What need has he of ready speech?" said the Master. "The man who is always ready with his tongue to others will often be disliked by them. I do not know about his virtue, but what need has he of ready speech?"

5. 공자께서 칠조개에게 관직에 나갈 것을 권했다.
그가 대답하길, '아직 그 일에 자신이 없습니다'라고 했다.
이 말을 듣고, 공자께서 기뻐했다.
The Master wanted to engage Chi-tiao Kai in office, but he replied : "I still lack confidence for this." Whereat the Master was pleased.

6. 공자께서 말씀하셨다. "도가 행해지지 않아서, 뗏목을 타고 바다로 향해야 한다면, 나를 뒤따를 제자는 바로 자로일 것이다."
자로가 이 말을 듣고 기뻐하자, 공자께서 말씀하셨다.
"자로는 용맹스러움이 나보다 뛰어나지만, 모든 일의 이치를 따지는 것은 못한다."
The Master said : "My doctrines make no progress. I will get upon a raft and float away upon the sea. If any one accompanies me will it not be Yu?" Tzu Lu on hearing this was pleased ; whereupon the

Master said : "Yu is fonder of daring than I; he also exercises no discretion."

7. 맹무백이 물었다. "자로가 인(仁)한 사람입니까?" 공자께서 말씀하셨다. "잘 모르겠습니다."

재차 물어오자, 공자께서 말씀하셨다, "유는 천승지국에서 군사를 담당할 만한 인물입니다. 다만, 인(仁)한 사람인지는 모릅니다."

"구는 어떻습니까?"라고 묻자 공자께서 말씀하셨다. "구는 아주 큰 마을이나 세도가의 가문을 관리할 만합니다. 인(仁)한 사람인지는 모릅니다."

"적은 어떠합니까?"라고 묻자, 공자께서 말씀하셨다. "의례를 갖추고 사신들을 맞을 만한 인물이지만, 인(仁)한 사람인지는 모릅니다."

Meng Wu Po asked whether Tzu Lu was a man of Virtue. The Master answered "I do not know."

One his repeating the question the Master said : "Yu! In a kingdom of a thousand chariots he might be appointed to the administration of its levies, but I do not know about his Virtue."

"What about Chiu?" he asked, to which the Master replied: "Chiu! Over a city of a thousand families, or a Household of a hundred chariots, he might be appointed as Controller ; but I do not know about his virtue."

"And what about Chih?" he asked. "Chih!" said the Master. "Girded with his sash and standing in a Court, he might be appointed to converse with its guests ; but I do not know about his Virtue."

8. 공자께서 자공에게 말씀하셨다. "너와 회 중에 누가 더 나은가?" 자공이 대답했다."제가 어떻게 감히 회와 비교되기를 바라겠습니까? 회는 하나를 들으면 열 가지를 깨우치지만, 저는 하나를 들으면 둘을 알게 될 뿐입니다."

공자께서 말씀하셨다. "회에 미치지 못할 것이다. 나와 네가 모두 그에게 미치지 못한다."

The Master addressing Tzu Kung said : "Which is the superior, you or Hui?" "How dare I look at Hui!" he answered, "Hui hears one point and from it apprehends the whole ten. I hear one point and apprehend a second therefrom."

The Master said : "You are not equal to him, I grant you, you are not equal to him."

9. 재여가 낮잠을 자고 있자, 공자께서 말씀하셨다. "썩은 나무에는 조각을 할 수 없고, 더러운 흙으로 쌓은 담장은 손질을 해도 더러울 뿐이다. 그러니 재여를 무엇으로 나무랄 수 있겠느냐?"

공자께서 말씀하셨다. "처음에는 사람을 살필 때 그가 하는 말을 듣고, 그가 하는 행동을 믿어 의심치 않았다. 지금은 사람에 대해, 그의 말을 듣고도 그의 행실을 살핀다. 재여를 보면서 바뀌게 된 것이다."

Tsai Yu spending the daytime in sleep, the Master said : "Rotten wood is unfit for carving, and a wall of dirt unfit for plastering. As to Yu, – What is the use of reproving him!"

"Formerly," he continued, "my attitude towards others was to hear what they said and give them credit for their deeds. Now my attitude towards others is to listen to what they say and note what they do. It is through Yu that I have made this change."

10. 공자께서 말씀하셨다. "나는 지금껏 강직한 사람을 만나 보지 못했다." 이에 어떤 사람이 대답했다. "신장이 있습니다." 라고 했다. 공자께서 말씀하셨다. "신장은 욕심이 많은 것인데, 그것을 어찌 강직하다고 말할 수 있느냐?"

The Master said : "I have never seen a man of strong character." Some one remarked, "There is Shen Cheng."

"Cheng!" said the Master. "He is under the influence of his passions, and how can he be possessed of strength of character!"

11. 자공이 말했다. "저는 다른 사람이 저에게 하지 않기를 바라는 일을, 저 역시 다른 사람에게 하지 않을 것입니다."
공자께서 말씀하셨다. "사야, 그것은 네가 아직 해낼 수 있는 일이 아니다."
Tzu Kung said : "What I do not wish others to do to me, that also I wish not to do to them."
"Tzu" observed the Master, "that is a point to which you have not attained."

12. 자공이 말했다. "선생님께서는 문장은 들려주셨지만, 인간의 본성과 자연의 이치에 대해서는 말씀하신 적이 없었다."
Tzu Kung said : "Our Master's culture and refinement (all) may hear ; but our Master's discourse on the nature of man and the Laws of Heaven it is not given (to all) to hear."

13. 자로는 가르침을 들었는데 그것을 실천하지 못했을 때는, 다른 가르침 듣기를 두려워했다.
When Tzu Lu heard any precept and had not yet been able to put it into practice, he was only afraid lest he should hear some other.

14. 자공이 물었다. "공문자는 무엇 때문에 '문'이라는 시호를

받았습니까?"

공자께서 말씀하셨다. "영리하고 학문을 좋아했으며, 아랫사람에게 묻는 것도 부끄러워하지 않았기 때문이다. 그래서 문이라고 했다."

Tzu Kung asked : "On what ground has Kung Wen Tzu received his posthumous title of Wen?"

"He was clever and fond of learning," replied the Master, "and he was not ashamed to seek knowledge from his inferiors ; that is why he has been styled 'Cultured' "

15. 공자께서 자산에 대해 말씀하셨다. "군자가 갖추어야 할 도(道) 네 가지를 지녔다. 행함에 있어서는 공손하고, 윗사람에 대해서는 공경스러우며, 백성을 먹여 살리기에 아낌이 없었으며, 백성을 다스릴 때는 정의로웠다."

The Master remarked of Tzu Chan that he had four of the Ideal Man's characteristics ; in his personal conduct he was serious, in his duty to his superior he was deferential, in providing for the people he was beneficent, and in directing them he was just.

16. 공자께서 말씀하셨다. "안평중은 여러 사람과 잘 사귀었으며, 오래될수록 그에 대한 공경은 변함이 없었다."

The Master said : "Yen Ping Chung was gifted in the art of

friendship. Whatever the lapse of time he maintained towards his friends the same consideration."

17. 공자께서 말씀하셨다. "장문중이 자신의 집안에 큰 거북을 두었으며, 기둥머리 나무에는 산 무늬를 조각하고 동자기둥에는 수초(水草)를 그려 놓았으니, 어찌 그를 지혜롭다 하겠는가?"
The Master said : "Tsang Wen Chung kept a large tortoise in an edifice, on whose pillar tops were representations of hills, and on its king-posts of water plants, – of what sort was his wisdom!"

18. 자장이 물었다. "초나라의 자문은 관직에 나아가 세 번이나 영윤이 되었으나 기뻐하는 티를 내지 않았으며, 세 번이나 관직에서 물러나게 되어도 화를 낸 적이 없었으며, 자신이 맡은 일을 새로 부임하는 영윤에게 필히 설명했습니다. 그를 어떻게 생각합니까?"
공자께서 말씀하셨다. "충성스러운 사람이다."
자장이 물었다. "인(仁)하다고 할 수 있습니까?"
공자께서 말씀하셨다. "모르겠지만, 어찌 그것으로 인(仁)하다고 할 수 있겠느냐?"
자장이 물었다. "최자가 제나라의 임금을 시해하자, 말을 사십 필이나 소유하고 있던 진문자는 재산을 모두 버리고 제나라를 떠나 버렸습니다. 다른 나라에 간 그는 '여기도 제나라의 대부 최자와 같구나' 하고는 그곳을 떠났습니다. 다른 나라에 가서 또 말하기를 '여기도 제나라의 대부 최자와 같구나'라고 말하며 떠났습니다. 그는 어떻습니까?"

공자께서 말씀하셨다. "청렴하구나."

자장이 물었다. "그는 인(仁)하다고 할 수 있습니까?"

공자께서 말씀하셨다. "어찌 그것으로 인(仁)하다고 할 수 있겠느냐?"

Tzu Chang asked : "The Prime Minister Tzu Wen thrice took office as Prime Minister with never a sign of elation, and, though thrice retired from it, showed never a sign of annoyance; the policy also of his late ministry he never failed to explain to the new Minister ; – what would you say of him?"

"He was conscientious,"answered the Master. "Was he a man of ideal Virtue?"asked the disciple. "I do not know," said the Master. "Why should he be deemed a man of ideal Virtue?"

"When Tsui Tzu put to death the Prince of Chi, although Chen Wen Tzu held a fief of ten chariots he abandoned all and left the country. On reaching another State he said : They are like our Minister Tsui Tzu', and left it. On reaching another State, he again said : 'They are like our Minister Tsui Tzu, and left it. What would you say of him?"

"He was clean-handed," said the Master.

"Was he a man of ideal Virtue?" asked the disciple.

"I do not know,"answered the Master. "Why should he be deemed a man of ideal Virtue?"

19. 계문자는 세 번을 생각한 뒤에 실행에 옮긴다. 공자께서 이 말을 듣고 말씀하셨다. "두 번만으로도 충분하다. "

Chi Wen Tzu used to think thrice before acting. The Master hearing of it said : "Twice would do."

20. 공자께서 말씀하셨다. "영무자는 나라에 도가 행해질 때는 지혜로웠으며, 나라에 도가 행해지지 않을 때는 어리석었다. 그의 지혜는 누구라도 따를 수 있으나, 어리석음은 아무나 따를 수가 없는 것이다."

The Master said : "While good order prevailed in his State Ning Wu Tzu was a wise man. When the State fell into disorder he was a fool. His wisdom may be equalled, his folly cannot be equalled."

21. 진(陳)나라에서 머물 때 공자께서 말씀하셨다. "고향으로 돌아가자, 돌아가. 내 나라에서 기다리고 있는 제자들은 큰 뜻을 품었으나 실천하는 데는 미숙하구나. 문채가 빛나고 훌륭하나,

앞뒤를 헤아리는 일은 깨우치지 못했다.”

When the Master was in the State of Chen he said : “Let us return! Let us return! My young people at home are ambitious and hasty their culture acquires elegance, but they do not know where to draw the line.”

22. 공자께서 말씀하셨다. “백이와 숙제는 지난날의 (무왕의) 잘못된 일은 마음에 남겨두지 않았다. 따라서 그들을 원망하는 일도 거의 없었다.”

The Master said : “Po I and Shu Chi never bore ills in mind ; hence those who bore them resentment were few.”

23. 공자께서 말씀하셨다. “미생고를 정직한 사람이라고 할 수 있느냐? 어떤 사람에 그에게 식초를 빌려 달라고 하자, 이웃집에서 그것을 빌려와서 주었다.”

The Master said : “Who says that Wei-shang Kao is upright? Someone begged vinegar of him, whereupon he begged it of a neighbour and gave it him.”

24. 공자께서 말씀하셨다. “듣기에 좋은 말을 꾸며대고 얼굴빛은 거짓으로 감추고, 일부러 공손한 척하는 것을 좌구명이 수치스럽게

생각했다. 나 또한 이를 부끄럽게 여긴다. 비뚤어진 마음을 숨기고 친구와 사귀는 것을 좌구명이 수치스럽게 생각했다. 나 또한 이를 부끄럽게 여긴다.”

The Master said : "Plausible speech, an ingratiating demeanour, and fulsome respect, – Tso Chiu Ming was ashamed of them; I, Chiu, also am ashamed of them. To conceal one's resentment and yet appear friendly with the man, Tso Chiu Ming was ashamed of it; I, Chiu, also am ashamed of it."

25. 안연과 계로가 공자를 모시고 있었다. 공자께서 말씀하셨다. "각자 생각하는 바가 있으면 말해 보거라.”

자로가 말했다. "수레와 말과 가벼운 가죽옷을 벗들과 함께 쓰면서 그것들이 닳아져서 버리게 되어도 원망하지 않을 것입니다.”

안연이 말했다. "선함을 자랑하지 않을 것이며, 공이 있다고 우쭐대는 일이 없을 것입니다.”

자로가 물었다. "스승님의 뜻은 무엇입니까?”

공자께서 말씀하셨다. "나이 든 사람들은 편안하게 해주고, 친구들과는 신뢰를 쌓고, 젊은 사람들은 보살펴 주고 싶다.”

Once when Yen Yuan and Tzu Lu were standing by him the Master said : "Suppose each of you tells his wishes?"

"I should like," said Tzu Lu, "to have carriages and horses and light furs to wear, so as to share them with my friends, nor would I feel any annoyance if they spoilt them."

"I should like," said Yen Yuan, "never to make a display of my good qualities, nor a parade of my merits."

"May we hear the Master's wishes?"asked Tzu Lu. "They would be," said the Master, "to comfort the aged, be faithful to my friends, and cherish the young."

26. 공자께서 말씀하셨다. "그만 두자! 나는 자신의 과오에 대해 스스로 반성하는 사람을 여지껏 만나보지 못했다."

The Master said : "It is all in vain! I have never yet seen a man who could perceive his own faults and bring the charge home against himself."

27. 공자께서 말씀하셨다. "열 가구가 모여 있는 작은 마을일지라도, 필시 나처럼 충직하고 신의가 있는 사람은 있을 것이나, 배우는 것을 나만큼이나 좋아할 사람은 없을 것이다."

The Master said : "Even in a hamlet of ten houses there must be men as conscientious and sincere as myself, but none as fond of learning as I am."

제6편 옹야

1. 공자께서 말씀하셨다. "옹은 임금의 자리를 맡길 만하다."
중궁이 자상백자에 대해 묻자, 공자께서 말씀하셨다. "꾸밈이 없어 그런대로 괜찮다."
중궁이 말했다. "공경한 태도와 소탈한 모습으로 백성들을 다스리는 것이 어찌 좋지 않을 수 있겠습니까? 그러나 항상 소탈한 모습으로 있으나, 행동을 할 때도 소탈하다면 지나친 것 아닙니까?"
공자께서 말씀하셨다. "옹의 말이 맞구나."
The Master said : "Yung! He is fit to occupy a ruler s seat."
Chung Kung thereupon asked concerning Tzu-Sang Po-Tzu. "He will do," "said the Master, "but he is easy-going."
"For a man who is strict in his own life," observed Chung Kung, "to be easy in conduct in the surveillance of the people may, I suppose,

be allowed? But he who is easy going in private and easy-going in public, that surely is sheer laxity?"

"Yung's statement is correct," said the Master.

2. 애공이 물었다. "제자 중에 누가 학문을 좋아합니까?"
공자께서 말씀하셨다. "안회가 가장 학문을 즐겨합니다. 노여움을 다른 사람에게 보이지도 않으며, 실수를 되풀이하는 일도 없으나, 불행하게도 일찍 명을 다했습니다. 이제는 그런 제자가 없으며, 아직 안회만큼 학문이 훌륭한 사람에 대해서는 듣지를 못했습니다."

Duke Ai asked which of the disciples was fond of learning. Confucius answered him : "There was Yen Hui, – he was fond of learning; he never visited his anger on another, and he never repeated a fault. Unfortunately his life was short and he died. Now there is none like him, nor have I heard of one who is fond of learning."

3. 자화가 제나라에 사신으로 가게 되었을 때, 염자가 자화의 어머니를 위해 곡식을 청하였다.
공자께서 말씀하셨다. "여섯 말과 넉 되를 주어라."
염자가 더 청하자, 공자께서 말씀하셨다. "두 말 넉 되를 주어라."
그러나 염자는 곡식 오병(60섬)을 주었다.

공자께서 말씀하셨다. "적(자화)은 제나라에 사신으로 갈 때 살찐 말을 타고 가벼운 가죽옷을 입었다. 내가 아는 바에 의하면 군자란 절박한 사람은 도와주어도, 부자에게 더 주지는 않는 것이다.

원사가 공자의 가재(家宰)가 되자, 그에게 곡식을 구백 말을 주었다. 그러나 그가 사양하자, 공자께서 말씀하셨다. "차라리 네 이웃과 마을 사람들과 나누어 가져라."

Tzu Hua having been sent on a mission to the Chi State, Jan Tzu asked for grain for his mother. The Master said, "Give her a *fu*." He asked for more. "Give her *yu* then" was the reply. Jan Tzu gave her five *ping*. The Master remarked : "On Chih setting out for Chi he drove sleek horses and wore light furs. I have heard that the wise man succours the needy he does not add to the rich."

When Yuan Ssu was made governor of a certain place, the Master allowed him nine hundred measures of grain, which he declined. "Do not decline it," said the Master. "Can you not bestow it in your courts and hamlets, parishes and villages?"

4. 공자께서 중궁에 대해 말씀하셨다. "얼룩소의 새끼일지라도 털이 붉은 색이고, 뿔이 뾰족하고 단단하다면, 비록 사람이 제물로 쓰지 않아도 자연의 신께서 내버려 두지는 않을 것이다."

The Master speaking of Chung Kung said : "If the offspring of a brindled ox be ruddy and clean-horned, although men may not wish to use it, would the gods of the hills and streams reject it?"

5. 공자께서 말씀하셨다. "안회는 마음 쓰는 것이 석 달이 지나도 인(仁)에 어긋나지 않으나, 다른 사람들은 하루 또는 한 달에 한 번, 인에 이를 뿐이다."
The Master said, "Hui! His heart for three months together never departed from Virtue. As to the others, on some day or in some month they reached it, but that was all."

6. 계강자가 물었다. "중유를 관직에 둘 만합니까?"
공자께서 대답하셨다. "유는 결단성이 있으니 관직을 주어도 무슨 문제가 있겠습니까?"
계강자가 다시 물었다. "사는 어떠합니까?"
공자께서 말씀하셨다. "사는 세상 이치에 밝으니 무슨 문제가 있겠습니까?"
계강자가 다시 물었다. "구는 어떠합니까?"
공자께서 말씀하셨다. "구는 재능이 있으니 무슨 문제가 있겠습니까?"
Chi Kang Tzu asked whether Chung Yu were suited for employment in the administration. "Yu is a man of decision," said the Master.

"What difficulty would he find in the administration?" "And Tzu?" he said, "Is he suitable for the administration?"

"Tzu is a man of penetration," was the answer. "What diflficulty would he find therein?"

"And Chiu?" he asked, "Is he suitable for the administration?"

"Chiu is a man of much proficiency," was the answer. "What difficulty would he find therein?"

7. 계손씨가 민자건을 비(費)의 읍재로 삼으려 했다. 민자건이 말했다. "저는 마땅히 사양할 것입니다. 만약 다시 저를 찾고자 하면, 필시 저는 문수 강가에 있을 것입니다."

The head of the Chi clan sent to ask Min Tzu Chien to be governor of Pi. Min Tzu Chien, replied, "Courteously decline the offer for me. If any one comes for me again, then I shall certainly be on the banks of the Wen."

8. 백우가 병으로 앓아 누웠을 때, 공자께서 찾아가 창문 너머로 그의 손을 잡고 말씀하셨다. "이런 일이, 어떻게! 운명이란 알 수가 없구나. 이 사람에게 이런 병이 들다니! 이 사람에게 이런 병이 들다니!"

When Po Niu was ill the Master went to enquire about him. Having grasped his hand through the window he said : "We are losing him. Alas! It is the will of Heaven. That such a man should have such a disease! That such a man should have such a disease!"

9. 공자께서 말씀하셨다. "한 그릇의 밥과 한 바가지의 물, 누추한 집에 살고 있는 안회야말로 현자로구나! 그런 괴로움을 견뎌낼 수 있는 사람은 없을 터인데, 안회는 그러한 삶을 버리지 않는다. 안회야말로 현자로구나!"

The Master said : "What a man of worth was Hui! A single bamboo bowl of millet; a single ladle of cabbage soup ; living in a mean alley! Others could not have borne his distress, but Hui never abated his cheerfulness. What a worthy man Hui!"

10. 염구가 말했다. "스승님의 도를 기꺼이 배우고 싶은데 아직 여력이 부족할 뿐입니다."

공자께서 말씀하셨다. "여력이 없는 사람은 중도에 그만두는데, 지금 너는 (해보지도 않고) 스스로 선을 그어 버렸구나."

Jan Chiu remarked : "It is not that I have no pleasure in your teaching, Sir, but I am not strong enough."

"He who is not strong enough," answered the Master, "gives up half way, but you redrawing the line already."

11. 공자께서 자하에게 말씀하셨다. "너는 군자다운 선비가 되어야 한다. 소인 같은 선비가 되어서는 안 된다."

The Master speaking to Tsu Hsia said : "Be you a scholar of the nobler type, not a scholar of the inferior man's type."

12. 자유가 무성의 읍재가 되었을 때, 공자께서 말씀하셨다. "너는 쓸 만한 사람을 데리고 있느냐?"

자유가 대답했다. "담대멸명이라는 사람이 있습니다. 그는 절대 지름길을 택하지 않으며, 공적인 일이 아니면 저에게 찾아오는 법이 없습니다."

When Tzu Yu was governor of the city of Wu the Master asked him : "Have you been able to obtain men?"

"There is one Tan-tai Mieh-ming," was the reply, "who when walking takes no short cuts, and who, except on public business, has never yet come to my abode."

13. 공자께서 말씀하셨다. "맹지반은 공을 뽐내지 않는다. 전쟁터에서 패하여 달아날 때는 뒤에서 적을 막았으며, 성문에 들어올 때는 자신의 말에 채찍질하면서 '뒤에 처지려고 한 것이 아니라, 말이 달리지를 않았다'라고 말한다."

The Master said : "Meng Chih-fan is no boaster. When they were fleeing he brought up the rear, and only when about to enter the gate did he whip up his horse, saying : 'It is not that I dare to be in the rear my horse would not come on.' "

14. 공자께서 말씀하셨다. "축타처럼 구변이 능란하지 않거나, 송조 같은 외모가 없다면 요즘 세상에서 화를 면하기는 어렵다."
The Master said : "Without the eloquence of To, the Temple reader, and the beauty of Prince Chao of Sung, it is hard to escape in the present generation."

15. 공자께서 말씀하셨다. "문을 통과하지 않고 밖으로 나갈 수 있는 사람이 있겠느냐? 그런데 어찌 도를 따르지 않는 것인가?"
The Master said : "Who can go forth except by the door? Why will not men go by this Way?"

16. 공자께서 말씀하셨다. "바탕[質]이 무늬[文]를 제압하면 조악하고, 무늬가 바탕을 제압하면 형식적인 것이 된다. 무늬와 바탕이 서로 잘 어울린 연후에 군자가 되는 것이다."
The Master said : "When nature exceeds training you have the rustic. When training exceeds nature you have the clerk. It is only when

nature and training are proportionately blended that you have the
higher type of man."

17. 공자께서 말씀하셨다. "인간은 정직하게 살아야 한다. 정직하지
않게 살아가는 것은 요행히 해로운 일이나 면하려는 것이다."
The Master said : "Man is born for uprightness. Without it he is
lucky to escape with his life."

18. 공자께서 말씀하셨다. "어떤 것을 아는 것이란 좋아하는 것보다
못하고, 좋아하는 것은 즐기는 것보다 못하다."
The Master said : "He who knows the Truth is not equal to him who
loves it, and he who loves it is not equal to him who delights in it."

19. 공자께서 말씀하셨다. "중간 이상의 사람들에게는 높은
가르침을 말해 줄 수 있으나, 중간 이하의 사람들에게 더 높은
가르침을 말해줄 수는 없다."
The Master said : "To men above the average one may discourse on
higher things ; but to those who are below the average one may not
discourse on higher things."

20. 번지가 지혜에 대해 묻자, 공자께서 말씀하셨다. "사람으로서

지켜야 할 도의(제례) 등을 따르고, 조상을 공경하되, 미신에 빠지지 않는 것이 지혜이다."

인에 대해 묻자, 공자께서 말씀하셨다. "인(仁)한 사람은 어려운 일은 누구보다 먼저 나서서 하고 이익은 다른 사람에게 양보하는 것이다. 그렇게 하면 인(仁)하다고 할 것이다."

When Fan Chih asked what constituted Wisdom the Master replied : "To devote oneself earnestly to one s duty to humanity and, while respecting the spirits, to avoid them, may be called Wisdom." On his asking about Virtue, the Master replied : "The man of Virtue puts duty first, however difficult, and makes what he will gain thereby an after consideration, – and this may be called Virtue."

21. 공자께서 말씀하셨다. "지혜로운 사람은 물을 좋아하고, 인(仁)한 사람은 산을 좋아한다. 지혜로운 사람은 동적이고, 인(仁)한 사람은 정적이며, 지혜로운 사람은 즐거움을 누리고, 인(仁)한 사람은 오래 산다."

The Master said : "The clever delight in water, the Virtuous in hills ; the clever are restless, the Virtuous calm ; the clever enjoy life, the Virtuous prolong life."

22. 공자께서 말씀하셨다. "제나라가 크게 변화를 이루면 노나라에

이를 것이고, 노나라가 크게 변화를 이루면 도에 이를 것이다."

The Master said : "The State of Chi, at one reform, could attain to the standard of Lu ; but Lu, at one reform, could attain to ideal government."

23. 공자께서 말씀하셨다. "고(觚: 모난 술잔)가 모나지 않다면, 어찌 고라 할 수 있겠느냐! 어찌 고라 할 수 있겠느냐!"

The Master exclaimed : "A wassail-bowl that is not a bowl! What a bowl! What a bowl!"

24. 재아가 물었다. "인자(仁者)는 누군가가 그에게 '우물 안에 사람이 빠졌다'고 하면 그 우물로 들어가야 하는 것입니까?"

공자께서 말씀하셨다. "어떻게 그렇게 하겠느냐? 군자란 우물가로 가보게 할 수는 있으나, 우물에 빠지게 할 수는 없으며, 속일 수는 있어도 사리 분별을 못하게 할 수는 없다."

Tsai Wo asked, saying : "An altruist, even if some one said to him. 'There is a man in the well' would, I suppose, go in after him?"

"Why should he act like that?" answered the Master. "The higher type of man might hasten to the well, but not precipitate himself into it ; he might be imposed upon, but not utterly hoodwinked."

25. 공자께서 말씀하셨다. "군자가 글을 폭넓게 익히고, 예에 어긋나지 않게 행하면, 마침내 도에서 벗어나지 않게 될 것이다."
The Master said : "The Scholar who becomes widely versed in letters and who restrains his learning within the bounds of good taste, is not likely to get off the track."

26. 공자께서 남자(南子)를 만나러 가려 하자, 자로가 반대했다. 이에 스승님께서 맹세하셨다. "나에게 잘못이 있다면, 하늘이 나를 버리실 것이다. 하늘이 나를 버리실 것이다."
When the Master went to see Nan-tzu, Tzu Lu shewed his displeasure, on which the Sage swore to him saying : "If I have in any way done wrong, may Heaven reject me! May Heaven reject me!"

27. 공자께서 말씀하셨다. "중용이란, 아주 높은 덕이다. 백성들 가운데 이것을 지닌 사람이 드물게 된 지 오래되었다."
The master said : "The virtue that accords with the golden mean, how perfect it is! For long has it been rare among the people."

28. 자공이 물었다. "만약 백성들에게 널리 은혜를 베풀 수 있고, 많은 백성들을 구제할 수 있는 능력을 갖춘 사람이라면, 그를 인자(仁者)라고 말할 수 있는 것입니까?"

공자께서 말씀하셨다. "어찌 인자일 뿐이겠느냐, 필시 성인일 것이다. 요임금과 순임금도 그렇게 하지 못함을 심려했다. 인이란, 자신이 인정받으려 하지 않고 다른 사람부터 먼저 인정받게 해주고, 자신이 성취하고 싶은 것은 다른 사람부터 성취하게 해주는 것이다. 자신이 원하는 것을 짐작하여 다른 사람이 원하는 것까지 헤아리는 것이, 바로 인(仁)을 실천하는 방도이다."

Tzu Kung said : "Suppose there were one who conferred benefits far and wide upon the people, and who was able to succour the multitude, what might one say of him? Could he be called a philanthropist?"

"What has he to do with Philanthropy?" said the Master. "Must he not be a Sage? Even Yao and Shun felt their deficiency herein. For the philanthropist is one who desiring to maintain himself sustains others, and desiring to develope himself developes others. To be able from one's own self to draw a parallel for the treatment of others, – that may be called the rule of philanthropy."

제7편 술이

1. 공자께서 말씀하셨다. "옛것을 익혀서 계승시킬 뿐 새로 덧붙이지 아니하며, 옛것을 성실하게 따르며 좋아하니, 마음속으로는 나와 노팽(老彭)을 비교해 본다."
The Master said : "A transmitter and not an originator, a believer in and lover of antiquity, I venture to compare myself with our ancient worthy Peng."

2. 공자께서 말씀하셨다. "묵묵히 지식을 쌓고, 배우는 것을 싫증내지 않고, 다른 사람 가르치는 일을 게을리 하지 않는 것, 이것들이 어찌 내가 할 수 없는 일이겠느냐?"
The Master said : "The meditative treasuring up of knowledge, the unwearying pursuit of wisdom, the tireless instruction of others,

which of these is found in me?"

3. 공자께서 말씀하셨다. "덕을 잘 수행하지 못하거나, 학문을 잘 익히지 못하거나, 의로운 일을 보고도 행하지 못하거나, 잘못된 일을 개선하지 못하는 것, 이것이 내가 근심하는 일이다."
The Master said : "Neglect in the cultivation of character, lack of thoroughness in study, incompetency to move towards recognised duty, inability to correct my imperfections, these are what cause me solicitude."

4. 공자께서는 한가로이 지낼 때는 편안하고, 여유가 있는 모습이었다.
In his leisure hours the Master relaxed his manner and wore a cheerful countenance.

5. 공자께서 말씀하셨다. "내가 이렇게까지 쇠약해지다니, 오래도록 주공을 꿈에서조차 뵙지 못했구나!"
The Master said : "How utterly fallen off I am! For long I have not dreamed as of yore that I saw the Duke of Chou."

6. 공자께서 말씀하셨다. "도를 따르고, 덕으로 근간을 세우고,

인에 의지하고, 예는 능숙해져야 한다."

The Master said : "Fix your mind on the right way; hold fast to it in your moral characte; follow it up in kindness to others; take your recreation in the polite arts."

7. 공자께서 말씀하셨다. "속수(육포 한 묶음) 이상의 예물을 가지고 온 사람이라면 나는 가르치지 않은 적이 없다."

The Master said : "From him who has brought his simple present of dried flesh seeking to enter my school I have never withheld instruction."

8. 공자께서 말씀하셨다. "열심히 배우려는 뜻이 없으면 깨우쳐 주지 않으며, 물으려고 하지 않으면 애써 일러주지 않으며, 하나를 가르쳤을 때, 나머지 셋을 헤아려 깨우치지 못하면 거듭 가르치지 않는다."

The Master said : "I expound nothing to him who is not earnest, nor help out any one not anxious to express himself. When I have demonstrated one angle and he cannot bring me back the other three, then I do not repeat my lesson."

9. 공자께서는 상을 당한 사람 곁에서는 배불리 먹은 경우가 없다.

공자께서는 곡(哭)을 하는 날에는 노래를 부르지 않는다.

When the Master dined by the side of a mourner he never ate to the full. On the same day that he had been mourning he never sang.

10. 공자께서 안연에게 말씀하셨다. "나라에서 관직을 주면 봉사하는 것이며, 쓸모가 없어지면 은둔하는 것이 옳다. 오로지 나와 너만이 이런 생각을 품고 있을 것이다."

자로가 물었다. "스승님께서 삼군을 다스리게 되면 누구와 함께 하시겠습니까?"

공자께서 말씀하셨다. "맨손으로 호랑이와 싸우거나, 맨몸으로 황하를 건너다 죽게 되어도 후회하지 않을 사람과는 함께 하지 않을 것이다. 언제나 모든 일에 신중하고, 계획을 잘 세워 일을 이루어내는 사람과 함께 하겠다."

The Master addressing Yen Yuan said : "To accept office when required, and to dwell in retirement when set aside, – only you and I have this spirit."

"But, suppose," said Tzu Lu, "that the Master had the conduct of the armies of a great State, whom would he associate with him?"

"The man," replied the Master, "who bare-armed would beard a tiger, or rush a river, dying without regret, – him I would not have with me. If I must have a colleague he should be one who on the verge of an encounter would be apprehensive, and who loved strategy and its successful issue."

11. 공자께서 말씀하셨다. "부유함이라는 것이 능히 힘써서 해야 할 것이라면, 비록 채찍을 드는 천한 일이라도 할 것이다. 그러나 능히 힘써서 해야 할 것이 아니라면, 내가 좋아하는 일을 할 것이다."
The Master said : "If wealth were a thing one could (count on) finding, even though it meant my becoming a whip-holding groom, I would do it. As one can not (count on) finding it, I will follow the quests that I love better."

12. 공자께서 가장 신중을 다해 하신 일은 재계(齋戒), 전쟁, 질병이다.
The subjects which the Master treated with great solicitude were fasting, war, and disease.

13. 공자께서 제나라의 음악인 소를 들으며, 석 달 동안 고기 맛을 잊으셨다. 그리고 말씀하셨다. "음악이라는 것이 이런 경지에 이르게 할 줄은 미처 몰랐다.
When the Master was in Chi he heard the Shao and for three months was unconscious of the taste of meat. "I did not imagine," said he,

"that Music had reached such perfection as this."

14. 염유가 물었다. "스승님께서 위나라 임금을 위해 일을 하게
될까요?"
자공이 대답했다. "내가 여쭈어 보겠습니다." 자공이 집안으로
들어가 물었다. "백이와 숙제는 어떤 사람입니까?"
공자께서 말씀하셨다. "옛날의 현인들이다."
자공이 물었다. "세상을 원망한 것은 아닙니까?"
공자께서 말씀하셨다. "인(仁)을 위해 나아가 인(仁)을 얻게
되었는데, 무엇을 원망했겠느냐."
자공이 밖으로 나와서 말했다. "스승님께서는 위나라 제후를 위해
일하지 않으실 겁니다."
Jan Yu asked : "Is our Master for the Prince of Wei?"
"Ah!" said Tzu Kung, "I will just ask him." On entering he said :
"What sort of men were Po I and Shuh Chi?"
"Worthies of old," was the reply.
"Did they repine?" he asked. "They sought Virtue and they attained
to Virtue," answered the Master "why then should they repine?"
Tzu Kung went out and said : "The Master is not for the Prince."

15. 공자께서 말씀하셨다. "거친 밥에 물을 마시며, 팔을 베개 삼아

잔다 해도 그 가운데 반드시 즐거움이 있다. 의롭지 않은 부귀는 나에게 뜬구름이나 다름없다."

The Master said : "With coarse food to eat, water for drink, and a bent arm for a pillow, – even in such a state I could be happy, for wealth and honour obtained unworthily are to me as a fleeting cloud."

16. 공자께서 말씀하셨다. "내가 몇 해를 더 살게 되어 쉰 살까지 《역경(易徑)》을 공부할 수 있다면, 큰 허물은 없을 것이다."

The Master said : "Given a few more years of life to finish my study of the Book of Changes and I may be free from great errors."

17. 공자께서 평소에 가르친 것은 《시경》《서경》, 그리고 예를 지키는 일이었다. 누구에게든 그것을 말씀하셨다.

The subjects on which the Master most frequently discoursed were, – the Odes, the History, and the observances of decorum – on all these he constantly dwelt.

18. 섭공이 자로에게 공자에 대하여 물었다. 자로는 아무 말 하지 않았다.

공자께서 말씀하셨다. "너는 어찌하여 이렇게 답하지 않았느냐?

― 그 사람은 어떤 일을 이루고자 하면 먹는 것도 잊어버리고 노력하며, 즐거워하여 근심도 잊어버리니 늙음이 닥쳐오고 있다는 것도 모른다."

The Duke of She asked Tzu Lu what he thought about Confucius, but Tzu Lu returned him no answer.

"Why did you not say," said the Master, "he is simply a man so eager for improvement that he forgets his food, so happy there in that he forgets his sorrows, and so does not observe that old age is at hand?"

19. 공자께서 말씀하셨다. "나는 태어나면서부터 모든 것을 아는 사람이 아니다. 옛것을 좋아하여 부지런히 탐구해 온 사람이다."

The Master said : "I am not one who has innate knowledge, but one who, loving antiquity, is diligent in seeking it therein."

20. 공자께서는 괴이한 일, 폭력, 패악, 귀신에 대해서는 말하지 않았다.

The Master would not discuss prodigies, provress, lawlessness, or the supernatural.

21. 공자께서 말씀하셨다. "세 사람이 걸어가면, 그 가운데 반드시 내 스승이 있다. 그 중에서 선한 것을 가려서 본받고, 선하지 않은

것은 스스로 고쳐야 한다."

The Master said : "When walking in a party of three, my teachers are always present. I can select the good qualities of the one and copy them, and the unsatisfactory qualities of the other and correct them in myself."

22. 공자께서 말씀하셨다. "하늘이 나에게 덕을 부여해 주셨는데, 환퇴 같은 이가 나를 어찌하겠느냐?"

The Master said : "Heaven begat the virtue that is in me. Huan Tui, what can he do to me?"

23. 공자께서 말씀하셨다. "제자들아, 너희는 내가 가르쳐주지 않은 것이 있을 것이라고 생각하느냐? 나는 너희에게 가르쳐주지 않은 것이 없다. 내가 실행하고 있는 것을 너희에게 보여주지 않은 것이 없다. 그것이 바로 나이다."

The Master said : "My disciples! Do you think I possess something occult? I have nothing occult from you. I do nothing that is not made known to you, my disciples, – that is the real Chiu."

24. 공자께서 네 가지를 가르치셨다. 학문, 실천, 충의, 신뢰가 그것이다.

The Master took four subjects for his teaching, – culture, conduct, conscientiousness, and good faith.

25. 공자께서 말씀하셨다. "성인을 만나볼 수 없으면, 군자라도 만날 수 있으면 좋을 텐데."

공자께서 말씀하셨다. "선한 사람(善人)을 만나볼 수 없다면, 한결같은 사람이라도 만날 수 있으면 좋을 텐데. 없으면서 있는 체하고, 텅 비어 있는데 가득 찬 듯하며, 가난하면서 부자인 척하니, 한결 같은 마음으로 살기는 어려운 시절이 분명하다."

The Master said : "An inspired man it is not mine to see. Could I behold a noble man I would be content."

The Master said : "A really good man it is not mine to see. Could I see a man of constant purpose I would be content. Affecting to have when they have not, empty yet affecting to be full, in straits yet affecting to be prosperous, – how hard it is for such men to have constancy of purpose!"

26. 공자께서는 낚시는 하였으나 그물을 쓰지는 않았다. 주살을 사용했으나 둥지에 깃든 새는 쏘지 않았다.

The Master fished with a line but not with a net ; when shooting he did not aim at a resting bird.

27. 공자께서 말씀하셨다. "충분히 알지 못하면서 무엇인가를 만들어내는 사람도 있다. 그러나 나는 그렇게 하지 않는다. 많이 듣고 그 가운데 훌륭한 것을 가려서 따르고, 많이 보고 생각에 담으면, 이것이 지식에 버금가는 일이다."

The Master said : "There are men, probably, who do things correctly without knowing the reason why, but I am not like that : I hear much, select the good and follow it ; I see much and treasure it up. This is the next best thing to philosophical knowledge."

28. 호향 사람은 함께 하기 어려운 무리들이었다. 그곳의 아이가 공자를 찾아오자, 제자들은 의아하게 생각했다.
공자께서 말씀하셨다. "찾아오는 사람은 받아들이고, 돌아가는 사람은 함께 하지 않는 것이다. 찾아온 사람이 누구든지 가혹하게 대할 수는 없다. 몸과 마음을 깨끗하게 하고 온 사람의 깨끗함을 받아들이는 것이지, 지난날의 행실을 덮어주는 것이 아니다."

The people of Hu-hsiang were hard to get on with ; hence when a youth from there had an interview with the sage the disciples wondered.

"In sanctioning a man's entry here," said the Master, "I sanction nothing he may do on his withdrawal. Why, indeed, be so extreme?

When a man cleanses himself and comes to me I may accept his present cleanness without becoming sponsor for his past."

29. 공자께서 말씀하셨다. "인(仁)이 멀리 있는가? 내가 인(仁)을 실천하고자 하면, 인(仁)은 곧 다가온다."

The Master said : "Is Virtue indeed afar oft?" I crave for Virtue and lo! Virtue is at hand."

30. 진(陳)나라의 사패가 물었다. "소공은 예를 아는 사람입니까?" 이에 공자께서 말씀하셨다. "예를 아는 사람입니다."

공자께서 물러나자, 읍을 하며 다가오는 무마기에게 말했다. "내가 들은 바에 의하면, 군자는 당파를 만들지 않는다고 하는데, 군자가 당파를 만들었느냐? 임금(소공)이 오나라에서 부인을 맞이하면서, 성(姓)이 같아서 부인을 오맹자라고 불렀다. 그런 임금을 예를 아는 사람이라고 한다면, 예를 모르는 사람이 어디 있겠느냐?"

무마기가 이 말을 전하자, 공자께서 말씀하셨다. "정말 다행이다! 허물이 있으면 사람들이 반드시 알려주는구나."

The Minister of Justice of the State of Chen asked whether Duke Chao knew the Regulations. "He knew them," replied Confucius. When Confucius had withdrawn the Minister bowed to Wu-ma Chi to come forward and said : "I have heard that a man of noble parts is not a partisan. May then a noble man be also a partisan? Prince Chao took his wife from the house of Wu, of the same surname as himself, and spoke of her as the elder Lady Tzu of Wu. If the duke knew the Regulations who does not know them?"

Wu-ma Chi reported this, whereupon the Master remarked : "I am fortunate. If I make a mistake people are sure to know of it."

31. 공자께서는 노래하는 자리에 함께 어울리며, 누군가 노래를 잘하면 반드시 다시 한 번 부르게 하고 이어서 함께 노래했다.

When the Master was in company with any one who was singing and the piece was good, he always had it repeated, joining in the melody himself.

32. 공자께서 말씀하셨다. "학문은 내가 다른 사람보다 못하지는 않다. 그러나 군자로서 몸소 실행해야 할 일은 아직껏 하지 못하고 있다."

The master said : "In letters perhaps I may compare with others, but as to my living the noble life, to that I have not yet attained."

33. 공자께서 말씀하셨다. "내가 어찌 성인(聖人)과 인자(仁子)가

되겠다고 할 수 있겠느냐? 그러나 그들을 배우는 것은 마다하지 않으며, 다른 사람을 가르치는 일은 게을리하지 않는 것, 그것은 가히 내가 그렇다고 말할 수 있는 것이다."

공서화가 대답했다. "그것이 바로 저희 제자들 중 누구도 따라갈 수 없는 것입니다."

The Master said : "As to being a Sage, or a man of Virtue, how dare I presume to such a claim! But as to striving thereafter unwearyingly, and teaching others therein without flagging, – that can be said of me, and that is all."

"And that," said Kung-hsi Hua, "is just what we disciples cannot learn."

34. 공자께서 오랫동안 병을 앓게 되자, 자로가 기도할 것을 청했다.

공자께서 말씀하셨다. "그러한 선례가 있느냐?"

자로가 대답했다. "있습니다. 뇌문에 '너를 위하여 하늘과 땅의 신께 기도한다'라고 되어 있습니다."

공자께서 말씀하셨다. "나도 오랫동안 그렇게 기도했다."

Once when the Master was seriously ill Tzu Lu asked leave to have prayers offered. "Is there authority for such a step?" asked the Master. "There is," Tzu Lu replied. "In the litanies it is said, 'We pray to you, spirits celestial and terrestrial.' " The Master answered, "My praying has been for long."

35. 공자께서 말씀하셨다. "사치스러우면 불손해지며, 검소하면 고루해진다. 불손한 것보다는 차라리 고루한 것이 좋다."
The Master said : "If prodigal then uncontrolled ; if frugal then narrow: but better be narrow than beyond control."

36. 공자께서 말씀하셨다. "군자는 평온하고 마음이 넓으나, 소인은 걱정과 두려움이 끊이질 않는다."
The Master said : "The nobler man is calm and serene, the inferior man is continually worried and anxious."

37. 공자께서는 온화하면서도 엄숙하고, 위엄이 있으면서도 사납지 않으시며, 공손하면서도 편안하셨다.
The Master was affable yet dignified, commanding yet not overbearing, courteous yet easy.

제8편 태백

1. 공자께서 말씀하셨다. "태백은 지극한 덕을 갖춘 사람이었다고 할 만하다. 세 번이나 천하를 양보했으나, 백성들은 그를 칭송할 길이 없었다."

The Master said : "Tai Po may be described as possessing a character of the noblest. He resolutely renounced the Imperial Throne, leaving people no ground for appreciating his conduct."

2. 공자께서 말씀하셨다. "공손하게 대하는데 예를 차리지 않으면 괴로울 뿐이고, 신중하지만 예가 없으면 두려워하게 되며, 용맹스럽지만 예가 없으면 난폭할 뿐이고, 강직하지만 예가 없으면 냉혹할 뿐이다. 군자가 가까운 사람들을 잘 돌봐주면 백성들 사이에서 인(仁)의 기풍이 일어나며, 옛 친구를 버리지 않으면

백성들이 각박해지지 않는다.”

The Master said : "Courtesy uncontrolled by the laws of good taste becomes laboured effort, caution uncontrolled becomes timidity, boldness uncontrolled becomes recklessness, and frankness uncontrolled becomes effrontery. When the highly placed pay generous regard to their own families, the people are stirred to mutual kindness. When they do not discard old dependents, neither will the people deal meanly with theirs."

3. 증자가 병이 들어 문하의 제자들을 불러 모으고 말했다. “내 발을 들어보고, 내 손을 펼쳐 보아라! 《시경》에 말하길, '두려워하며 조심하기를 마치 깊은 연못 위에 서 있는 듯하고, 살얼음 위를 밟고 가는 듯이 하다'라고 하였다. 그런데 이제야 그런 걱정에서 벗어난 것 같구나, 제자들아!”

When the philosopher Tseng was taken ill, he called his disciples and said : "Uncover my feet, uncover my arms. The Ode says :

"Be anxious, be cautious,

As when near a deep gulf,

As when treading thin ice.

From now henceforth I know I shall escape all injury. My disciples."

4. 증자가 병으로 누워 있을 때 맹경자가 문병을 갔다.

증자가 말했다. "새가 죽으려 할 때는 울음소리가 애처롭고, 사람이 죽음에 이르렀을 때는 선한 말을 한다. 군자가 귀중하게 새겨할 도(道)는 세 가지이다. 용모는 사납거나 거칠지 않아야 하며, 좋은 얼굴빛으로 신뢰를 주어야 하며, 말을 내뱉을 때는 천박하거나 사리에 맞지 않는 말은 하지 않는다. 제기를 다루는 제례는 예를 다루는 사람에게 맡긴다."

During Tseng Tzu's illness Meng Ching Tzu called to make enquiries. Tseng Tzu spoke to him saying : "When a bird is dying its song is sad. When a man is dying, what he says is worth listening to. The three rules of conduct upon which a man of high rank should place value are, – in his bearing to avoid rudeness and remissness, in ordering his looks to aim at sincerity, and in the tone of his conversation to keep aloof from vulgarity and impropriety. As to the details of temple vessels, there are proper officers for looking after them."

5. 증자가 말했다. "능력이 있을지라도 능력이 없는 사람에게 묻고, 아는 것이 많을지라도 아는 것이 적은 사람에게도 물으며, 있는 데도 없는 듯 보이고, 가득 차 있으면서도 비어 있는 듯하고, 싸우고자 달려들어도 다투지 않는 것이다. 예전에 나의 친구가

일찍이 그러했다."

Tseng Tzu said : "Talented, yet seeking knowledge from the untalented, of many attainments yet seeking knowledge from those with few, having, as though he had not, full yet bearing himself as if empty, offended against yet not retaliating, – once upon a time I had a friend who lived after this manner."

6. 증자가 말했다. "어린 임금을 부탁할 수 있고, 일국의 명운을 맡길 수 있으며, 국가의 존망이 걸렸을 때 절개를 버리지 않는다면 군자답다 할 수 있지 않겠느냐! 그런 사람이면 군자다!"

Tseng Tzu said : "The man to whom one could entrust a young orphan prince and delegate the command over a hundred *li*, yet whom the advent of no emergency, however great, could shake, would he be a man of the nobler order? Of the nobler order he would certainly be."

7. 증자가 말했다. "사(士)는 품은 뜻이 넓고 의연해야 하니, 책임이 무겁고 갈 길 또한 멀다. 인(仁)의 실현이 목표이므로 이것 역시 막중한 일 아니겠느냐? 죽은 뒤에야 그만둘 수 있으니 정말 먼 길이지 않겠느냐!"

Tseng Tzu said : "The scholar may not be without capacity and fortitude, for his load is heavy and the road is long. He takes Virtue for his load, and is not that heavy? Only with death does his course end, and is not that long?"

8. 공자께서 말씀하셨다. "시(詩)로부터 학문의 흥미가 시작되며, 예로 똑바로 서게 되고, 음악으로 완성된다."
The Master said : "Let the character be formed by ths Poets; established by the Laws of Decorum ; and perfected by Music."

9. 공자께서 말씀하셨다. "백성은 따르게 만들 수는 있어도, 그 이치를 알게 할 수는 없다."
The Master said : "The people may be made to follow a course, but not to understand the reason why."

10. 공자께서 말씀하셨다. "용맹스럽지만 가난을 힘들어 하면 분란을 일으킨다. 다른 사람이 어질지 못한 것을 지나치게 싫어하면 분란을 일으킨다."
The Master said : "Love of daring and resentment of poverty drive men to desperate deeds and men who lack moral character will be driven to similar deeds it resentment of them be carried too far."

11. 공자께서 말씀하셨다. "만약 주공처럼 훌륭한 재능이 있다 해도 교만하거나 인색하다면, 그 나머지는 볼 것이 없다."

The Master said : "If a man have gifts as admirable as those of Duke Chou, yet be vain and mean, his other gifts are unworthy of notice."

12. 공자께서 말씀하셨다. "3년을 학문에 힘쓰면서 벼슬할 생각을 하지 않기란 쉬운 일이 아니다."

The Master said : "It is not easy to find a man who has studied for three years without aiming at pay."

13. 공자께서 말씀하셨다. "두터운 믿음으로 배우는 것을 좋아하며 죽음 앞에서도 도(道)를 지켜야 한다. 위태로운 곳에는 들어가지 말고 어지러운 곳에서는 머물지 않으며, 천하에 도가 있으면 나타나고, 도가 없으면 은거해야 한다. 나라에 도가 있는데도 가난하고 천박하면 부끄러운 일이다. 나라에 도가 없는데 부귀영화를 누리는 것도 부끄러운 일이다."

The Master said : "The man of unwavering sincerity and love of moral discipline, will keep to the death his excellent principles. He will not enter a tottering State nor dwell in a rebellious one. When law and order prevail in the Empire, he is in evidence. When it is without law and order, he withdraws. When law and order prevail in his State, he is ashamed to be needy and of no account. When law and order fail, he is ashamed to be in affluence and honour."

14. 공자께서 말씀하셨다. "그 직책에 있지 않으면 정사를 도모하려고 해서는 안 된다."
The Master said : "He who does not occupy the office does not discuss its policy."

15. 공자께서 말씀하셨다. "악사 지(摯)의 부임 초기에 연주된 '관저'의 마지막 부분은 넓은 바다처럼 귀를 가득 채웠다."
The Master said : "When the Band-master Chih entered on his duties, how the closing strains of the Kuan Chu filled the ear with the grandeur of their volume!"

16. 공자께서 말씀하셨다. "큰 뜻을 품었으나 정직함이 없고, 알고 있는 것도 없는데 성실함도 없고, 능력도 없는데 신의도 없다면, 그런 사람은 알 도리가 없다."
The Master said :-"The impulsive and not straight-forward, the simple and not honest, the stupid and not truthful, – with such I hold no acquaintance."

17. 공자께서 말씀하셨다. "배움은 따라가지 못하는 것보다, 오히려 배운 것을 잃어버릴까 걱정해야 한다."

The Master said : "Learn as if you were not reaching your goal, and as though you were afraid of missing it."

18. 공자께서 말씀하셨다. "위대하시다! 순임금과 우임금께서는 천하를 다스렸지만 그 자리에 연연하지 않으셨다."

The Master said : "How sublime the way Shun and Yu undertook the Empire, and yet as if it were nothing to them!"

19. 공자께서 말씀하셨다. "요임금이야말로 위대한 분이다! 오직 하늘만이 위대한 것인데, 요임금께서 그것을 본받았으니, 한없이 넓은 그것은 백성들이 감히 입에 올릴 수조차 없다. 그의 공적은 한없이 높고, 그의 문화는 영원히 빛날 것이다."

The Master said : "Great indeed was the sovereignty of Yao! How sublime he was! Only Heaven is great, and only Yao responds to its standard. How vast he was! Beyond the power of the people to express. How sublime were his achievements! How brilliant his civilizing regulations!"

20. 순임금은 다섯 명의 신하가 두고서 천하를 잘 다스렸다. 이에

대해 무왕이 말했다. "나에게는 신하가 무려 열 사람이 있다."

공자께서 말씀하셨다. "훌륭한 인재를 만나는 것은 어려운 일이 아닐 수 없다. 그런데 당나라에서 우나라로 바뀔 때와 견주면, 주나라의 무왕에게는 인재가 가장 많았다. 무왕의 왕비까지 그러했으니, 실제로 신하는 아홉 명이다. 천하가 삼분되었을 때 3분의 2를 차지한 주나라는 은나라의 예를 섬기었으니, 그 덕은 가히 지극한 것이다."

Shun had five Ministers and the Empire was well ruled. King Wu remarked : "I have ten adjutants, able administrators."

Confucius said : "Is it not a true saying that talent is hard to find? Yet only at the transition of the Tang Dynasty into the Yu was it more replete than in the founding of this of Chou, when indeed one of its Ministers was a woman, so that in reality there were only nine men. Possessor of two of the Empire's three parts, with which he submissively served the Dynasty of Yin the virtue of the Founder of the Chou may indeed be called perfect virtue."

21. 공자께서 말씀하셨다. "우임금은 비난할 것이 없다. 음식은 간소했으나 조상에 대한 예를 올릴 때는 지극했으며, 헤진 옷으로 지내지만 제례 때에는 격식을 갖추었고, 누추한 곳에 살면서도 치수와 관개에 온힘을 쏟았다. 그러니 우임금은 비난할 것이 없다."

The Master said : "In Yu I can find no room for criticism. Simple in his own food and drink, he was unsparing in his filial offerings to the spirits. Shabby in his workaday clothes he was most scrupulous as to the elegance of his kneeling apron and sacrificial crown. Humble as to the character of his palace, he spent his strength in the draining and ditching of the country. In Yu I find no room for criticism."

제9편 자한

1. 공자께서는 이득을 구하는 것, 천명, 인(仁)에 대해서는 말을 아끼셨다.

The Master seldom spoke on profit, on the orderings of Providence, and on perfection.

2. 달항 마을의 사람이 말했다. "위대하신 공자님! 배운 바가 넓은데, 그만큼의 명성을 얻지는 못하였다네."

공자께서 이 말을 듣고 문하의 제자들에게 말씀하셨다. "내가 어떤 분야를 하면 명성을 얻을 수 있겠느냐? 수레를 몰까, 아니면 활쏘기를 할까? 나는 수레를 모는 일을 할 수 있으면 좋겠다."

A man of the village of Ta-hsiang remarked : "What a great man is Kung, the Philosopher. Yet though his learning is vast, in nothing does he acquire a reputation."

The Master on hearing it, addressing his disciples, said : "What shall I take up? Shall I take to driving? Or shall I take to archery? I will take to driving."

3. 공자께서 말씀하셨다. "삼베로 된 관(冠)이 예법에 맞다. 그런데 지금은 명주실로 만든 것을 주로 사용한다. 검소한 일이므로 지금의 풍속을 나도 따른다. 당 아래에서 절하는 것이 예법에 맞다. 그런데 지금은 마루 위에서 절을 한다. 이것은 무례한 일이니, 다른 사람들과 달리 나는 마루 아래에서 절한다."

The Master said : "A linen cap is the prescribed form, but nowadays silk is worn. This saves expense and I follow the general usage. Salutation below (the Audience Hall) is the prescribed form, but now they salute above. This is going too far, and therefore, though infringing the general usage, I follow the rule of bowing below."

4. 공자께서는 네 가지 일을 절대 하지 않으셨다. 자기 마음대로 하지 않고, 반드시 하려 하지 않고, 고집을 내세우지 않고, 자신만을 생각하지 않았다.

The Master was entirely free from four things: he had no preconceptions, no pre-determinations, no obduracy, and no egoism.

5. 공자께서 광 땅에서 위험한 상황에 처해졌을 때 말씀하셨다. "문왕께서 돌아가셨으나 그(주나라)의 예가 지금까지 이어오고 있지 않느냐? 하늘이 장차 이것을 사라지게 했다면, 나는 이 예를 알 수 없었을 것이다. 그러나 하늘이 이것을 사라지게 하지 않는다면, 광 땅의 사람인들 그들이 나를 해하려 하겠느냐!"

When the Master was intimidated in Kuang, he said : "Since King Wen is no longer alive, does not (the mantle of) enlightenment (Wen) rest here on me? If Heaven were going to destroy this enlightenment, a mortal like me would not have obtained such a connection with it. Since Heaven is not ready to destroy this enlightenment, what can the men of Kuang do to me?"

6. 태재가 자공에게 물었다. "공자님은 성인(聖人)이겠지요. 그래서 모든 일에 능력이 뛰어난 것이지요?"
자공이 대답했다. "진실로 하늘이 그 분을 성인으로 삼은 것이므로 매사에 뛰어난 것입니다."
공자께서 이 말을 듣고 말씀하셨다. "태재가 나를 알아봐 주었구나! 나는 젊어서 가난했기 때문에 비천한 일도 마다하지 않았다. 군자라고 해서 모든 일에 다 능숙해야 하는 것은 아니다."
뢰가 말했다. "스승님께서는 '나는 관직에 등용되지 못했기 때문에 여러 가지 일(육예:六藝)을 다 열심히 공부했다'라고 하셨다."

A great Minister enquired of Tzu Kung, saying, "Your Master, he is surely inspired? What varied acquirements he has!"

Tzu Kung answered, "Of a truth Heaven has lavishly endowed him, to the point of inspiration, and his acquirements are also many."

When the Master heard of it he said : "Does the Minister really know me? In my youth I was in humble circumstances, and for that reason gained a variety of acquirements, – in common matters : but does nobleness of character depend on variety! It does not depend on variety."

Lao says, "The Master used to say, 'I have not been occupied with an official life, and so became acquainted with the Arts!' "

7. 공자께서 말씀하셨다. "내가 아는 것이 있는가? 나는 아는 것이 없다. 그러나 어떤 사람이 내게 찾아와 무엇인가를 물으면, 그가 학식이 있는 사람이 아니라도, 그 질문의 처음과 끝까지를 되물어서 전부 일러줄 뿐이다."

The Master said : "Am I indeed a man with (innate) knowledge? I have no such knowledge, but when an uncultivated person, in all simplicity, comes to me with a question, I thrash out its pros and cons until I get to the bottom of it."

8. 공자께서 말씀하셨다. "봉황도 오지 않고 황하에서 하도(河圖)도 나오지 않으니, 나는 이제 끝인가 보구나!"

The Master said : "The phoenix comes not, the river gives forth no chart, it is all over with me."

9. 공자께서는 상복을 입은 사람, 예복을 입은 사람, 그리고 눈이 안 보이는 사람을 지나치게 되었을 때, 나이가 어린 사람이라도 반드시 일어나고, 그들을 지나쳐야 할 때는 반드시 종종걸음으로 예를 표했다.

Whenever he saw a person in mourning, or in official cap and robes, or one who was blind, the Master on noticing him, even though the man were his own junior, always arose ; or, if he were passing such a one, he always quickened his steps.

10. 안연이 크게 탄식하며 말했다. "우러러볼수록 더욱 높게 보이며, 깊게 공부하면 할수록 더욱 견고하며, 거의 다가선 듯 했는데 어느새 뒤에 계신다. 스승님께서는 차근차근 제자들을 이끌어 학문을 넓혀 주시고, 예를 올바르게 갖추게 하니 그만두려 해도 할 수 없다. 나의 재주를 있는 힘껏 다하여, 우뚝 서보려 하나 높기만 할 뿐, 아무리 따르고자 해도 미치지를 못한다."

Yen Yuan heaved a deep sigh and said : "The more I look up at it the higher it rises. The more I probe it the more impenetrable it becomes. I catch a glimpse of it in front, and it is instantly behind. But our Master step by step skilfully lures men on. He has broadened me by culture, and restrained me by reverence. If I wished to stop I could not, and when at times I have exhausted all my powers, something seems to stand majestically before me, yet though I seek to pursue my path towards it, I find never a way."

11. 공자께서 병환으로 위독해지자 자로가 제자들을 보내 가신(家臣)의 일을 하게 했다.
병이 조금 나아지자 공자께서 말씀하셨다. "오래 전에 유(由)가 일을 꾸몄구나! 가신이 없는데 가신이 있었으니, 내가 누군가를 속인 것이며, 하늘까지 속였구나! 가신의 보살핌을 받으며 죽는 것보다는 차라리 너희들의 보살핌을 받으며 죽는 것이 좋지 않겠느냐? 비록 성대한 장례는 아니겠지만, 길바닥에서 죽겠느냐?"

Once when the Master was seriously ill, Tzu Lu set the disciples to act as if they were a Statesman's officers. During a remission of the attack Confucius observed : "For what a long time has Yu carried on his impositions! In pretending to have retainers when I have

106

none, whom do I deceive? Do I deceive Heaven? Moreover, would I not sooner die in the arms of you my disciples than in the arms of officials? And, even if I did not have a grand funeral, should I be dying by the roadside?"

12. 자공이 말했다. "여기에 아름다운 옥이 있다면 궤 속에 넣어 두겠습니까? 좋은 장사꾼을 찾아가 팔겠습니까?"
공자께서 말씀하셨다. "어떻게든 팔아야지, 팔아야 해! 나는 비싸게 사줄 만한 사람을 기다릴 것이다."
Tzu Kung asked : "If I had a lovely jewel here, should I shut it up in a casket and keep it, or seek a good price and sell it?"
"By all means sell it! sell it!" answered the Master, "But I myself would wait for a good offer."

13. 공자께서 동쪽 오랑캐의 땅으로 가보겠다고 말하자, 누군가가 말했다. "누추한 곳에서 어떻게 거처하겠습니까?"
공자께서 말씀하셨다. "군자가 가서 머물면 어떻게 누추할 수 있겠느냐?"
The Master proposed to go and dwell among the nine uncivilized tribes of the east whereupon some one remarked : "But they are so uncivilized, how can you do that?" The Master responded,

"Were a man of noble character to dwell among them, what lack of civilization would there be?"

14. 공자께서 말씀하셨다. "내가 위나라에서 노나라로 돌아온 다음에, 마침내 음악이 바르게 되어 아(雅)와 송(頌)이 각각 올바르게 되었다."
The Master said : "It was only after my return from Wei to Lu that Music was revised, and that the secular and sacred pieces were properly discriminated."

15. 공자께서 말씀하셨다. "집밖에서는 관직이 높은 사람을 섬기고, 집안에서는 부모형제를 섬기며, 상을 치룰 때에는 정성을 다하며, 술을 마셨을 때 실수를 하지 않으니, 나에게 무슨 문제가 있겠느냐?"
The Master said : "In public life to do my duty to my Prince or Minister in private life to do my duty to my fathers and brethren ; in my duties to the departed never daring to be otherwise than diligent ; and never to be overcome with wine, – in which of these am I successful?"

16. 공자께서 시냇가에서 말씀하셨다. "흘러가는 것은 이처럼

밤낮을 멈추지 않는다.”

Once when the Master was standing by a stream he observed : “All is transient, like this! Unceasing day and night!”

17. 공자께서 말씀하셨다. “나는 아직 여자를 좋아하듯이 덕을 좋아하는 사람을 보지 못했다.”

The Master said : “I have never yet seen a man whose love of virtue equalled his love of woman.”

18. 공자께서 말씀하셨다. “비유하자면 산을 쌓아 올리다가 한 삼태기의 흙이 모자라서 그 일을 그만두었다면, 나 스스로가 그만 둔 것이다. 한 가지 더 비유하자면 땅을 고르게 하기 위해 한 삼태기의 흙을 갖다 부었는데 일이 나아졌으면 내가 진보한 것이다.”

The Master said : “Suppose I am raising a mound, and, while it is still unfinished by a basketful, I stop short, it is I that stops short. Or, suppose I begin on the level ground, although I throw down but one basketful, and continue to do so, then it is I that makes progress.”

19. 공자께서 말씀하셨다. “가르쳐 주면 게을리 하지 않는 사람은 바로 안회뿐이다!”

The Master said : "Ah! Hui was the one to whom I could tell things and who never failed to attend to them."

20. 공자께서 안연이 죽은 것에 대해 말씀하셨다. "너무 애석하구나. 나는 그가 앞으로 나아가려는 것만 볼 수 있었다. 멈추는 것은 본 적이 없다."

The Master, referring to Yen Yuan, said : "Alas! I ever saw him make progress, and never saw him stand still."

21. 공자께서 말씀하셨다. "싹을 내고도 꽃피우지 못하는 것도 있고, 꽃은 피웠지만 열매를 맺지 못하는 것도 있다."

The Master said : "There are blades that spring up and never flower, and there are others that flower but never fruit."

22. 공자께서 말씀하셨다. "후학이란 두려워할 만하다. 그들이 지금의 우리보다 못할 것이라고 누가 알겠느냐? 사십, 오십이 되었는데도 명성을 얻지 못했다면 그는 두려워할 만한 인물이 아니다."

The Master said : "The young should inspire one with respect. How do we know that their future will not equal our present? But if a man has reached forty or fifty without being heard of, he, indeed, is incapable of commanding respect!"

23. 공자께서 말씀하셨다. "올바른 말을 어찌 따르지 않을 수 있겠는가? 그보다 더 중요한 것은 잘못을 고치는 것이다. 온화하게 건네주는 말을 어찌 기뻐하지 않을 수 있겠는가. 그러나 생각의 실마리를 찾아내는 것이 중요한 일이다. 기뻐하기만 하면서 찾아내지 않고, 따르기만 하면서 잘못을 고치지 않는 사람은 나도 어찌할 수 없다."

The Master said : "To words of just admonition can anyone refuse assent? But it is amendment that is of value. With advice persuasively offered can anyone be otherwise than pleased? But it is the application that is of value. Mere interest without application, mere assent without amendment,- for such men I can do nothing whatever."

24. 공자께서 말씀하셨다. "충실과 신의를 기준으로 삼아, 자신에게 미치지 못한 사람은 친구로 삼지 말아야 하며, 허물이 있는 것은 주저하지 말고 고치도록 한다."

The Master said : "Make conscientiousness and sincerity your leading principles. Have no friends inferior to yourself. And when in the wrong, do not hesitate to amend."

25. 공자께서 말씀하셨다. "삼군에 맞서 장수를 빼앗을 수는 있어도, 필부의 지조를 꺾기란 어려운 것이다."

The Master said : "You may rob a three corps army of its commander-in-chief, but you cannot rob even a common man of his will."

26. 공자께서 말씀하셨다. "낡고 닳아진 솜옷을 입어도, 여우나 담비 털가죽 옷을 입은 사람 옆에서 조금도 부끄러워하지 않을 사람이 바로 유(자로)가 아니겠느냐! 다른 사람에게 해를 끼치지 않고, 다른 사람의 것을 욕심내지 않으니 어찌 훌륭하지 않은가?" 자로가 이것을 평생 암송하겠다고 말했다. 공자께서 말씀하셨다. "그와 같은 도를 훌륭하다고 할 수는 없지 않겠느냐?"

The Master said : "Wearing a shabby, hemp-quilted robe, and standing by others dressed in fox and badger, yet in no way abashed, – Yu would be the one for that, eh? Unfriendly to none, and courting none, what does he do not excellent? As Tzu Lu afterwards was perpetually intoning this, the Master observed : "How can those two points be sufficient for excellence!"

27. 공자께서 말씀하셨다. "날씨가 추워진 뒤에야 소나무와

잣나무가 늦게 시든다는 것을 안다."

The Master said : "Only when the year grows cold do we realise that the pine and the cypress are the last to fade."

28. 공자께서 말씀하셨다. "지혜로운 사람은 미혹됨이 없으며, 어진 사람은 근심하지 않고, 용감한 사람은 두려워하지 않는다."

The Master said : "The enlightened are free from doubt, the Virtuous from anxiety, and the brave from fear."

29. 공자께서 말씀하셨다. "함께 공부할 수 있는 사람이라도 함께 도에 나아갈 수는 없으며, 함께 도에 나아갈 수 있는 사람이라도 뜻이 같을 수는 없으며, 뜻이 같은 사람이라도 함께 일을 잘할 수는 없다."

The Master said : "There are some with whom one can associate in study, but who are not yet able to make common advance towards the Truth : there are others who can make common advance towards the Truth, but who are not yet able to take with you a like firm stand ; and there are others with whom you can take such a firm stand, but with whom you cannot associate in judgment."

30. '산앵두나무 꽃이 하늘거리니, 그대가 너무도 그립구나. 그러나

그대 머무는 곳은 너무나 멀구나.'

공자께서 이 시에 대해 말씀하셨다. "그리워하지 않는 것이지, 진정 그리워한다면 어찌 거리가 멀 까닭이 있겠느냐?"

'The blossoms on the cherry tree

Are changing and quivering,

Can I do aught but think of thee

In thy far-distant dwelling?'

The Master said : "He had never really bestowed a thought. If he had, what distance would have existed?"

제10편 향당

1. 공자께서는 향당에서 지내실 때는 공손하고 과묵하여 말을 하지 못하는 사람처럼 보였다. 그러나 종묘와 조정에서는 분명하게 주장을 하면서도 신중함을 잃지 않았다.

Confucius in his native village bore himself with simplicity, as if he had no gifts of speech. But when in the Temple or at Court, he expressed himself readily and clearly, yet with a measure of reserve.

2. 조정에서 하대부와 말을 나눌 때는 편안했으며, 상대부와 말을 나눌 때는 온화하면서도 엄격했다. 군주 앞에서는 공경스럽게 예를 갖추었다.

At Court, when conversing with Ministers of his own rank, he spoke out boldly; when conversing with the higher Ministers he spoke respectfully ; but when the Prince was present, his movements were nervous, though selfpossessed.

3. 임금이 불러 사신을 접대하게 되면, 얼굴빛은 밝게 하고, 종종걸음을 했다. 영접할 때는 두 손을 마주잡고 좌우로 움직이며 좌우의 사람들에게 읍(揖)을 했다. 읍을 할 때마다 옷깃은 가지런하게 움직였다. 종종걸음으로 나아갈 때는 손의 움직임이 새가 날개를 펼치듯 단정했다. 사신이 물러가면 반드시 복명하여 '사신이 뒤돌아보지 않고 가셨습니다'라고 고했다.

When the Prince summoned him to receive a visitor, his expression seemed to change, and his legs as it were bent under him. As he saluted those who stood with him, on the right hand or the left as occasion required, his robe in front and behind hung straight and undisturbed ; and, as he hastened forward, it was as if with outstretched wings. When the visitor had departed he always reported, saying, "The Guest is no longer looking back."

4. 궁궐의 문을 들어설 때는 삼가 몸을 굽히며, 마치 문이 비좁은 듯하였다. 중문에서도 몸을 세우지 않으며, 지날 때는 문지방을 밟지 않았다. 임금의 자리를 지나칠 때에는 얼굴빛을 바꾸고 발걸음 조심하였다. 말을 잘 못하는 듯이 보였다. 옷자락을 잡고

당(堂)으로 오를 때는 몸을 굽히고, 숨을 죽여 마치 숨을 쉬지 않은 듯 했다. 당에서 나와 한 계단을 내려오면 얼굴빛을 풀고 온화하고 밝은 표정을 지었다. 계단을 다 내려오면 잰걸음으로 나가길, 마치 새가 날개를 펴듯 단정하였다. 자리에 다시 돌아오면 삼가고 조심하는 모습이 되었다.

On entering the palace gate he appeared to stoop, as though the gate were not high enough to admit him. He never stood in the middle of the gateway, nor in going through did he step on the sill. As he passed the Throne he wore a constrained expression, his legs appeared to bend, and words seemed to fail him. As he ascended the Audience Hall, holding up his skirt, he appeared to stoop, and he held his breath as if he dare not breathe. On coming forth from his Audience, after descending the first step his expression relaxed into one of relief; at the bottom of the steps he hastened forward as with outstretched wings, and on regaining his place he maintained an attitude of nervous respect.

5. 규(圭)를 받을 때는 몸을 굽히고 무거운 것을 드는 듯이 했다. 규를 잡을 때 위쪽은 읍할 때의 위치에서 잡고, 아래는 물건을 건네줄 때 잡는 듯이 하며, 얼굴빛은 단정하게 하고 조심스러운 듯하며, 발걸음은 짧게 하여 마치 더듬어 가는 듯이 했다. 예물을

제후에게 올릴 때는 부드러운 표정을 띠었으며, 사적인 자리에서는 즐겁고 편안한 모습이었다.

He carried the ducal mace with bent back, as if unequal to its weight, neither higher than when making a bow, nor lower than when offering a gift : his expression, too, was perturbed and anxious, and he dragged his feet as if something were trailing behind. While offering the presents (with which he was commissioned) he wore an easy look ; and at the subsequent private audience he bore himself with amiability.

6. 군자는 짙은 보라색과 주홍색으로 옷깃을 달지 않는다. 평상복은 붉은색과 자주색으로 하지 않는다. 더울 때는 홑겹의 가는 갈포나 굵은 갈포 옷을 입고, 외출할 때는 반드시 겉옷을 걸쳤다.
검정색 옷에는 검은 양의 가죽 옷을 걸치며, 흰색 옷에는 새끼 사슴의 가죽 옷을 입으며 황색 옷에는 여우의 가죽 옷을 걸친다.
평상복은 길이가 길고 오른쪽 소매는 조금 짧게 한다. 반드시 잠옷을 입으며 길이는 키의 한 배 반으로 한다. 여우와 담비의 두터운 가죽을 깔고 지낸다. 탈상하고 나면 패물을 착용했다.
조복이나 제례복 외에는 반드시 폭을 줄여서 입는다. 검은 가죽 옷이나 검은 관 차림으로는 조문하지 않는다. 매달 초하루에는 반드시 조례복을 입고 조정에 들어갔다.

He did not wear facings of purple or mauve, nor even in undress did he use red or crimson. In the hot weather he wore an unlined gown of fine or loose-woven material, but always outside and over another. With a black robe he wore black lambskin, with a light robe fawn, and with a yellow robe fox. His undress fur gown was long, with the right sleeve cut short. He always had his sleeping garment made half as long again as his body. He had thick fox or badger for home wear. When out of mourning he omitted none of the usual ornaments.

His skirts, all save his Court skirt, he always shaped toward the waist. He did not pay visits of condolence in dark lamb's fur or a dark hat. At the new moon he always put on his Court robes and presented himself at Court.

7. 재계를 할 때는 목욕 후에 입는 깨끗한 옷을 걸치는데, 삼베로 만든 것이다. 재계를 할 때는 반드시 평소와 다른 음식을 하고, 거처하는 자리도 반드시 평소와 달리한다.

When fasting he always wore a spotless suit of linen cloth. When fasting, too, he always altered his diet, and in his dwelling always changed his seat.

8. 밥은 잘 정제된 쌀로 지어야 하며 회는 가늘게 썰어져야 한다. 밥이 색이 변했거나 부패한 생선, 고기는 먹지 않는다. 빛깔이 나쁜 것은 피하며, 냄새가 역한 것도 피한다. 잘 익히지 않은 것도 먹지 않으며, 제철이 아닌 음식도 먹지 않는다.

반듯하게 잘라지지 않았거나, 음식에 맞는 장이 없으면 먹지 않는다. 고기가 많아도 밥보다 더 많이 먹지 않는다. 술은 양을 정해두지 않고 마시지만, 난동을 부릴 정도에는 이르지 않는다. 시장에서 사온 술과 육포는 먹지 않는다. 생강은 빠뜨리지 않고 먹지만, 과하게 먹지는 않는다. 나라에서 제례를 지내고 하사한 고기는 그날 밤을 넘기지 않고 먹는다. 다른 제례에서 보내온 고기도 3일을 넘기지 않으며, 3일을 넘기면 먹지 않는다.식사할 때는 말을 하지 않으며, 잠자리에서도 말하지 않는다. 비록 거친 밥과 채소국이어도 반드시 고수레를 하며, 엄숙하고 삼가는 태도로 한다.

He had no objection to his rice being of the finest, nor to having his meat finely minced. Rice affected by the weather, or turned, he would not eat, nor fish that was unsound, nor flesh that was gone. Neither would he eat anything discoloured, nor that smelt, nor that was under or over-cooked, or not in season.

He would not eat anything improperly cut, nor anything served without its proper seasoning. However much meat there might be he did not allow what he took to exceed the flavour of the rice only in wine he had no set limit, short of mental confusion. Bought wine or dried meat from the market he would not eat. He was never without ginger at his meals but he was not a great eater. After the sacrifices in the ducal temple he never kept his share of the flesh overnight, nor the flesh of his ancestral sacrifices more than three days, lest after three days it might not be eaten. He did not converse while eating, nor talk when in bed. Though his food were only coarse rice and vegetable broth he invariably offered a little in sacrifice, and always with solemnity.

9. 자리가 바르지 않으면 앉지 않는다.
He would not sit on his mat unless it were straight.

10. 마을 사람들과 음주를 할 때는 지팡이를 짚은 어른들이 나가고 난 후에 뒤따랐다. 마을 사람들이 귀신을 쫓는 예를 지낼 때는 조례복 차림으로 동편 섬돌에 서 있었다.
When his fellow villagers had a feast he only left after the elders had departed. When his fellow villagers held a procession to expel the pestilential influences, he put on his Court robes and stood on the eastern steps.

11. 다른 나라에 보내는 사신에게는 두 번 절을 하고 보냈다. 강자가 약을 보내오자 답례를 하며 받으면서 말했다. "제가 잘 모르는 것이라 감히 맛을 보지는 못하겠습니다."

When sending complimentary enquiries to anyone in another State, he bowed twice as he escorted his messenger forth. On Kang Tzu sending him a present of medicine he bowed and accepted it, but said : "As I am not well acquainted with it I do not dare to taste it."

12. 마구간에 불이 났다. 공자께서 퇴청하여 말씀하셨다. "사람이 다쳤느냐?" 말에 대해서는 묻지 않았다.

When his stable was burnt down, on coming forth from the Audience he asked, "Is anyone hurt?" He did not ask about the horses.

13. 임금이 음식을 내리면 반드시 자세를 바르게 하고 먼저 맛을 본다. 임금이 날고기를 내리면 반드시 익혀서 조상에게 올렸다. 임금이 산 짐승을 내리면 반드시 집에서 길렀다. 임금을 모시고 음식을 먹게 될 때는 임금이 고수레(제례)를 올리고 나면 먼저 맛을 보았다.

병환 중에 임금이 찾아오면 머리를 동쪽으로 향하고 눕고 조복으로 몸을 덮고 그 위에 띠를 펼쳤다. 임금의 부름이 있으면 수레를 기다리지 않고 곧장 달려갔다.

When the Prince sent him a present of food, he always adjusted his mat and first tasted it himself; but if the Prince's present were fresh meat, he always had it cooked, and set it before his ancestors. Were the Prince's present living he always kept it alive. When in attendance on the Prince at a State dinner, while the Prince sacrificed he (acted the subordinate part of) first tasting the dishes.

When he was ill and the Prince came to see him, he had his head laid to the east, and his Court robes thrown over him, with his sash drawn across. When his Prince commanded his presence, he did not wait while his carriage was being yoked, but started on foot.

14. 태묘에서는 행하는 일마다 묻고묻고 또 물었다.

On entering the Imperial Ancestral Temple, he asked about every detail.

15. 벗이 죽었는데 갈 곳이 없을 때는 공자께서, '내 집에 빈소를 차리자'고 말씀하셨다. 벗이 주는 선물이 비록 수레나 말이라도, 제례를 지낸 고기가 아니면 절을 하지 않고 받았다.

When a friend died, with no one to fall back upon, he would say, "I will see to his funeral." On receiving a present from a friend, unless it were sacrificial flesh, he never made obeisance, not even if it were a carriage and horses.

16. 잠자리에 있을 때는 죽은 사람처럼 눕지 않으며, 집에 있을 때도 몸가짐이 흐트러지지 않았다. 상복 입은 사람을 대할 때는 친한 사이에서도 반드시 얼굴빛을 바로잡았으며, 면류관을 쓴 사람과 장님에게도 비록 가까운 사이라 해도 반드시 예를 갖추었다.

수레 위에 있어도 상복을 입은 사람에게는 수레 위에서 인사하며 예를 표했으며, 나라의 중요한 일을 맡은 사람에게도 예를 표했다. 훌륭한 음식을 대접받으면 반드시 얼굴빛을 바로잡고 일어나서 예를 표했다. 천둥이 치고 바람이 거세면 반드시 얼굴빛을 달리했다.

In bed he did not lie like a corpse. At home he wore no formal air. Whenever he saw anyone in mourning, even though it were an intimate acquaintance, his expression always changed, and when he saw anyone in a cap of state, or a blind man, even though not in public, he always showed respect.

On meeting anyone in deep mourning, he would bow to the crossbar of his carriage, as he did also to anyone carrying the census boards. When entertained at a rich repast, he always expressed his appreciation with an altered look and by standing up, On a sudden clap of thunder, or a violent storm of wind, he always changed countenance.

17. 수레에 오르면 반드시 바르게 서서 손잡이 줄을 잡았다. 수레 안에서는 뒤돌아보지 않고, 말도 급하게 하지 않으며, 몸소 손가락으로 지시하는 법이 없다.

When mounting his carriage he always stood correctly, holding the mounting cord in his hand. In the carriage he did not look behind, nor speak hastily, nor point with his hands.

18. 사람을 살피던 새가 곧장 날아올라 빙빙 돌다가 내려앉았다. 이를 보고 공자께서 '산골짜기 징검다리에 있는 까투리야, 너는 때를 잘 만난 것 같구나. 때를 만났어!'라고 말씀하셨다. 자로가 그 까투리를 잡아서 바쳤다. 공자께서는 몇 번 냄새만 맡더니 일어나 버렸다.

Seeing their faces it rose, hovered about and settled again. (The Master) remarked : "Ah! hen-pheasant on the hill bridge, you know your time! You know your time!" Tzu Lu motioned towards it, whereupon it smelt at him three times and rose.

제11편 선진

1. 공자께서 말씀하셨다. "옛사람들의 예악은 거칠고, 후대인들의 예악은 군자와 같다. 내가 만일 예악을 익힌다면 옛사람의 것을 따를 것이다."

The Master observed : In the arts of civilization our forerunners are esteemed uncultivated, while in those arts, their successors are looked upon as cultured gentlemen. But when I have need of those arts, I follow our forerunners.

2. 공자께서 말씀하셨다. "진나라와 채나라에서 나를 따르던 제자들이 전부 등용되지를 못했구나. 덕행에는 안연, 민자건, 염백우, 중궁이며, 언변이 뛰어난 것은 재아, 자공이며, 정사에는 염유, 계로이며, 글과 학문은 자유, 자하이다."

The Master said : "Of all who were with me in Chen and Chai, not one now comes to my door." Noted for moral character there were Yen Yuan, Min Tzu Chien, Jan Niu and Chung Kung ; for gifts of speech Tsai Wo and Tzu Kung for administrative ability, Jan Yu and Chi Lu ; and for literature and learning Tzu Yu and Tzu Hsia.

3. 공자께서 말씀하셨다. "안회는 나를 도와주지 않는구나. 내가 하는 말에 기뻐하지 않는 적이 없구나."
The Master said : "Hui was not one who gave me any assistance. He was invariably satisfied with whatever I said."

4. 공자께서 말씀하셨다. "민자건은 정말 효자다! 부모 형제가 그의 효성을 칭찬하니 비난하는 사람이 없다!"
The Master said : "What a filial son Min Tzu Chien has been! No one takes exception to what his parents and brothers have said of him!"

5. 남용이 '백규'의 시를 하루에 세 번씩 암송하자, 공자께서 형님의 딸을 그에게 시집보냈다.
Nan Yung frequently repeated the White Sceptre Ode. Confucius gave him his elder brother's daughter to wife.

6. 계강자가 공자께 물었다. "제자 중에 누가 배우기를 가장 좋아합니까?" 공자께서 대답하셨다. "안회가 가장 좋아했으나, 슬프게도 일찍 죽어, 이제 그런 제자가 없습니다."

Once when Chi Kang Tzu asked which of the disciples was fond of learning, the Master replied : "There was Yen Hui who was fond of learning, but unhappily his life was cut short and he died, now there is none."

7. 안연이 죽자 (그의 아버지인) 안로가 스승(공자)의 수레를 팔아서 덧관을 만들어 줄 것을 청했다. 공자께서 말씀하셨다. "능력이 뛰어난 사람이든 아니든 자식을 위해 청할 수 있는 법이다. 그러나 리(공자의 아들)가 죽었을 때도 관은 있어도 덧관은 없었다. 내가 걸어 다니게 될까봐 그런 것이지 덧관 때문이 아니다. 군자의 신분으로 수레 없이 걸어다니는 것은 도가 아니기 때문이다."

When Yen Yuan died, Yen Lu begged for the Master's carriage in order to (sell it) and turn it into an outer shell. The Master answered : "Gifted or not gifted, everyone speaks of his own son. When Li died he had a coffin but no shell. I did not walk on foot to provide a shell for him, for I have to follow behind the great officers of State and may not go afoot."

8. 안연이 죽자 공자께서 말씀하셨다. "아, 하늘이 나를 버리시는 구나! 하늘이 나를 버리시는 구나!"

When Yen Yuan died the Master said : "Alas! Heaven has bereft me, Heaven has bereft me."

9. 안연이 죽자 공자께서 통곡을 했다. 제자가 말했다. "스승님, 너무 지나치게 슬퍼하시는 것 아닙니까?" 공자께서 말씀하셨다. "지나치게 슬퍼한다고? 이런 사람을 위해 슬퍼하지 않는다면 누구를 위해 그렇게 하겠느냐?"

When Yen Yuan died the Master bewailed him with exceeding grief, whereupon his followers said to him, "Sir! You are carrying your grief to excess." "Have I gone to excess?" asked he. "But if I may not grieve exceedingly over this man, for whom shall I grieve?"

10. 안연이 죽자 제자들이 장례를 성대하게 지내자고 청하자, 공자께서 말씀하셨다. "그렇게 하면 안 된다." 그럼에도 불구하고 제자들은 성대하게 장례를 지냈다. 공자께서 말씀하셨다. "회는 나를 어버이로 대했는데, 내가 그를 자식으로 대하지 못하는구나. 내 탓이 아니고, 너희들의 탓이다."

When Yen Hui died the other disciples proposed to give him

an imposing funeral, to which the Master said : "It will not do."
Nevertheless they buried him sumptuously. "Hui!" said the Master,
"You regarded me as a father, while I am not permitted to regard you
as my son. But it is not I. It is these disciples of mine."

11. 계로가 귀신을 섬기는 것에 대하여 묻자, 공자께서 말씀하셨다.
"아직 사람 섬기는 일도 제대로 못하는데 어찌 귀신을 섬길 수
있겠느냐?" 계로가 말했다. "그렇다면 죽음에 대해서는 물어도
됩니까?" 공자께서 말씀하셨다. "삶도 제대로 모르는데 어찌
죽음을 알겠느냐?"
When Chi Lu asked about his duty to the spirits the Master replied
: "While still unable to do your duty to the living, how can you
do your duty to the dead?" When he ventured to ask about death,
Confucius answered, "Not yet understanding life how can you
understand death?"

12. 민자건이 공자를 곁에서 모실 때 바른 말을 하면서도
온화했으며, 자로는 강하고 용감했으며, 염유와 자공은 강직하니,
공자께서는 즐거워했다. 그리고 '유(자로)'와 같은 이는 제명대로 살
수 있을지 모르겠다'고 말했다.
Once when Ming Tzu was standing by the Master's side he looked so

self-contained, Tzu Lu so full of energy, and Jan Yu and Tzu Kung so frank and fearless that the Master was highly gratified. (But, said he) "A man like Yu will not come to a natural death."

13. 노나라 사람이 장부(長府)라는 창고를 다시 지으려고 하자 민자건이 말했다. "옛것을 그대로 쓰면 될 텐데, 왜 다시 지으려고 하는가?" 공자께서 말씀하셨다. "그 사람(민자건)은 말을 자주 하지 않는데, 말을 하면 반드시 이치에 맞는다."
When the men of Lu were for rebuilding the Long Treasury, Min Tzu Chien observed, "How would it do to restore it as before? Why need it be reconstructed?" The Master said ; "This man seldom speaks, but when he does he is sure to hit the mark."

14. 공자께서 말씀하셨다. "유(자로)가 어찌 내 집에서 연주를 할 수 있겠느냐?" 공자의 제자들이 이를 듣고 자로를 공경하지 않았다. 공자께서 말씀하셨다. "유는 대청마루에는 올라섰다. 다만 아직 방 안에는 못 들어온 것이다."
The Master said : "What is Yu's harp doing in my school?" The other disciples on hearing this ceased to respect Tzu Lu, whereupon the Master said : "Yu! he has ascended the hall, though he has not yet entered the inner rooms."

15. 자공이 물었다. "사(師)와 상(商) 중에서 누가 더 현명합니까?" 공자께서 말씀하셨다. "사는 지나치고 상은 미치지 못한다." "그렇다면 사가 더 나은 것입니까?" 공자께서 말씀하셨다. "지나친 것은 미치지 못한 것과 같다."

Tzu Kung asked which was the better, Shih or Shang? The Master replied : "Shih exceeds, Shang comes short." "So then," queried he, "Shih surpasses Shang, eh?" "To go beyond the mark," replied the Master, "is as bad as to come short of it."

16. 계씨(계강자)는 주공보다 더 부유했는데, 염구가 세금을 더 거두어 그를 더 부유하게 해주었다. 이에 공자께서 말씀하셨다. "염구는 내 제자가 아니다. 너희들 중 누구라도 북을 울리며 비난해도 된다."

The Chief of the Chi clan was richer than Duke Chou had been, yet the disciple Chiu collected his revenues for him and kept on still further increasing his income. "He is no disciple of mine," said the Master, "You may beat the drum, my sons, and attack him."

17. 시(자고)는 어리석으며, 삼(증자)은 둔하고, 사(자장)는 자나치고 유(자로)는 거칠구나.

Chai was simple minded; Shen dull; Shih surface; Yu unrefined.

18. 공자께서 말씀하셨다. "회(안연)는 거의 도에 이르렀지만 너무 궁핍했다. 사(자공)는 자신의 운명을 받아들이지 않고 재산을 늘렸는데, 그의 예측은 번번이 잘 맞았다."

The Master said : "Hui! he was almost perfect, yet he was often in want. Tzu was not content with his lot, and yet his goods increased abundantly; nevertheless in his judgments he often hit the mark."

19. 자장이 '선인(善人)의 도'에 대해서 물었다. 공자께서 말씀하셨다. "옛 성현들의 발자취를 따르지 않으면 선인의 경지에 이르지 못한다."

When Tzu Chang asked what characterized the way of the man of natural goodness, the Master replied : "He does not tread the beaten track, nor yet does he enter into the inner sanctum of philosophy."

20. 공자께서 말씀하셨다. "논지가 분명하고 조리가 있다면 군자다운 것일까? 아니면 겉모습만 요란한 사람일까?"

The Master said : "That a man's address may be solid and reliable, this one may grant, but does it follow that he is a man of the higher type, or is his seriousness only in appearance?"

21. 자로가 '좋은 말을 들으면 곧 실천해야 합니까?' 하고 묻자, 공자께서 말씀하셨다. "부형(父兄)이 계시는데 어찌 들은 대로 곧바로 실행할 수 있겠느냐?"

염유가 '좋은 말을 들으면 곧 실천해야 합니까?' 하고 묻자, 공자께서 말씀하셨다. "들으면 곧바로 실행을 해야 한다."

공서화가 물었다. "자로가 좋은 말을 들으면 곧 실천해야 합니까?라고 물었을 때, 스승님께서는 '부형이 계신다'라고 하셨는데, 염유가 '들으면 곧 실천해야 합니까?'라고 했을 때는 '들으면 곧바로 실행을 해야 한다'고 하셨습니다. 의문이 들어서 감히 다시 묻습니다."

공자께서 말씀하셨다. "자로는 성품이 소극적이라 나아가라는 뜻이며, 염유는 무조건 나아가려 하기 때문에 물러서라는 뜻이다."

When Tzu Lu asked whether he should put what he heard into immediate practice, the Master answered, "You have parents and elders still living, why should you at once put all you hear into practice?"

When Jan Yu asked whether he should put what he heard into immediate practice, the Master answered, "Put what you hear at once into practice."

Kung-hsi Hua asked : "When Yu asked if he should put the precepts he heard into immediate practice, you, Sir, replied, 'You have parents and elders alive'; but when Chiu asked if he should put the precepts he heard into immediate practice, you, Sir, replied, 'Put what you hear at once into practice.' As I am perplexed about your meaning I venture to ask a solution."

"Chiu," answered the Master, "lags behind, so I urged him forward but Yu has energy for two men, so I held him back."

22. 공자께서 광 땅에서 위험한 일을 당하셨을 때 안연이 뒤늦게 도착했다. 공자께서 말씀하셨다. "나는 네가 죽은 줄 알았구나." 안연이 말했다. "스승님께서 아직 살아 있는데 제가 어찌 감히 죽겠습니까?"

When the Master was put in peril in Kuang, Yen Hui fell behind. On the Master saying to him, "I thought you were dead," he replied, "While you, Sir, live, how should I dare to die?"

23. 계자연이 물었다. "중유와 염구는 대신(大臣)이라고 말할 수 있습니까?" 공자께서 말씀하셨다. "그대가 아주 특별한 질문을 할 줄 알았는데, 겨우 중유와 염구에 대해 묻고 있군요. 이른바 대신은 도로써 군주를 섬기며, 제대로 하지 못하면 그만두어야 합니다. 지금 중유와 염구는 자릿수나 채우는 신하입니다." 계자연이

다시 물었다. "그렇다면 군주의 명이라면 무엇이든지 따르는 사람들입니까?" 공자께서 말씀하셨다. "어버이와 군주를 시해하는 일이라면 따르지 않을 것입니다."

When Chi Tzujan asked if Chung Yu and Jan Chiu could be called great ministers, the Master replied, "I thought, Sir, you were going to ask about something extraordinary, and it is only a question about Yu and Chiu. He who may be called a great minister is one who serves his Prince according to the right, and when that cannot be, resigns. Now, as for Yu and Chiu, they may be styled ordinary minister." "So, then," said Tzu Jan, "they would follow their chief, eh?" "To parricide or regicide," answered the Master, "they would assuredly not follow."

24. 자로가 자고(子羔)를 비 땅의 읍재로 삼았다. 공자께서 말씀하셨다. "남의 아들을 그르치고 있구나!" 자로가 말했다. "다스릴 백성이 있어야 나라(사직)가 있는 법인데, 반드시 글을 읽은 다음에 학문을 해야 하는 것입니까?" 공자께서 말씀하셨다. "그래서 나는 예로부터 언변만 좋은 사람은 싫어한다."

When Tzu Lu obtained the appointment of Tzu Kao as Governor of Pi, the Master said, "You are doing an ill turn to another man's son." "He will have his people and officers," replied Tzu Lu, "he will also have the altars of the land and the grain, why must he read books before he is considered educated?" "It is because of this kind of talk," said the Master, "that I hate glib people."

25. 자로, 증석, 염유, 공서화가 공자를 모시고 모여 앉았다.
공자께서 말씀하셨다. "내가 너희들보다 나이는 조금 많지만, 어려워하지 말고 들어라. 평소에 '나를 알아주지 않는다'는 말들을 하는데, 만약 너희를 알아주는 사람이 있다면 어떻게 하겠느냐?"
자로가 경솔하게 나서며 대답했다. "천승(제후)의 나라가 큰 나라들 사이에서 군사 침략을 당하고, 또한 흉년까지 겹쳐도, 제가 그 나라를 다스릴 수 있다면, 3년 안에 백성들은 용감해지고 또한 바른 길로 인도할 것입니다."
공자께서 빙그레 웃음을 지었다.
"구(염유)야, 너라면 어찌 하겠느냐?"
염유가 대답했다. "사방 60~70리 혹은 50~60리의 땅을 제가 다스린다면 아마도 3년 내에 백성들은 풍족해질 것입니다. 그러나 제례와 음악에 대해서는 군자를 기다리겠습니다."
"적(공서화)아, 너는 어찌하겠느냐?"
공서화가 대답했다. "저는 감히 할 수 있는 일이라 말할 수 없습니다. 그러나 깨우치려고 노력하겠습니다. 종묘에 제례를 지내는 일 혹은 제후들의 회맹을 진행할 때, 예복과 예관을 갖추고 거드는 일은 하겠습니다."

"점(증석)아, 너는 어떻게 하겠느냐?"

거문고 소리가 차츰 가늘어지더니 덜커덕 소리와 함께 거문고를 밀쳐놓고 대답했다. 세 사람의 이야기와는 아주 다릅니다.

공자께서 말씀하셨다. "걱정할 것 없다! 각자 자신의 뜻을 말한 것이다."

증석이 말했다. "늦은 봄에 봄철 옷을 지어 입고, 갓을 쓴(어른) 5~6명, 동자(어린 아이) 6~7명과 기수에서 물놀이를 하거나, 무우에서 불어오는 바람을 쐬고 시를 읊다가 돌아오겠습니다."

공자께서 감탄하며 말씀하셨다. "나는 점과 함께 하련다."

세 명의 제자가 나가고 증석이 뒤에 남았다.

증석이 물었다. "저 세 사람의 말을 어떻게 생각하십니까?"

공자께서 말씀하셨다. "그저 제각각 자신의 뜻을 말했을 뿐이다."

"스승님께서는 어찌 유의 말에 미소를 지으셨습니까?"

공자께서 말씀하셨다. "나라는 예로써 다스려야 한다. 그러나 그(유)의 말에는 겸양이 없었다. 그래서 웃음이 나왔다."

"구(염유)는, 나라를 다스리겠다는 뜻이 아니지 않습니까?"

"어찌 사방 60~70리 또는 50~60리 정도를 나라가 아니라고 하겠느냐?"

"적(공서화)의 경우는 나라를 다스린다고 할 수 없는 것이지요?"

"종묘와 회맹의 일이 제후로서 할 일이 아니면 무엇이냐? 적의 일을 별것 아니라고 한다면 누구의 일을 나랏일(큰일)이라 말하겠느냐?"

Once when Tzu Lu, Tseng Shih, Jan Yu and Kung-hsi Hua were seated with the Master, he said, "You no doubt consider me a day or so your senior, but pray do not so consider me. Living in private life you are each saying : 'I am unknown' ; now suppose some prince were to take notice of you, what would you like to do?" Tzu Lu in offhand manner replied, "Give me a kingdom of a thousand chariots, hemmed in by two great powers, oppressed by invading troops, with famine superadded, and let me have its administration, – in three years time I could make it brave and, moreover, make it know the right course to pursue." The Master smiled at him.

"And how about you, Chiu?" "Give me a district of sixty or seventy li square," answered he, "or say, one of fifty or sixty li square, and let me have its administration, – in three year's time I could make its people dwell in plenty; but as to the arts of civilization, I should have to await a nobler man."

"And how about you, Chih?"

"I do not say that I could do it," answered he, "but I should like to learn. I would like at the service in the Great Ancestral Temple, or say, at the Prince s Imperial Audience, to take part, in cap and gown, as a minor assistant."

"And how about you, Tien?" Pausing as he thrummed his harp, its notes still vibrating, he left the instrument, arose, and replied, saying, "My wishes are different from those presented by these three gentlemen."

"What harm in that?" said the Master. "Let each name his desire."

"Mine would be," he said, "towards the end of Spring, with the dress of the season all complete, along with five or six newly capped young men, and six or seven youths, to go and wash in the I, enjoy the breezes among the Rain Altars, and return home singing."

The Master heaved a deep sigh and said, "I am with Tien."

When the three others withdrew, Tseng Chih remained behind and asked, "What do you think of the remarks of these three disciples?"

The Master answered, "Well, each of them merely stated his aspirations."

"Then why did you smile, Sir, at Yu?" he pursued.

"The administration of a country demands a right bearing," was the reply, "but his speech lacked modesty, that is why I smiled at him."

"But Chiu, was it not a State that he wanted?"

"Where do you see a district of sixty or seventy, or of fifty or sixty li that is not a State?" was the answer.

"And Chih, was it not a State that he wanted?"

"In the Ancestral Temple and at the Prince's Audience, who but a Prince takes a part?" was the reply. "Yet if Ch ih were to act a minor part who could act the major?"

제12편 안연

1. 안연이 인(仁)이란 어떤 것인지를 묻자, 공자께서 말씀하셨다. "자기를 극복하고 예(禮)로 돌아가는 것이 인(仁)이다. 단 하루라도 자기를 극복하고 예로 돌아가게 되면, 세상 사람들이 모두 인으로 귀의할 것이다. 인을 행하는 것이 자신에게 달려 있는 것이지, 어찌 다른 사람에게 달려 있다고 할 수 있겠느냐!"

안연이 물었다. "구체적인 것은 무엇인지요? "

공자께서 말씀하셨다. "예가 아니면 보지 말고, 예가 아니면 듣지도 말아야 하며, 예가 아니면 말도 하지 말고, 예가 아니면 실행하지 않는다."

안연이 말했다. "비록 제가 총명하지는 못하나 스승님의 말씀을 받들어 실행하겠습니다."

When Yen Yiian asked the meaning of Virtue, the Master replied :

"Virtue is the denial of self and response to what is right and proper. Deny yourself for one day and respond to the right and proper, and everybody will accord you Virtuous. For has Virtue its source in oneself, or is it forsooth derived from others?"

"May I beg for the main features?" asked Yen Yuan.

The Master answered : "If not right and proper do not look, if not right and proper do not listen, if not right and proper do not speak, if not right and proper do not move."

"Though I am not clever," said Yen Yuan, "permit me to carry out these precepts."

2. 중궁이 인이 무엇인지를 묻자, 공자께서 말씀하셨다. "집 밖에서는 귀한 손님을 대하듯 하고, 백성을 다스릴 때는 중대한 제례를 지내듯 하며, 자신이 원하지 않는 일은 남에게도 해서는 안 된다. 이렇게 하면 나라 안에서 누구도 원망하지 않으며, 집안에서도 원망하는 사람이 없다."

중궁이 말했다. "제가 비록 총명하지는 못하지만 스승님의 말씀을 받들어 실행하겠습니다."

When Chung Kung asked the meaning of Virtue the Master said : "When abroad behave as if interviewing an honoured guest; in directing the people act as if officiating at a great sacrifice do not do to others what you would not like yourself; then your public life will arouse no ill-will nor your private life any resentment."

"Though I am not clever," replied Chung Kung, "permit me to carry out these precepts."

3. 사마우가 인이 무엇인지를 묻자, 공자께서 말씀하셨다. "인자란 자신의 말을 조심하는 법이다."

사마우가 물었다. "말을 조심하면 그것을 인이라고 할 수 있습니까?"

공자께서 말씀하셨다. "말이란 실행하기가 어려운 법이니 조심하지 않을 수 있겠느냐?"

When Ssu-ma Niu asked for a definition of Virtue. the Master said : "The man of Virtue, he is chary of speech."

"He is chary of speech! Is this the meaning of Virtue?" demanded Niu.

"When the doing of it is difficult," responded Confucius, "can one be other than chary of talking about it."

4. 사마우가 군자란 무엇인지 묻자, 공자께서 말씀하셨다. "군자는 근심하지 않으며 두려움도 없어야 한다."

사마우가 물었다. "근심도 없고 두려움도 없으면, 그를 군자라고 말할 수 있습니까?"

공자께서 말씀하셨다. "스스로 반성하여 부끄러울 것이 없다면 무엇을 근심하고 두려워하겠느냐!"

When Ssu-ma Niu asked for a definition of the man of noble mind, the Master said : "The man of noble mind has neither anxiety nor fear."

"Neither anxiety nor fear!" he rejoined, "Is this the definition of a noble man?"

"On searching within," replied the Master, "he finds no chronic ill, so why should he be anxious or why should he be afraid?"

5. 사마우가 근심을 털어놓듯 말했다. "세상 모든 사람들이 형제가 있는데, 저는 오로지 혼자입니다." 자하가 말했다. "듣건대 죽음과 삶은 하늘의 뜻이며, 부귀영화도 하늘의 뜻입니다. 군자가 공경의 마음을 한 순간도 잃지 않고, 다른 사람을 대함에 있어서 공경과 예를 갖추면 세상의 모든 사람이 형제입니다. 군자라면 어찌 형제가 없다고 걱정하겠습니까!"

Once when Ssu-ma Niu sorrowfully remarked, "Other men all have their brothers, I alone am without," Tzu Hsia responded : "I have heard it said, 'Death and life are divine dispensations, and wealth and honours are with Heaven.' When the man of noble mind unfailingly conducts himself with self-respect, and is courteous and well-behaved with others, then all within the four seas are his brothers. How, then, can a chiin-tzu grieve that he is without a brother!"

6. 자장이 명석함이란 무엇인지 묻자, 공자께서 말씀하셨다. "서서히 영향력을 행사하는 모함과 살을 찌르는 듯한 하소연에도 흔들림이 없는 것이다. 그렇게 하면 가히 멀리 내다보는 명석함을 가진 것이라 할 수 있다."

When Tzu Chang asked what was meant by insight, the Master replied : "He who is unmoved by the insidious soaking in of slander, or by urgent representation of direct personal injury, may truly be called a man of insight. Indeed, he who is unmoved by the insidious soaking in of slander or by urgent representations of direct personal injury, may also indeed be called far-sighted."

7. 자장이 정치란 어떻게 해야 하는 것인지 묻자, 공자께서 말씀하셨다. "먹을 것이 풍족해져야 하며, 군사력도 충분해야 하며, 백성들이 군주를 믿고 따르도록 해야 한다."

자공이 말했다. "부득이하게 버려야 한다면 세 가지 중 어떤 것을 먼저 버려야 합니까?

공자께서 말씀하셨다. "군사력을 버릴 것이다."

자공이 물었다. "또 부득이하게 한 가지를 버려야 한다면 어찌해야 합니까?"

공자께서 말씀하셨다. "먹을 것을 버릴 것이다. 예로부터 누구나 죽는 것이지만, 백성들이 군주를 따르지 않으면 나라는 존립할 수 없다."

When Tzu Kung asked what were the essentials of government, the Master replied : "Sufficient food, sufficient forces, and the confidence of the people."

"Suppose," rejoined Tzu Kung, "I were compelled to dispense with one, which of these three should I forego first?" "Forego the forces," was the reply.

"Suppose," said Tzu Kung "I were compelled to eliminate another, which of the other two should I forego?"

"The food," was the reply "for from of old death has been the lot of all men, but a people without faith cannot stand."

8. 극자성이 말했다. "군자가 자질을 갖추었다면 겉모습은 문제되지 않는 것이지요?"

자공이 말했다. "애석하게도 군자에 대해 그렇게 생각한다면, 마치 네 마리 말이 끄는 수레도 선생의 혀를 따라잡지 못할 것입니다. 겉모습도 자질만큼 중요하며, 자질도 겉모습만큼 중요합니다.

호랑이와 표범의 털이 없는 가죽이라면, 개와 양의 털 없는 가죽과 다를 바 없을 것입니다."

Chi Tzu-Cheng remarked : "For a man of high character to be natural is quite sufficient what need is there of art to make him such?"

"Alas!" said Tzu Kung, "Your Excellency's words are those of a chun-tzu, but a team of four horses cannot overtake the tongue. Art, as it were, is nature, as nature, so to speak, is art. The hairless hide of a tiger or a leopard is about the same as the hide of a dog or a sheep."

9. 애공이 유약에게 물었다. "해마다 기근이 들어서 식량이 부족하니 어떻게 해야 합니까?" 유약이 대답했다. "왜 10분의 1를 부과하는 세법을 시행하지 않는 것입니까?"

애공이 물었다. "10분의 2를 부과해도 부족한데, 어찌 10분의 1을 시행하겠습니까?"

유약이 대답했다. "백성이 넉넉하면 군주께서 어찌 부족할 것이며, 백성이 넉넉하지 않으면 군주께서도 어찌 풍족하겠습니까!"

Duke Ai enquired of Yu Jo saying: "It is a year of dearth, and we have not revenue enough for our needs what is to be done?"

"Why not simply tithe the land?" replied Yu Jo.

"Why, with two-tenths," said the Duke, "I have still not enough, how could I manage with that one-tenth system?" "If the people enjoy plenty," was the rejoinder, "with whom will the Prince share want? But if the people are in want, with whom will the Prince share plenty?"

10. 자장이 덕을 숭상하고, 미혹되지 않는 것에 대해 묻자, 공자께서 말씀하셨다. "충성과 신뢰를 바탕으로 도의를 실천하는 것이 덕을 숭상하는 것이다. 좋아하는 것이란 남이 살기를 바라는 것이며, 증오란 남이 죽기를 바라는 것이다. 살기를 원하면서 한편으로 또한 죽기를 바라는 것, 그것은 미혹된 것이다. 즉, 진실로 풍요롭지도 못하고, 오직 재앙만 남을 뿐이다."

When Tzu Chang asked the best way to improve his character and to discriminate in what was irrational, the Master said : "Take conscientiousness and sincerity as your ruling principles, transfer also your mind to right conditions, and your character will improve. When you love a man you wrant him to live, When you hate him you wish he were dead ; but you have already wanted him to live and yet again you wish he were dead. This is an instance of the irrational."

"Not indeed because of wealth But solely because exceptional."

11. 제나라 경공이 공자께 정치란 어찌 해야 되는지를 묻자,

공자께서 말씀하셨다. "군주는 군주다워야 하며, 신하는 신하다워야 하며, 부모는 부모다워야 하며 자식은 자식다워야 합니다."

경공이 대답했다. "정말 훌륭하네! 진실로 군주가 군주답지 않고 신하가 신하답지 않으며 부모가 부모답지 못하고 자식이 자식답지 못하다면, 비록 식량이 있다 해도, 내가 그것을 먹을 수 있겠는가!"

When Duke Ching of Chi enquired of Confucius the principles of government, Confucius answered saying: "Let the Prince be Prince, the minister minister, the father father, and the son son."

"Excellent!"said the Duke, "Truly, if the prince be not prince, the minister not minister, the father not father, and the son not son, however much grain I may have, shall I be allowed to eat it?"

12. 공자께서 말씀하셨다. "한쪽의 말만 듣고 송사를 판결할 수 있는 사람은 아마 유(자로)일 것이다! 자로는 약속한 것을 미루는 법이 없다."

The Master said : "Yu was the one, – he could decide a dispute with half a word. Tzu Lu never slept over a promise."

13. 공자께서 말씀하셨다. "송사를 처리하는 것은 나도 다른 사람과 다르지 않으나, 진짜 필요한 일은 송사가 일어나지 않도록 하는

것이다."

The Master said : "I can try a lawsuit as well as other men, but surely the great thing is to bring about that there be no going to law."

14. 자장이 정치에 대해 묻자, 공자께서 말씀하셨다. "관직에 있고자 할 때는 게으름이 없어야 하고, 정사를 처리하는 때가 되면 충심으로 행한다."

When Tzu Chang asked about the art of government, the Master replied : "Ponder untiringly over your plans, and then conscientiously carry them into execution."

15. 공자께서 말씀하셨다. "학문을 넓게 익히고, 그 배움을 예로써 실행하면 그 또한 도에 어긋남이 없을 것이다."

The Master said : "The Scholar who becomes widely versed in letters, and who restrains his learning within the bounds of good taste, is not likely to get off the track."

16. 공자께서 말씀하셨다. "군자는 다른 사람의 아름다움은 도와주고, 악은 도와주지 않는다. 그러나 소인은 이와 반대로 한다."

The Master said : "The man of noble mind seeks to perfect the good in others and not their evil. The little minded man is the reverse of this.”

17. 계강자가 정치에 대해 묻자, 공자께서 말씀하셨다. "정(政)이란 바로잡는(正) 것입니다. 솔선하여 바르게 이끌어 간다면 누가 감히 바르게 되지 않겠습니까?"

When Chi Kang Tzu asked Confucius for a definition of government, Confucius replied : "To govern means to guide aright. If you, Sir, will lead the way aright, who will dare to deviate from the right?"

18. 계강자가 도적을 걱정하여 공자에게 묻자, 공자께서 말씀하셨다. "진실로 스스로의 욕심을 버리게 되면, 누가 상을 준다 해도 도적질 따위는 하지 않을 것입니다."

Chi Kang Tzu, being plagued with robbers, consulted Confucius, who answered him saying : "If you, Sir, be free from the love of wealth, although you pay them they wll not steal."

19. 계강자가 공자에게 정치에 대해 물었다. "만일 무도한 사람을 죽여서 도가 바로 설 수 있게 한다면 어떻겠습니까?"
공자께서 대답하셨다. "정치를 어찌 살생으로 하려는 것입니까?

선정을 베풀면 백성들도 선해집니다. 군자의 덕은 바람과 같으며, 백성의 덕은 풀과 같습니다. 풀 위로 바람이 불면 풀은 반드시 눕기 마련입니다."

Chi Kang Tzu asked the opinion of Confucius on government and said : "How would it do to execute the lawless for the good of the law-abiding?"

"What need, Sir, is there of capital punishment in your administration?" responded Confucius. "If your aspirations are for good, Sir, the people will be good. The moral character of those in high position is the breeze, the character of those below is the grass. When the grass has the breeze upon it, it assuredly bends."

20. 자장이 물었다. "사(士)는 어떻게 해야 통달의 이치에 이르게 됩니까?" 공자께서 말씀하셨다. "네가 알고자 하는 통달이란 어떤 것을 말하는 것이냐?" 자장이 대답했다. "나라 안에서도 반드시 평판이 좋으며, 집안에서도 반드시 평판을 얻는 것입니다."

공자께서 말씀하셨다. "그것은 평판이 좋을 뿐, 통달에 이른 것은 아니다. 통달이란, 본성이 올곧고 정의로움을 좇으며, 남의 말과 안색을 헤아리고 살피는 것이다. 남에게는 겸손하게 대하며 자신을 낮추는 것이다. 그렇게 되면 나라의 일도 통달하고, 집안의 일도 반드시 통달하게 되는 것이다. 평판이란 겉으로는 인(仁)을 갖춘 듯하나, 행실은 인과는 거리가 멀게 행하면서 의문조차 품지 않으며 살아가는 것이다. 그렇게 하면 나라 안에서 (나쁜) 평판을 얻으며 집안에서도 (나쁜) 평판을 얻을 뿐이다."

Tzu Chang asked what a man must be like in order to gain general estimation. "What is it that you mean by general estimation?" enquired the Master. "To ensure popularity abroad and to ensure it at home," replied Tzu Chang.

"That," said the Master, "is popularity, not esteem. As for the man who meets with general esteem, he is natural, upright, and a lover of justice; he weighs what men say and observes their expression, and his anxiety is to be more lowly than others ; and so he ensures esteem abroad, as he ensures it also at home. As to the seeker of popularity, he assumes an air of magnanimity which his actions belie, while his self-assurance knows never a misgiving, and so he ensures popularity abroad, as he also ensures it at home."

21. 번지가 무우에서 공자와 함께 나무 밑을 거닐다가 물었다. "덕을 높이고, 나쁜 마음을 다스리고, 미혹됨을 분별하려면 어떻게 해야 합니까?" 공자께서 말씀하셨다. "좋은 질문이구나! 먼저 행하고 이득에 대해서는 나중에 생각하는 것이 덕을 숭상하는 것 아니겠느냐! 자신의 잘못을 뉘우치고, 다른 사람의 잘못을

비난하지 않는 것이 나쁜 마음을 다스리는 것 아니겠느냐! 한순간의 분노로 자기 자신을 잃고 부모에게 화를 미치게 한다면 미혹되는 것 아니겠느냐!"

Once when Fan Chih was rambling along with the Master under the trees at the Rain-altars, he remarked : "May I venture to ask how one may improve one's character, correct one's personal faults and discriminate in what is irrational?"

"An excellent question," rejoined the Master. "If a man put duty first and success after, will not that improve his character? If he attack his own failings instead of those of others, will he not remedy his personal faults? For a morning's anger to forget his own safety and involve that of his relatives, is not this irrational?"

22. 번지가 인(仁)에 대해 묻자, 공자께서 말씀하셨다. "사람을 사랑하는 것이다."

지(知)에 대해 묻자, 공자께서 말씀하셨다. "사람을 알아보는 것이다."

번지가 그 말의 뜻을 온전하게 이해하지 못했으므로, 공자께서 말씀하셨다. "올바른 사람을 등용하여 바르지 못한 사람 위에 앉히면, 그 사람을 올바르게 만들 수 있다."

번지가 물러나와 자하를 보고 말했다. "방금 스승님께 지(知)에 대해 물었다네. 스승님께서는, 올바른 사람을 등용하여 바르지 못한 사람의 위에 앉히면, 그 사람을 올바르게 만들 수 있다고 하셨는데 무슨 뜻일까?"

자하가 말했다. "정말 당연한 말씀이시네! 순임금이 천하를 다스릴 때 여러 사람 중에서 '고요'를 등용하니 인(仁)하지 않은 자들이 멀리 사라졌네. 탕임금이 천하를 다스릴 때는 여러 사람 중에서 '이윤'을 등용하니 인(仁)하지 않은 자들이 멀리 사라졌네."

Once when Fan Chih asked the meaning of Virtue, the Master replied, "Love your fellow-men."

On his asking the meaning of knowledge, the Master said : "Know your fellow-men."

Fan Chih not having comprehended. The Master added : "By promoting the straight and degrading the crooked you can make even the crooked straight"

Fan Chih withdrew and afterwards meeting Tzu Hsia Said to him : "A little while ago, when I had an interview with the Master, and asked for definition of knowledge, he replied, 'By promoting the straight and degrading the crooked you can make even the crooked straight', – what can he have meant?"

"What a rich maxim that is!" replied Tzu Hsia. "When Shun had the Empire, he chose from amongst the multitude and promoted

Kao Yao, whereupon all who were devoid of virtue disappeared. And when Tang had the Empire, he too chose from amongst the multitude and promoted I Yin, whereupon all who were devoid of virtue disappeared."

23. 자공이 벗에 대해 묻자, 공자께서 말씀하셨다. "좋은 충고를 하여 잘 이끌어주는 것이다. 그러나 따라주지 않으면 그만두어 스스로 욕을 먹지 않는 것이다."
On Tzu Kung enquiring the duties of friendship the Master replied: "Advise him conscientiously and guide him discreetly. If he be unwilling, then cease do not court humiliation."

24. 증자가 말했다. "군자는 학문으로 벗들이 다가오게 하고, 벗들과 더불어 인을 수양한다."
The philosopher Tseng said : "The wise man by his culture gathers his friends, and by his friends developes his goodness of character."

1. 자로가 정치에 대해 묻자, 공자께서 말씀하셨다. "남보다 앞서서 열심히 하는 것이다." 조금 더 말씀을 청하자, 공자께서 말씀하셨다. "게으름 피우는 일이 없어야 한다."

When Tzu Lu asked about the art of government the Master replied : "Be in advance of them, shew them how to work."

On his asking for something more, the Master added : "Untiringly."

2. 중궁이 계씨의 가재가 되어 정치에 대해 묻자, 공자께서 말씀하셨다. "실무자에게 일을 맡기며, 작은 실수는 용서하고, 현명한 인재를 등용하는 것이다." 중궁이 다시 물었다. "현명한 인재를 어떻게 알아보고 등용해야 할까요?"

공자께서 말씀하셨다. "네가 잘 아는 사람 중에서 등용해라. 네가 알지 못하는 사람을 다른 사람들이 내버려 두겠느냐?"

When Chung Kung was Minister for the House of Chi he asked for advice on the art of government, where upon the Master said : "Utilize first and foremost your subordinate officers, overlook their minor errors, and promote those who are worthy and capable."

"How may I recognize those are worthy and capable?" he asked.

"Promote those you do recognize" was the reply, "as to those whom you may fail to recognize, is it likely that others will neglect them?"

3. 자로가 물었다. "위나라의 군주가 스승님을 등용하여 정치를 맡기면 장차 무엇을 하시겠습니까?"

공자께서 말씀하셨다. "반드시 대의명분을 바로 세울 것이다."

자로가 물었다. "그 일이 가능합니까? 바로 세우는 일이란, 너무나 먼 길입니다."

공자께서 말씀하셨다. "너야말로 어리석구나! 군자란 잘 알지 못하는 일은 대체로 가만히 내버려 두는 것이다. 명분이 없으면 이치에 맞지 않는 말을 하며, 사리에 맞지 않는 일은 성사되지 않는다. 성사되지 않으면 예악이 흥하지 못하며, 예악이 흥하지 못하면 형벌이 법도대로 시행되지 않고, 형벌이 적절하지 못하면 백성들의 손발이 묶이는 것이다. 그러므로 군자는 명분이 있을 때 말을 할 수 있으며, 말을 하면 반드시 실천할 수 있는 것이다.

군자는 자신의 말에 대해 구차하게 변명하지 않는다."

"The Prince of Wei,"said Tzu Lu, "is awaiting you, Sir, to take control of his administration, – what will you undertake first, Sir?"

"The one thing needed," replied the Master, "is the correction of terms."

"Are you as wide of the mark as that, Sir!" said Tzii Lu, "Why this correcting?"

"How uncultivated you are, Yu!" responded the Master. "A wise man, in regard to what he does not understand, maintains an attitude of reserve. If terms be incorrect, then statements do not accord with facts ; and when statements and facts do not accord, then business is not properly executed ; when business is not properly executed, order and harmony do not flourish when order and harmony do not flourish, then justice becomes arbitrary ; and when justice becomes arbitrary the people do not know how to move hand or foot. Hence whatever a wise man denominates he can always definitely state, and what he so states he can always carry into practice, for the wise man will on no account have anything remiss in his definitions."

4. 번지가 농사짓는 법을 배우고자 청하자, 공자께서 말씀하셨다. "나는 나이 든 농부보다 못하다."

그가 다시 채소 기르는 법을 물었다.

공자께서 말씀하셨다. "나는 채소를 가꾸는 경험 많은 사람보다 못하다."

번지가 나가자 공자께서 말씀하셨다. "번지는 소인이구나! 윗사람이 예를 좋아하면 백성은 감히 공경하지 않을 수 없으며, 윗사람이 도의를 좋아하면 백성도 감히 복종하지 않을 수 없으며, 윗사람이 신의를 좋아하면 백성도 감히 성실하지 않게 행동할 수 없다. 대체로 이와 같다면 사방의 백성들이 자식들을 강보에 싸서 업고 모여들 터이니, 농사짓는 법이 필요하겠느냐!"

On Fan Chih requesting to be taught agriculture, the Master replied, "I am not as good as an old farmer for that," When he asked to be taught gardening the Mastered answered, "I am not as good as an old gardener for that."

On Fan Chih withdrawing the Master said : "What a littleminded man is Fan Hsu! When a ruler loves good manners his people will not let themselves be disrespectful ; when a ruler loves justice his people will not let themselves be unsubmissive; when a ruler loves good faith his people will not venture to be insincere ; – and if he be like this, then people will come from every quarter carrying their children strapped on their backs ; – what does he want with learning agriculture?"

5. 공자께서 말씀하셨다. "《시경》의 시 삼백 편을 암송할 수 있어도, 정치를 잘 하지 못한다거나, 이웃나라에 사신으로 가서 책임 있게 대응하지 못한다면, 많은 시를 외울 수 있다 한들 그것이 무슨 소용이 있겠느냐?"

The Master said : "A man may be able to recite the three hundred Odes, but if, when given a post in the administration, he proves to be without practical ability, or when sent anywhere on a mission, he is unable of himself to answer a question, although his knowledge is extensive, of what use is it?"

6. 공자께서 말씀하셨다. "스스로 올바르게 행하면, 명하지 않아도 저절로 시행된다. 올바르게 행하지 않으면 비록 명을 내려도 누구도 따르지 않는다."

The Master said : "If a ruler is himself upright his people will do their duty without orders but if he himself be not upright, although he may order they will not obey."

7. 공자께서 말씀하셨다. "노나라와 위나라의 정치는 형제처럼 비슷하다."

The Master said : "Lu and Wei are brothers (even) in their

government."

8. 공자께서 위나라의 공자(公子) 형(荊)에 대해 말씀하셨다. "그는 집안을 잘 다스렸다. 처음에 재물이 늘어났을 때는, '그런대로 필요한 정도'라고 했으며, 어느 정도 재물이 늘어나자, '그런대로 갖추었다'고 했으며, 부자가 되었을 때는 '그런대로 호화롭다'고 했다."

The Master said of Ching, a scion of the ducal House of Wei, that he dwelt well content in his house. When first he began to possess property he called it, "A passable accumulation" ; when he had prospered somewhat he called it, "Passably complete" ; and when he had amassed plenty he called it, "Passably fine."

9. 공자께서 위나라를 방문했을 때 염유가 수레를 몰았다.
공자께서 말씀하셨다. "백성들이 많구나!"
염유가 물었다. "백성이 많이 모이면 무엇을 더 해야 합니까?"
공자께서 말씀하셨다. "부유하게 해 주어야지."
염유가 다시 물었다. "부유해진 다음에는 무엇을 더 해야 합니까?"
공자께서 대답하셨다. "백성들을 가르쳐야 한다."

When the Master was travelling to Wei, Jan Yu drove him. "What a numerous population!" remarked the Master.

"The people having grown so numerous what next should be done for them?" asked Jan Yu. "Enrich them," was the reply.

"And when you have enriched them, what next should be done?" he asked. "Educate them," was the answer.

10. 공자께서 말씀하셨다. "진실로 나를 등용해 주는 군주가 있다면, 1년이면 어느 정도 나라의 기강을 세울 수 있을 것이며, 3년이면 성과가 있을 것이다."

The Master said : "Were any Prince to employ me, in a twelvemonth something could have been done, but in three years the work could be completed."

11. 공자께서 말씀하셨다. "선한 사람이 백년 동안 나라를 다스리면, 악한 사람들을 교화시키고 사형시킬 일이 없게 된다고 한다. 참으로 옳은 말이다!"

The Master remarked : "How true is the saying : If good men ruled the country for a hundred years, they could even tame the brutal and abolish capital punishment!"

12. 공자께서 말씀하셨다. "만일 왕도를 실천하는 사람이 있다면, 반드시 한 세대 이후에 세상이 인(仁)해질 것이다."

The Master said : "If a kingly ruler were to arise it would take a generation before Virtue prevailed."

13. 공자께서 말씀하셨다. "스스로가 바르다면 정치를 하는데 무슨 어려움이 있겠는가, 스스로를 바르게 하지 못하면 어떻게 남을 올바르게 이끌 수 있겠는가?"

The Master said : "If a man put himself aright what difficulty will he have in the public service ; but if he cannot put himself aright how is he going to put others right?"

14. 염자가 조정에서 나와 집으로 돌아왔다.
공자께서 말씀하셨다. "어찌하여 늦었느냐?"
염자가 대답했다. "조정의 일이 많았습니다."
공자께서 말씀하셨다. "사사로운 일이었겠지, 아마도 조정에 일이 있었다면 비록 내가 관직에 있지는 않았다 할지라도 내게 알려왔을 것이다."

Once when Jan Tzu came from Court the Master asked, "Why are you so late?" "We had affairs of State" was the reply.

"They must have been Family affairs, then," said the Master. "If there had been affairs of State, although they do not engage me in office, yet I should have been consulted about them."

15. 정공이 물었다. "한 마디의 말로 나라를 흥하게 할 수 있다는데 무엇입니까?"

공자께서 대답하셨다. "말이란 결과를 기약할 수 없습니다. 그러나 사람들이 말하길, '군주로서도 어려우며, 신하로서도 어렵다'고 합니다. 만일 군주로서의 할 일이 어렵다는 것을 안다면, 한 마디의 말로 나라를 흥하게 할 수 있습니다."

정공이 물었다. "한 마디의 말로 나라를 망하게 할 수 있다는데 무엇입니까?"

공자께서 대답하셨다. "말이란 결과를 기약할 수는 없습니다. 그러나 사람들이 말하길, '군주라서 즐거운 것이 아니고, 오로지 나의 말을 아무도 거역하지 않을 때 즐거운 것이다'라고 합니다. 만약 말이 선하여 아무도 거역하지 않는다면 좋은 일 일 것입니다! 그러나 만약 말이 선하지 않은데 아무도 거역하지 않는다면, 한 마디의 말로 나라를 잃게 되는 것입니다!"

Duke Ting enquired whether there were any one phrase by the adoption of which a country could be made prosperous. "No phrase can be expected to have such force as that," replied Confucius. But there is the popular saying, 'It is hard to be a Prince, and not easy to be a Minister.' If a Prince perceive the difficulty of being a Prince, may he not expect through that one phrase to prosper his country?"

"Is there any one phrase," he asked, "through which a country may be ruined?" "No phrase can be expected to have such force as that," replied Confucius. "But there is the popular saying, 'I should have no gratification in being a Prince, unless none opposed my commands.' If those are good, and on one opposes them, that surely is well. But if they are not good, and no one opposes them, may he not expect in that one phrase to ruin his country?"

16. 섭공이 정치란 어떻게 하는 것인지를 묻자, 공자께서 말씀하셨다. "가까운 곳에 있는 사람들은 기뻐하고, 먼 곳에 있는 사람들은 찾아오도록 하는 것입니다."
When the duke of She asked the meaning of good government, the Master answered : "The near are happy and the distant attracted."

17. 자하가 거보의 읍재(邑宰)가 되어 정치에 대해 묻자, 공자께서 말씀하셨다. "급하게 성과를 내려고 하지 않으며, 작은 이익을 따지지 않아야 한다. 급하게 성과를 내려고 하면 제대로 할 수가 없고, 작은 이익을 탐하면 큰일을 이룰 수 없다."
When Tzu Hsia was Magistrate of Chu-fu he asked what should be his policy, whereupon the Master said : "Do not be in a hurry, do not be intent on minor advantages. When in a hurry nothing is

thorough, and when intent on minor advantages nothing great is accomplished."

18. 섭공이 공자께 말했다. "우리 마을에 정직한 사람이 있는데, 자신의 아버지가 양을 훔치자 그 일을 알렸습니다."
공자께서 말씀하셨다. "우리 마을의 정직한 사람은 그 사람과는 다릅니다. 아버지는 자식을 감싸며, 자식은 아버지를 감싸주니, 정직이란 바로 그 가운데 있습니다."
The Duke of She observed to Confucius : "In my part of the country there is a man so honest that when his father appropriated a sheep he bore witness to it."

"The honest in my part of the country," replied Confucius, "are different from that, for a father will screen his son, and a son his father, and there is honesty in that."

19. 번지가 인(仁)이란 무엇인지를 묻자, 공자께서 대답하셨다. "집에서 있을 때는 겸손하게, 일을 처리할 때는 경건하게, 사람과의 관계는 충심(忠心)으로 대해야 한다. 비록 오랑캐의 나라에 가더라도 그것을 버려서는 안 된다."
Once when Fan Chih asked about Virtue the Master said : "In private life be courteous, in handling public business be serious, with

all men be conscientious. Even though you go among barbarians you may not relinquish these."

20. 자공이 물었다. "어떻게 해야 사(士)라고 할 수 있습니까?"
공자께서 말씀하셨다. "자신의 행동에 잘못이 있었다면 부끄러워해야 하며, 다른 나라의 사신으로 가서 군주의 명예를 더럽히지 않아야 한다."
자공이 다시 물었다. "그 다음 가는 사람은 누구일지 감히 물어도 되겠습니까?"
공자께서 말씀하셨다. "집안의 친척들이 효자라고 말하며, 마을 사람들이 공손하다고 칭찬하는 사람이다."
자공이 다시 물었다. "그 다음 가는 사람은 누구일지 감히 물어도 되겠습니까?"
공자께서 말씀하셨다. "말에는 반드시 신뢰가 있고 행동에는 반드시 성과를 보인다면, 고집스러운 소인이라 해도 가히 그 다음의 수준이라고 말할 수 있다."
자공이 다시 물었다. "그렇다면 지금 정치에 관여하고 있는 사람들은 어떻습니까?"
공자께서 말씀하셨다. "아, 애석하게도 도량이 좁은 사람들인데, 따져 볼 필요가 있겠느냐!"
Tzu Kung asked : "What must an Officer be like to merit his name?"

"If in his personal conduct," replied the Master, "he has a sensibility to dishonour, and wheresoever he be sent will not disgrace his Prince's commission, he may be said to merit his title."

"I would venture to ask who may be ranked next," said Tzu Kung. "He whom his relatives commend as filial and whose neighbours commend as brotherly,"was the answer.

"I would venture to ask the next," said Tzu Kung. "He is one who always stands by his word," was the answer, "and who persists in all he undertakes ; he is a man of grit, though of narrow outlook ; yet perhaps he may be taken as of the third class."

"What would you say of the present clay government officials?" asked Tsu Kung. "Faugh!" said the Master. "A set of pecks and hampers, unworthy to be taken into account!"

21. 공자께서 말씀하셨다. "중도(中道)를 실천하는 사람과 함께 할 수 없다면, 차라리 기세가 세고, 고집이 센 사람이라도 택하겠다. 기세가 센 사람은 전진하며, 고집스런 사람은 반드시 하고자 하는 바를 한다."

The Master said : "If I cannot obtain men of the via media to teach, those whom I must have, let them be the ambitious and the discreet; for the ambitious do make progress and get a hold, and, as to the

170

discreet, there are things that they will not do."

22. 공자께서 말씀하셨다. "남쪽 지방 사람들이 하는 말에 '사람에게 변함없이 똑같은 품성이 없으면 무당도 의사도 할 수가 없다'고 하는데, 좋은 말이다! 덕이란 것도 변함이 없어야 하는데 그렇지 못하면 치욕을 당할 것이다'라는 말도 있다."
공자께서 말씀하셨다. "그것은 점을 쳐보지 않아도 알 수 있는 것이다."
The Master said : "The men of the South have a saying : 'A man without constancy will make neither a soothsayer nor a doctor.' How well put! (The Yi Ching says:) 'If he be inconstant in his moral character, someone will bring disgrace upon him.' " The Master remarked : "All because he did not calculate beforehand."

23. 공자께서 말씀하셨다. "군자는 사람들과 화합하지만 부화뇌동하지는 않고, 소인은 부화뇌동하지만 사람들과 화합하지는 않는다."
The Master said : "The true gentleman is friendly but not familiar; the inferior man is familiar but not friendly."

24. 자공이 물었다. "마을 사람들 대부분이 그 사람을 좋아하면

어떻습니까?"

공자께서 말씀하셨다. "그 정도로는 아직 부족하다."

자공이 물었다. "마을 사람들이 대부분이 그 사람을 미워하면 어떻겠습니까?"

공자께서 말씀하셨다. "그 정도로는 아직 부족하다. 마을에서 선한 사람들이 그를 좋아한다는 것은, 선하지 않은 사람들이 그를 미워하는 것만 못한 것이다."

Tzu Kung asked : "What would you say of the man who is liked by all his fellow-townsmen?"

"That is not sufficient,"was the reply.

"Then what would you say of him who is hated by all his fellow-townsmen?"

"Nor is that sufficient," was the reply. "What is better is that, the good among his fellow-townsmen like him, and the bad hate him."

25. 공자께서 말씀하셨다. "군자를 섬기는 일은 쉽지만 기쁘게 하기는 어렵다. 올바른 도로써 섬기지 않으면 군자는 기뻐하지 않는다. 그러나 군자가 신하를 다룰 때는 그 사람의 능력에 따라 일을 맡겨야 한다. 소인을 섬기는 일은 어렵지만, 기쁘게 하기는 쉽다. 올바른 도로써 섬기지 않아도 소인은 기뻐한다. 소인이 신하를 다룰 때는 그가 능력을 다 갖추고 있기를 바란다."

The Master said : "The true gentleman is easy to serve yet difficult to please. If you attempt to please him in any improper way he will be displeased, but when it comes to appointing men in their work, he has regard to their capacity. The inferior man is hard to serve yet easy to please. If you attempt to please him even in an improper way, he will be pleased, but in appointing men their work, he expects them to be fit for everything."

26. 공자께서 말씀하셨다. "군자는 침착하고 교만하지 않지만, 소인은 교만하며 침착하지도 않다."
The Master said : "The well-bred are dignified but not pompous. The ill-bred are pompous, but not dignified."

27. 공자께서 말씀하셨다. "강직, 의연, 소박, 어눌함이 모두 인(仁)에 가까운 것이다."
The Master said : The firm of spirit, the resolute in character, the simple in manner, and the slow of speech are not far from Virtue."

28. 자로가 물었다. "어떻게 해야 사(士)라고 할 수 있습니까?"
공자께서 말씀하셨다. "서로 정성을 다해 격려하고 잘 화합하면 사(士)라고 할 수 있다. 벗들과 진심으로 격려하고, 형제와 잘 화합하면 사(士)라고 할 수 있다."

Tzu Lu asked : "What qualities must one possess to be entitled to be called an educated man?"

"He who is earnest in spirit, persuasive in speech, and withal of gracious bearing," said the Master, "may be called an educated man. Earnest in spirit and persuasive of speech with his friends, and of gracious bearing towards his brothers."

29. 공자께서 말씀하셨다. "선한 사람이 백성들을 7년 동안이나 가르칠 수 있다면, 전쟁에 나가게 할 수도 있다."

The Master said : "When a good man has trained the people for seven years, they might then be fit to bear arms."

30. 공자께서 말씀하셨다. "백성들을 가르치지도 않고 전쟁하게 하는 것은, 바로 그들을 죽게 내버려 두는 것이나 같다."

The Master said : "To lead an untrained people to war may be called throwing them away."

제14편 헌문

1. 헌이 부끄러움에 대해 묻자, 공자께서 말씀하셨다. "나라에 도가 있을 때는 녹을 먹으며, 나라에 도가 없을 때에는 녹을 먹는 것이 부끄러운 일이다."
When Hsien asked the meaning of dishonour, the Master said : "When his country is well governed to be thinking only of Pay, and when his country is ill-governed to be thinking only of Pay, that is dishonour."

2. "남을 이기려 하고, 자랑하고, 남을 원망하고, 욕심내는 것을 하지 않으면, 가히 인(仁)하다고 할 수 있습니까?"
공자께서 말씀하셨다. "어려운 일이라고 할 수는 있겠으나, 인(仁)하다고 할 수 있을지는 모르겠다."

(Hsien again asked) : "If a man refrain from ambition, boasting, resentment and selfish desire, it may, I suppose, be counted to him for Virtue." "It may be counted for difficult," said the Master, "but whether for Virtue, I do not know."

3. 공자께서 말씀하셨다. "사(士)란 평안히 지낼 것만을 생각하면 자격이 없다."
The Master said : "The Scholar whose regard is his comfort is unworthy to be deemed a Scholar."

4. 공자께서 말씀하셨다. "나라에 도가 행해지면 바른말을 하고 행동도 올바르게 한다. 나라에 도가 행해지지 않으면 행동은 엄하게 하며, 말은 겸손하게 해야 한다."
The Master said : "When law and order prevail in the land a man may be bold in speech and bold in action ; but when the land lacks law and order, though he may take bold action, he should lay restraint on his speech."

5. 공자께서 말씀하셨다. "덕이 있는 사람은 반드시 말하는 것이 훌륭하다. 그러나 좋은 말을 하는 사람이 반드시 덕이 있는 것은 아니다. 인(仁)한 사람은 반드시 용기가 있지만, 용기가 있는 사람이

반드시 인(仁)한 것은 아니다."

The Master said : "A man of principle is sure to have something good to say, but he who has something good to say is not necessarily a man of principle. A Virtuous man is sure to be courageous, but a courageous man is not necessarily a man of Virtue."

6. 남궁괄이 공자에게 물었다. "예는 활쏘기가 뛰어났고, 오는 배를 끌 수 있을 정도로 힘이 셌지만, 모두 제명대로 살지 못했습니다. 그러나 우임금과 직(稷)은 몸소 농사를 지었는데도 천하를 가졌습니다."
공자께서 아무 말씀을 하지 않으셨다. 남궁괄이 떠나자, 공자께서 말씀하셨다. "저 사람이야 바로 군자구나! 덕을 숭상하는 사람이 틀림없다!"

Nan Kung Kua remarked , to Confucius by way of enquiry : "(Is it not a fact that though) I excelled as an archer, and Ao could propel a boat on dry land, neither of them died a natural death; while Yu and Chi, who took a personal interest in agriculture, became possessed of the Empire?" The Master made no reply, but when Nan Kung Kua had with drawn, he observed : "A scholar indeed is such a man! A true estimation of virtue has such a man!"

7. 공자께서 말씀하셨다. "군자로서 인(仁)에 미치지 못한 사람은 있을 수 있다. 그러나 소인으로서 인(仁)에 이른 사람은 없다."
"There may perhaps be men of the higher type who fail in Virtue, but there has never been one of the lower type who possessed Virtue."

8. 공자께서 말씀하셨다. "사랑한다면 능히 노력하지 않겠는가? 충으로 섬긴다면 능히 깨우쳐 주지 않겠는가?"
The Master said : "Can love be other than exacting, or loyalty refrain from admonition?"

9. 공자께서 말씀하셨다. "정나라에서 사신의 외교문서는 비심이 초안을 만들고, 세숙이 세세히 검토하며 행인인 자우가 잘 다듬고, 동리의 자산이 매끄럽게 정리했다."
The Master said : "In preparing a State document (in Cheng), Pi Shen drafted it, Shih Shu revised it, the Foreign Minister Tzu Yu amended it and Tzu Chan of Tung Li embellished it."

10. 어떤 사람이 자산에 대하여 묻자, 공자께서 말씀하셨다. "은혜를 베푸는 사람이다."
자서에 대해 묻자, 공자께서 말씀하셨다. "그 사람은… 그 사람은…"

관중에 대해 묻자, 공자께서 말씀하셨다. "바로 그 사람이다. 백씨의 변읍 300호를 빼앗아 갔는데도, 백씨는 거친 밥을 먹어도 원망하는 말을 하지 않았다."

Somebody asked the Master what he thought about Tzu Chan, "He is a kindly man," was the reply.

Asked about Tzu Hsi he said : "That man! That man!"

Asked about Kuan Chung he said : "There was a man! The head of the Po family was despoiled for him of his town of Pien with its three hundred families, yet never even complained, though he had to live on coarse food to the end of his days."

11. 공자께서 말씀하셨다. "가난하면서 원망하지 않기란 어려운 일이며, 부자이면서 교만하지 않기란 쉬운 일이다."

The Master said : "To be poor and not complain is difficult ; to be rich and not arrogant is easy."

12. 공자께서 말씀하셨다. "맹공작은 조씨나 위씨의 원로 가신으로는 능력이 있으나, 등나라와 설나라의 대부가 되기에는 부족하다."

The Master said : "Meng Kung Ch'o would excel as Comptroller of the Chao or Wei families, but is not fit to be Minister in the States of

T'eng or Hsieh."

13. 자로가 완성된 인간에 대해 묻자, 공자께서 말씀하셨다. "장무중 같은 지혜로움, 맹공작의 무욕, 변읍의 장자와 같은 용기, 염구의 재주 그리고 예와 악으로써 자신을 다스리면 가히 완성된 인간이다."

공자께서 다시 말씀하셨다. "지금의 완성된 인간은 어찌 그렇게까지 할 수 있겠느냐? 사리사욕을 취할 때 의로운지를 생각해 보고, 나라가 위태로울 때는 목숨을 바치며, 오래 전 약속에 대해서는 평생 잊지 않으면 그 또한 가히 완성된 인간이다."

When Tzu Lu asked what constituted the character of the perfect man the Master replied : "If he have the wisdom of Tsang Wu Chung, the purity of Kung Cho, the courage of Chuang Tzu of Pien and the skill of Jan Chiu, and if he refine these with the arts of courtesy and harmony, then indeed he may be deemed a perfect man."

"But what need is there," he added, "for the perfect man of the present day to be like this? Let him when he sees anything to his advantage think whether it be right when he meets with danger be ready to lay down his life and however long-standing the undertaking let him not forget the tenour of his everyday profession, then he too may be deemed a perfect man."

14. 공자께서 공명가에게 공문숙자에 대해 물으셨다. "진실로 말도 없고, 웃지도 않으며, 재물을 욕심내지 않은 분이 맞습니까?"
공명가가 대답했다. "전해준 말이 조금 지나친 것 같습니다. 말할 때는 반드시 했으므로, 사람들이 그의 말을 싫어하지 않고, 즐거울 때에만 웃었으므로 사람들은 그의 웃음을 싫어하지 않으며, 정당한 것만을 취했으므로 사람들이 그것을 싫어하지 않았습니다."
공자께서 말씀하셨다. "아, 그렇군요. 어떻게 그럴 수 있었을까!"
The Master put a question to Kung-ming Chia about Kungshu Wen-tzu, and said : "Is it really true that your Master neither talks, nor laughs, nor accepts anything?"
"That arises from the exaggeration of reporters," answered Kung-ming Chia. "Our Master talks only at the right time, hence people do not tire of his talk; he only laughs when he is really pleased, hence people do not tire of his laughter he only accepts things when it is right to do so, hence men do not tire of his accepting."
"Is that so!" said the Master. "Can that indeed be so!"

15. 공자께서 말씀하셨다. "장무중은 방(防)에서 사병을 거느리고, 후계자로 삼은 자신의 사람을 노나라의 대부로 삼으라고 요구했다.

비록 군주에게 협박하지 않았다고 하나, 나는 그 말을 믿지 않는다."

The Master said : "Tsang Wu Chung held on to the fief of Fang while he begged the Duke of Lu to appoint (his brother as) his successor. Although they say he did not coerce his Prince I do not believe it."

16. 공자께서 말씀하셨다. "진나라의 문공은 속임수를 쓰고 올바르지 않았지만, 제나라의 환공은 올바르고 속임수를 쓰지 않았다."

The Master said : "Duke Wen of Chin was double-dealing and dishonourable. Duke Huan of Chi was honourable and not double-dealing."

17. 자로가 물었다. "제나라의 환공이 공자 규를 죽이자, 소홀은 죽었으나, 관중은 죽지 않았습니다. 관중은 인(仁)에 미치지 못한 것이지요?"

공자께서 말씀하셨다. "환공이 제후들을 모았을 때, 군사력으로 하지 않은 것은 관중의 힘 때문이다. 그 정도면 인에 이른다! 그 정도면 인에 이른다!"

"When Duke Huan put to death his brother, Prince Chiu," observed

Tzu Lu, "Shao Hu died for him, but Kuan Chung did not, Was he not lacking in Virtue?"

"Duke Htian," answered the Master, "brought the Barons together without resorting to chariots of war, and all through the power of Kuan Chung. Whose Virtue was like his! Whose Virtue was like his!"

18. 자공이 물었다. "관중은 인자(仁者)가 아닙니다. 환공이 공자 규를 죽였을 때, 주군을 따라 죽지도 않고, 오히려 환공을 도왔습니다."

공자께서 말씀하셨다. "관중이 환공을 도와 패권을 잡게 하고 천하를 바로잡았다. 백성들이 오늘에 이르도록 그 은혜를 받고 있는 것이다. 관중이 아니었다면 우리는 머리를 풀어헤치고 옷깃을 왼쪽으로 여미는 오랑캐가 되었을 것이다. 어찌 일반 백성이 작은 신의를 위해, 스스로 도랑에서 목숨을 끊어도 알아주는 사람이 없는 것과 비교될 수 있겠느냐!"

Tzu Kung asked : "Was not Kuan Chung deficient in Virtue? When Duke Huan had his brother Prince Chiu put to death, Kuan Chung was incapable of dying, and even became his Minister?"

"After Kuan Chung became Minister to Duke Huan," replied the Master, "he made the Duke leader of the Barons, and entirely reduced the Empire to order, so that people down to the present day are recipients of his benefactions. But for Kuan Chung we should be wearing our hair loose and folding our clothes to the left. Would you require from him that which is deemed fidelity by common men and women, who (shew it by) committing suicide in some ditch, nobody being the wiser?"

19. 공숙문자의 가신인 대부 선(僎)이 공숙문자와 함께 조정에서 관직을 받았다. 공자께서 이 소식을 듣고 말씀하셨다. "시호를 가히 문(文)이라고 할 만하다."

The Minister Chuan, formerly a retainer of Kung-shu Wen-tzu, afterwards went up to Court in company with Wen-tzu. The Master on hearing of it observed : "Wen well deserves to be considered 'a promoter of culture.' "

20. 공자께서 위(衛)나라 영공의 무례함에 대해 말했다. 그러자 계강자가 말했다. "그와 같은데 어찌하여 군주의 자리를 잃지 않는 것일까요?"

공자께서 말씀하셨다. "중숙어가 나라의 손님을 잘 접대하고, 축타는 종묘에 제사를 지내고 있으며, 왕손가가 군대를 맡고 있으니, 어찌 그 자리를 잃겠는가."

When the Master was speaking of the unprincipled character of Duke

Ling of Wei, K ang-tzu observed : "Such being the case, how is it he does not lose his throne?" "Chung-shu Yu," answered Confucius, "has charge of the envoys the Reader To has charge of the Ancestral Temple; Wang-sun Chia commands the forces ; and, such being the case, how should he lose his throne?"

21. 공자께서 말씀하셨다. "군자는 자신의 행동보다 말이 앞서는 것을 부끄러워해야 한다."
The Master said : "He who speaks without modesty will perform with difficulty."

22. 진성자가 제나라의 간공을 시해했다. 공자께서 목욕재계하고 조정에 나가 노나라의 애공에게 말씀하셨다. "진항이 자신의 군주를 시해했으니 그를 토벌해야 합니다."
애공이 말했다. "세 대부들에게 말하라."
공자께서 말씀하셨다. "나는 대부의 뒤를 따라다녀야 할 처지라 감히 말할 수 없는데, 군주께서 '세 대부들에게 말하라'고 하신다."
세 대부들에게 고하니 모두 할 수 없다고 하였다.
공자께서 말씀하셨다. "나는 대부의 뒤를 따라다녀야 할 처지라 감히 말하지 않을 수 없었다."
When Chen Cheng-tzu slew Duke Chien, Confucius bathed himself

and went to Court, where he petitioned Duke Ai, saying : "Ch en Heng has slain his Prince, I beg you to take vengeance on him." "Lay the information before the three nobles," replied the Duke.

"Seeing that I follow behind the Ministers," soliloquised Confucius (as he withdrew)," I dare not do other than petition, and the Prince says : "Inform the three nobles!" He went to the three nobles and petitioned them, but they declined action ; whereupon Confucius remarked : "Seeing that I follow behind the Ministers I dare not do other than make my petition."

23. 자로가 군주를 섬기는 것에 대해 묻자, 공자께서 말씀하셨다. "속임수를 쓰지 않고, 앞에서는 바른 말을 하는 것이다."

When Tzu Lu asked what constituted a man s duty to his Prince the Master said : "Never deceive him and then you may stand boldly up to him."

24. 공자께서 말씀하셨다. "군자는 높은 사상을 통달하는 것이며, 소인은 세속적인 것을 통달한다."

The Master said : "The progress of the nobler-minded man is upwards, the progress of the inferior man is downwards."

186

25. 공자께서 말씀하셨다. "옛날에는 자신의 수양을 쌓기 위해 공부했다. 그러나 요즘은 남에게 인정받기 위해 공부한다."

The Master said : "The men of old studied for the sake of self-improvement ; the men of the present day study for the approbation of others."

26. 거백옥이 공자에게 사람을 보냈다.

공자께서 그를 앉아서 맞으며 말씀하셨다. "주인께서는 무엇을 하고 계십니까?"

사신이 대답했다. "주인께서는 자신의 허물을 적게 하려 노력하는데, 아직 잘 안 되는 모양입니다."

사신이 돌아가자 공자께서 말씀하셨다. "임무를 충실하게 해내는 사신이구나!"

Chu Po Yu having sent a messenger (to convey his respects) to Confucius, Confucius made him sit down along with him and questioned him, asking : "What is your Master doing now?"

The messenger replied: "My master is seeking to make his faults fewer, but has not yet succeeded."

When the messenger had withdrawn, the Master observed : "What a messenger! What a messenger!"

27. 공자께서 말씀하셨다. "어떤 자리에 있지 않다면, 그 자리에서 해야 할 일을 도모하면 안 된다."

The Master said : "He who does not occupy the office does not discuss its policy."

28. 증자가 말했다. "군자는 생각하는 바가 자신의 위치에서 벗어나지 않는 것이다."

The Philosopher Tseng said : "A wise man, even in his thoughts, does not stray from his own duty."

29. 공자께서 말씀하셨다. "군자는 자신의 말보다 지나친 행동에 대해서는 부끄러워한다."

The Master said "The higher type of man is modest in what he says, but surpasses in what he does."

30. 공자께서 말씀하셨다. "군자의 도에는 세 가지가 있는데, 나는 그 중에서 실천하고 있는 것이 없다. 어진 사람은 근심하지 않으며, 지혜로운 사람은 미혹되지 아니하고, 용감한 사람은 두려워하지 않는다."

자공이 말했다. "스승님께서 자신에 대해 그렇게 말하셨다."

The Master said : "There are three characteristics of the noble man s life, to which I cannot lay clay claim : being Virtuous he is free from care ; possessing knowledge he is free from doubts ; being courageous he is free from fear." "That is what you yourself say," said Tzu Kung.

31. 자공이 사람들을 비교하자, 공자께서 말씀하셨다. "사는 현명하구나! 나는 (내 공부도 벅차서) 그럴 겨를이 없다."

Tzu Kung being in the habit of making comparisons, the Master observed : "How worthy Tzu must be! As for me, I have not the time to spare."

32. 공자께서 말씀하셨다. "남이 자기를 알아주지 못하는 것을 걱정하지 말고, 자신에게 능력이 없음을 걱정해야 한다."

The Master said : "(A wise man) is not distressed that people do not know him, he is distressed at his own lack of ability."

33. 공자께서 말씀하셨다. "남이 나를 속일 것이라고 억측하지 말고, 남이 자신을 믿지 않을 것이라고 추측하지도 마라. 도리어 그것을 미리 깨닫는 것, 그것이 현명함이다!"

The Master said : "Is not he a man of real worth who does not anticipate deceit, nor imagine that people will doubt his word, and yet who has immediate perception thereof when present?"

34. 미생무가 공자에게 말했다. "구여, 왜 여기저기 황급히 다니는 것이요? 말재주로 뭔가를 해보겠다는 것인가?"

공자께서 말씀하셨다. "감히 말재주로 어찌 하려는 것이 아니고, 고루한 세상이 근심되어서입니다."

Wei-sheng Mou addressing Confucius said : "Chiu, what are you doing with this perching here and perching there? Is it not that you are making yourself an ad captandum talker?"

"An ad captandum talker I would not dare to be," replied Confucius, "and I should hate to be obstinately immoveable."

35. 공자께서 말씀하셨다. "천리마는 그 힘이 뛰어나다고 일컫는 것이 아니고, 그 덕을 일컫는 것이다.

The Master said : "A good horse is not praised for its strength but for its character."

36. 어떤 사람이 물었다. "은혜로 원한을 갚는다면 어떻습니까?"

공자께서 말씀하셨다. "그렇다면 은혜는 어떻게 갚아야 하나? 원한은 그릇된 것을 바로잡는 마음으로 갚고, 은혜는 은혜로써 갚아야 한다."

Someone asked: "What do you think about the principle of

rewarding enmity with kindness?" "With what, then, would you reward kindness?" asked the Master. "Reward enmity with just treatment, and kindness with kindness."

37. 공자께서 말씀하셨다. "나를 알아봐 주는 사람이 없구나!"
자공이 말했다. "어찌 선생님을 몰라준다고 하십니까?"
공자께서 말씀하셨다. "하늘을 원망한 적도 없으며, 남을 탓하지도 않는다. 낮고 쉬운 것부터 배워 깊고 어려운 것을 깨달았으니 나를 알아주는 것은 오직 저 하늘일 것이다!"
"No one knows me, alas!" exclaimed the Master. "Why do you say that, sir, that no one I knows you?" said Tzu Kung.
"I make no complaint against Heaven," replied the Master, "nor blame men, for though my studies are lowly my mind soars aloft, and does not Heaven know me!"

38. 공백료가 계손씨에게 자로를 모함했다.
자복경백이 공자께 그 사실을 말하며 '계손씨는 이미 공백료의 말에 현혹되었을 것입니다, 그렇지만 제 힘으로 공백료의 시체를 저잣거리에 내걸 수 있습니다'라고 했다.
공자께서 말씀하셨다. "도가 장차 행해지는 것도 하늘의 뜻(命)이며, 도가 장차 쇠퇴하는 것도 하늘의 뜻이니, 공백료가 하늘의 뜻을 어찌하겠느냐?"

Kung-po Liao having spoken against Tzu Lu to Chisun, Tzu-fu Ching-po informed Confucius thereof, and said : "Our Master's mind is undoubtedly being disturbed by Kung-po Liao, but I am still strong enough to have his carcase exposed in the market-place."

The Master replied : "If my principles are going to prevail it is so fated if they are going to fail it is so fated ; what can Kung-po Liao do with fate?"

39. 공자께서 말씀하셨다. "현자는 혼탁한 세상을 피하고, 그 다음에는 그 지역을 피하고, 그 다음에는 안색이 나쁜 사람을 피하고, 그 다음에는 그릇된 말을 하는 사람을 피한다."

The Master said : "Some good men withdraw from the world the next in order is withdrawal from fatherland, the next from uncongenial looks, and the next from uncongenial language."

40. 공자께서 말씀하셨다. "그렇게 은둔한 사람이 일곱 명이다."

The Master said : "There are seven men who have done this."

41. 자로가 석문에서 묵게 되었는데 문지기가 물었다. "어디에서 오신 분들입니까?" 자로가 말했다. "공씨 문하에서 왔습니다."

문지기가 말했다. "안 되는 일이라는 것을 알면서도 하는 그 사람 말인가요?"

On one occasion when Tzu Lu happened to spend the night at Stone Gate, the gate opener asked him, "Where are you from?" "From Mr. Kung's," replied Tzu Lu.

"Is not he the one who knows he cannot succeed and keeps on trying to do so?" was the response.

42. 공자께서 위나라에서 경쇠로 연주를 하고 있었다. 삼태기를 메고 공자의 집 앞을 지나던 사람이 말했다. "경쇠 소리에 미련이 가득하구나!"

또 말하길, "댕댕 소리마저 부끄러움이 가득하구나! 세상이 자기를 알아주지 않으면 그만 두면 될 것을! 물이 깊으면 옷을 벗고 건너고, 물이 얕으면 옷을 걷어 올리고 건너면 될 것을!"

공자께서 말씀하셨다. "과감한 사람이구나. 그렇게 할 수만 있다면 무엇이 어렵겠는가!"

The Master was playing on a stone chime one day in Wei, when a man carrying a basket passed the door of the Kung abode and remarked : "With what feeling he is playing the chimes!"

Presently he added : "How contemptible is this petrified ting-tinging! Seeing that everybody ignores him let him stop and have done with it. 'If the water is deep you strip up to the waist; if shallow you tuck up your skirt!' "

"How stoical he is!" observed the Master. "But his way is not difficult."

43. 자장이 물었다. "《서경(書經)》에 의하면 고종께서는 3년상을 치루며 말을 하지 않았다는데 무슨 뜻입니까?"

공자께서 말씀하셨다. "어찌 고종만 그리했겠느냐? 옛사람들은 모두 그리했다. 임금이 돌아가시면 백관들 모두 3년 내내 재상의 지시를 따랐다."

Tzu Chang said : "The Book of History says that when Kao Tsung observed the Imperial mourning he did not speak for three years. What may be the meaning of that?"

"Why need you specialise Kao Tsung? All the men of old did the same," answered Confucius. "When a prince died, all his officers attended to their several duties in obedience to the Prime Minister for three years."

44. 공자께서 말씀하셨다. "윗사람이 예를 따르면 백성들은 다스리기가 쉬운 것이다."

The Master said : "When those in high position are fond of orderly behaviour, service from the people is easily commanded."

45. 자로가 군자의 품성에 대해 묻자, 공자께서 말씀하셨다. "자신을 수양하여 겸손해지는 것이다." 자로가 다시 물었다. "그뿐입니까?" 공자께서 말씀하셨다. "자기의 마음을 수양하여 백성을 편안하게 해 주는 것이다. 자기의 마음을 수양하여 백성을 편안하게 해 주는 것은 요임금과 순임금도 어렵게 여겼던 일이다."

When Tzu Lu asked what should be the character of a man of the nobler order the Master replied : "He should cultivate himself to be unfailingly respectful." "Will it suffice to be like this?" asked Tzu Lu. "He should cultivate himself so as to ease the lot of others," was the reply. "And is this sufficient?" asked Tzu Lu. "He should cultivate himself so as to ease the lot of the people. He should cultivate himself so as to ease the lot of the people : even Yao and Shun still remained anxious about this!"

46. 원양이 다리를 벌리고 앉아 기다리고 있었다.
공자께서 보시고, "어렸을 때는 나이 많은 사람에게 불손하고, 나이 먹어서는 알아줄 만한 것이 없고, 늙어서도 죽지 않으니, 남에게 피해만 주는 놈이로구나" 하며, 지팡이로 그의 정강이를 내려치셨다.

Yuan Rang sat squatting and waiting as the Master approached, who said to him : "When young with out respect, when grown up doing nothing worthy of mention, when old not dying, this is being a rogue!" And with this he hit him on the shank with his staff.

47. 궐당의 동자가 명을 전하는 일을 하고 있었다. 어떤 사람이 물었다. "학문을 열심히 하고 있는 아이입니까?"
공자께서 말씀하셨다. "내가 알기로, 벌써 윗자리에 앉아서 선배들과 더불어 가고 있습니다. 학문을 쌓아 가는 것이 아니라, 빨리 성취를 하고자 하는 아이입니다."
A youth from the village of Chueh was acting as messenger for Confucius, so some one interrogated about him : "He has made good progress, I suppose?"
"I notice," replied the Master, "that he occupies the seat of adult age, and I notice that he walks on a level with his seniors. It is not that he seeks to progress, he wants speedy arrival."

제15편 위령공

1. 위나라 영공이 공자에게 진법(陣法)에 대해 묻자, 공자께서 말씀하셨다. "제례에 대해서는 일찍부터 듣고 배운 바가 있으나, 군사에 대해서는 배우지 못했습니다."

공자께서는 다음날 마침내 위나라를 떠났다.

(도중에) 진(陳)나라에서 식량이 떨어지고 제자들이 병이 나 자리에서 일어나지 못했다. 자로가 공자께 찾아가 원망하듯 말했다. "군자도 곤궁한 처지에 있을 수 있습니까?"

공자께서 말씀하셨다. "군자라면 이런 곤궁을 견뎌내지만 소인은 곤궁에 처해지면 함부로 행동하게 된다."

When Duke Ling of Wei asked Confucius about military tactics, Confucius replied : "With the appurtenances of worship I have indeed an acquaintance, but as to military matters I have never studied them. "Next day he straightway took his departure.

(On the way) in Chen their supplies foiled, and his followers were so ill that they could not stand. Tzu Lu with some irritation sought an interview and said : "Does also a man of the higher order have to suffer –want?" "The superior man bears want unshaken," replied the Master, "the inferior man in want becomes demoralised."

2. 공자께서 말씀하셨다. "사(자공)야, 너는 내가 많이 배우고 배운 것들을 모두 알고 있는 사람이라고 생각하느냐?"

자공이 대답했다. "그렇습니다. 그렇지 않습니까?"

공자께서 말씀하셨다. "아니다. 나는 하나를 배워 꿰뚫어 볼 뿐이다."

"Tzu," said the Master, "You regard me as a man of multifarious study who retains all in mind, eh?"

"Yes," answered he. "But may be it is not so?"

"No," was the reply, "I have one principle connecting all."

3. 공자께서 말씀하셨다. "유야, 덕을 아는 사람이 드물구나.

"Yu," said the Master, "there are few who understand virtue."

4. 공자께서 말씀하셨다. "아무 것도 하지 않고서도 천하를 잘

다스린 군주는 순임금이다! 어떻게 한 것일까? 몸가짐을 공손히 하고 임금의 자리를 올바르게 지켰을 뿐이다."

The Master said : "May not Shun be instanced as one who made no effort, yet the Empire was well governed? For what effort did he make? Ordering himself in all seriousness, he did nothing but maintain the correct imperial attitude."

5. 자장이 행에 대해 묻자, 공자께서 말씀하셨다. "말에 충성과 신뢰가 있고 행실이 진실하고 경건하면, 비록 오랑캐 나라에서도 뜻을 펼칠 수 있는 것이다. 그러나 말이 충성스럽지도 않고 신뢰가 없으며 행실이 진실하지도 경건하지도 않으면 작은 읍에서조차 할 수 있는 것이 없을 것이다. 서 있으면 이러한 것이 앞에 빼곡하게 늘어서 있는 듯하고, 수레에 타고 있으면 이러한 것이 수레의 횡목에 기대어 있는 듯이 보여야 한다. 그런 연후에야 통할 것이다." 자장은 이 말을 허리띠에 적어 두었다.

When Tzu Chang asked how to get on with others, the Master made answer : "If you are sincere and truthful in what you say, and trustworthy and circumspect in what you do, then although you be in the land of the barbarians you will get on with them. But if you are not sincere and truthful in what you say, and untrustworthy and not circumspect in what you do, are you likely to get on even in your own country! When standing see these principles there in front of you. When in your carriage see them resting on the yoke. Then you will get on everywhere." Chang inscribed these counsels on his sash.

6. 공자께서 말씀하셨다. "사어야말로 올곧은 인물이다! 나라에 도가 행해질 때도 화살처럼 올곧았으며, 나라에 도가 행해지지 않을 때도 화살처럼 올곧았다. 거백옥이야말로 군자구나! 나라에 도가 행해지면 관직을 받아 나가고, 나라에 도가 행해지지 않으면 은둔하여 몸을 감추어 버렸다."

The Master said "What a straight man was the recorder Yu! When the country was well governed he was like an arrow, and when the country was ill governed he was still like an arrow. What a noble man is Chu Po Yu! When the country is well governed he holds office, but when the country is ill governed he can roll up (his portfolio) and keep it in his bosom."

7. 공자께서 말씀하셨다. "더불어 말해야 하는데도 말하지 않으면 사람을 잃게 되고, 더불어 말하지 않아야 하는데 말하면 실언을 하는 것이다. 지혜로운 사람은 사람을 잃지 않으며 또한 실언도 하지 않는 것이다."

"Not to enlighten one who can be enlightened is to waste a man ;

to enlighten one who cannot be enlightened is to waste words. The intelligent man neither wastes his man nor his words."

8. 공자께서 말씀하셨다. "지사와 인(仁)한 사람은 자신이 살기 위해 인(仁)을 해치지 않고, 스스로 목숨을 바쳐 인(仁)을 수행한다."
The Master said : "The resolute scholar, and the Virtuous man will not seek life at the expense of Virtue. Some even sacrifice their lives to crown their virtue."

9. 자공이 인(仁)은 어떻게 실행하는 것이냐고 묻자, 공자께서 말씀하셨다. "장인이 자신의 일을 잘해내려면 먼저 연장이 훌륭해야 한다. 그와 같다. 어떤 나라에 머물게 되면 그 나라의 현명한 대부를 섬기고, 그 나라의 어진 선비를 친구로 삼는다."
When Tzu Kung asked about the practice of virtue the Master replied : "A workman who wants to do his work well must first sharpen his tools. In whatever State you dwell, take service with the worthiest of its ministers, and make friends of the most Virtuous of its scholars."

10. 안연이 나라를 다스리는 것에 대해 묻자, 공자께서 말씀하셨다. "하나라의 역을 사용하고, 은나라의 수레를 타고 주나라의 면류관을 사용하고 음악은 소와 무를 따르며, 정나라의 음악은

버리고, 아첨하는 사람은 멀리한다. 정나라의 음악은 풍습을 어지럽히고, 아첨하는 사람은 위태롭기 때문이다."

Yen Yuan once asked about the administration of a State. The Master replied : "Adopt the calendar of Hsia ; Ride in the state carriage of Yin ; Wear the cap of Chou ; In music adopt the Shao dances ; Banish the songs of Cheng, and avoid specious men for the songs of Cheng are licentious, and specious men dangerous."

11. 공자께서 말씀하셨다. "먼 곳까지 내다보며 깊게 생각하지 않으면, 반드시 가까운 곳에 우려할 일이 생긴다."

The Master said : "Who heeds not the future will find sorrow at hand."

12. 공자께서 말씀하셨다. "정녕 끝이 난 것인가! 내가 지금껏 아름다운 여인을 좋아하듯 덕을 지키려고 애를 쓰는 사람을 만나지 못했다."

"It is all in vain!" said the Master. "I have never yet seen a man as fond of virtue as of beauty."

13. 공자께서 말씀하셨다. "장문중은 관직을 가로챈 자일 것이다. 유하혜가 현명한 인재라는 것을 알면서도 관직을 주지 않았다."

"Was not Tsang Wen Chung like one who had stolen his office?" remarked the Master. "He knew the superiority of Hui of Liu-hsia yet did not appoint him as a colleague."

14. 공자께서 말씀하셨다. "책임을 물을 때, 자기 스스로에게는 엄하고 남에게는 꾸짖음을 적게 하면 원망을 사지 않는다."
The Master said : "He who demands much from himself and little from others will avoid resentment."

15. 공자께서 말씀하셨다. "'어찌해야 하나, 어찌해야 하나?'라는 말도 하지 않는 사람에게는 나도 어떻게 해줄 수 있는 것이 없다."
The Master said : "If a man does not ask himself, What am I to make of this? What am I to make of this? there is nothing whatever I can make of him."

16. 공자께서 말씀하셨다. "함께 모여 하루를 같이 지내면서, 의(義)에 대해서는 언급도 하지 않고, 잔꾀부리기를 좋아하면 곤란한 사람이 분명하다!"
The Master said : "Men who associate together the livelong day and whose conversation never rises to what is just and right, but whose delight is in deeds of petty shrewdness, how hard is their case!"

17. 공자께서 말씀하셨다. "군자는 의를 기준으로 삼고, 예에 따라 실천하고, 겸손함을 보여주며, 신뢰로 일을 성취한다. 그런 사람이 군자이다."

The Master said : "The noble man takes the Right as his foundation principle, reduces it to practice with all courtesy, carries it out with modesty, and renders it perfect with sincerity, such is the noble man.

18. 공자께서 말씀하셨다. "군자는 자신의 무능함을 염려하지, 남이 자신을 알아주지 않는 것을 근심하지 않는다."

The Master remarked : "The noble man is pained over his own incompetency, he is not pained that others ignore him."

19. 공자께서 말씀하셨다. "군자는 죽은 뒤에 세상에서 이름이 사라져 버릴 것을 염려한다."

The Master said : "The nobler man hates to end his days and leave his name undistinguished."

20. 공자께서 말씀하셨다. "군자는 잘못을 자신에게서 찾고, 소인은 남에게서 원인을 찾는다."

The Master said : "The noble man seeks what he wants in himself;

the inferior man seeks it from others."

21. 공자께서 말씀하셨다. "군자는 자긍심을 가져야 하되 분란을 일으키지 않으며, 여럿이 어울린다 해도 당파를 만들지 않는다."
The Master said : "The noble man upholds his dignity with out striving (for it) ; he is sociable without entering any clique."

22. 공자께서 말씀하셨다. "군자는 언행만 듣고 사람을 등용하지 않으며, 외양만 보고 그의 의견을 거부하지 않는다."
The Master said : "The wise man does not appreciate a man because of what he says, nor does he depreciate what he says because of the man."

23. 자공이 물었다. "한 마디 말로 죽을 때까지 행해야 할 것이 있다면 어떤 것입니까?"
공자께서 말씀하셨다. "그것은 서(恕)이다! 즉, 자신이 하고 싶지 않은 일은 남에게도 하지 않는다."
"Is there any one word" asked Tzu Kung, "which could be adopted as a lifelong rule of conduct?" The Master replied : "Is not Sympathy the word? Do not do to others what you would not like yourself."

24. 공자께서 말씀하셨다. "내가 누구를 비난하고 누구를 칭찬한 적이 있느냐? 만약 칭찬한 사람이 있다면, 이미 시험해본 사람이다. 이들은 삼대에 걸쳐 올바른 도(道)로써 다스려진 백성들이기 때문이다."

The Master said : "In my treatment of men, whom have I unduly disparaged or whom have I unduly extolled? If there be one whom I have so extolled, there is that by which he has been tested. For these are the people whereby the three dynasties have pursued their straight course."

25. 공자께서 말씀하셨다. "나는 다행히 사관이 의심스러운 일은 비워 놓은 글을 볼 수 있다. 말[馬]을 가진 사람이 다른 사람에게 빌려주어 탈 수 있었다는데, 지금은 그런 일들이 사라져 버렸다."

The Master said : "I can still go back to the days when a recorder left a temporary blank in his records, and when a man who had a horse would lend it to another to ride. Now, alas! such things are no more."

26. 공자께서 말씀하셨다. "교묘하게 꾸며대는 말은 덕을 손상시키고, 사소한 일을 인내하지 못하면 큰일을 그르친다."

The Master said : "I plausible words confound morals, and a trifling impatience may confound a great project."

27. 공자께서 말씀하셨다. "대중이 싫어하는 것도 반드시 잘 살펴보며, 대중이 좋아하는 일도 반드시 잘 살펴본다."

The Master said : "Though all hate a man, one must investigate the cause ; and though all like him, one must also investigate the cause."

28. 공자께서 말씀하셨다. "사람이 도를 넓히는 것이며, 도가 사람을 넓히는 것이 아니다."

The Master said : "A man can enlarge his principles ; it is not his principles that enlarge the man."

29. 공자께서 말씀하셨다. "잘못하고도 고치지 않는 것, 그것이야말로 잘못이다."

The Master said : "To err and not reform may indeed be called error."

30. 공자께서 말씀하셨다. "나는 일찍이 하루 종일 먹을 것을 입에 대지 않았으며, 밤을 새우며 생각에 빠져 보았다. 그러나 얻는 것이 없었으며, 공부하는 것만 못했다."

The Master said : "I have spent the whole day without food and the whole night without sleep in order to think. It was of no use. It is better to learn."

31. 공자께서 말씀하셨다. "군자는 도를 이루고자 하는 것이며, 먹을 것을 얻으려 하지 않는다. 농사를 지어도 굶게 될지도 모를 일을 걱정하지만, 학문을 쌓으면 녹을 받을 수 있다. 군자는 도에 대해 근심하는 것이지, 가난을 근심하지 않는다."

The Master said : "The wise man makes duty, not a living, his aim ; for there is hunger even in farming, while there is emolument in scholarship ; but the wise man is anxious about his duty, not about poverty."

32. 공자께서 말씀하셨다. "지혜로 얻은 것일지라도 인(仁)으로 지켜내지 못하면, 얻은 것을 반드시 잃게 된다. 지혜와 인으로 지켜낸 것일지라도, 엄격함이 따르지 않으면 백성들은 공경하지 않는다. 지혜로움과 인이 그것을 지켜내고 엄격한 태도로 임해도, 백성들을 예로써 이끌지 않으면 잘 되기는 힘들다."

The Master said : "If a man intellectually attains to a given principle, but his moral character does not enable him to live up to it, even though he has obtained it he will certainly lose it. Though intellectually he has attained to it, and his moral character enables him to live up to it, if he does not control (them) with dignity,

208

(the) people will not respect him. And. though he has intellectually attained to it, his moral character enables him to live up to it, and he controls with dignity, if he moves (the people) to action in an irregular manner, he is still lacking in excellence."

33. 공자께서 말씀하셨다. "군자는 작은 일에서는 진가를 알 수 없으나 큰일은 맡을 수 있고, 소인은 큰일은 맡을 수 없으나 작은 일은 잘할 수도 있다."
The Master said : "A man of the higher type may not be distinguishable in minor responsibilities, but he can undertake great ones. An inferior man cannot undertake great responsibilities, but may be distinguished in minor ones."

34. 공자께서 말씀하셨다. "백성에게 있어서 인(仁)이란 물이나 불보다 더 필요한 것이다. 나는 물과 불에 뛰어들어 죽은 사람은 보았지만, 인에 뛰어들어 죽은 사람은 보지 못했다."
The Master said : "Virtue is more to man than either water or fire. I have seen men die through walking into water or fire, but I have never seen a man die through walking the path of Virtue."

35. 공자께서 말씀하셨다. "인(仁)을 실천해야 하는 일에 있어서는

스승에게도 양보하지 않는다."

The Master said : "He upon whom a Moral duty devolves should not give way even to his Master."

36. 공자께서 말씀하셨다. "군자는 곧은 마음을 따르며, 무조건 신념을 고집하지는 않는다."

The Master said : "The wise man is intelligently not blindly loyal."

37. 공자께서 말씀하셨다. "군주를 섬길 때 맡은 바를 수행하는 것이 제일 우선이며, 받을 녹봉은 그 이후의 일이다."

The Master said : "In serving one's prince one should give careful attention to his business, and make his pay a secondary consideration."

38. 공자께서 말씀하셨다. "가르침에 신분의 차이란 있을 수 없다."

The Master said : "In teaching there should be no class distinctions."

39. 공자께서 말씀하셨다. "추구하는 도가 같지 않으면 함께 도모하지 않는다."

The Master said : "Those whose are different do not make plans together."

40. 공자께서 말씀하셨다. "말은 뜻을 정확히 전달하면 최선이다."

The Master said : "In language perspicuity is everything."

41. 눈이 먼 악사 면(冕)이 스승님을 만나기 위해 섬돌 가까이에
이르자 공자께서 말씀하셨다. "섬돌입니다." 자리에 이르자,
공자께서 말씀하셨다. "자리입니다." 모두 자리에 앉자, 공자께서는
그에게 일러주셨다. "여기는 아무개이며, 여기는 아무개입니다."

악사 면이 돌아가고 나서 자장이 물었다. "악사와 대화하실 때의
도란 이런 것입니까?"

공자께서 말씀하셨다. "그렇게 하는 것이 눈이 먼 악사를 도와주는
도리이다."

The State Bandmaster Mien once called to see him.

On arriving at the steps the Master said, "Here are the steps." On
coming to the mat, he said, "Here is your mat."

When all were seated the Master informed him: "So and so is here,
so and so is there."

When the Bandmaster had gone, Tzu Chang enquired "Is it the
proper thing to tell a Bandmaster those things?" "Yes," answered the
Master, "undoubtedly it is the proper thing for a blind Bandmaster's
guide to do so."

제16편 계씨

1. 계씨가 전유를 정벌할 계획을 세우자, 염유와 계로가 공자에게 전했다. "계씨가 전유에게 일을 벌이려고 합니다."

공자께서 말씀하셨다. "구(염유)야, 잘못 안 것 아니냐? 전유는 옛날 선왕에 의해 동몽주로 삼으셨고, 또한 그곳은 이미 노나라의 영역이다. 이 나라 사직의 신하인데, 어째서 정벌한다는 것이냐?"

염유가 말했다. "계씨가 하려는 짓이지, 신하인 우리 두 사람은 하고 싶지 않습니다."

공자께서 말씀하셨다. "구야, 주 왕실의 신하가 이런 말을 했다. '있는 힘을 다해 관직에 들어서되, 능력이 부족하면 그만두어야 한다.' 위태로운 지경인데 도와주지 않고, 넘어지고 있는데 붙잡아 주지 못하면, 누가 그를 신하로 삼겠느냐? 그러니 너의 말이 잘못되었다. 호랑이나 외뿔소가 우리 밖으로 뛰쳐나오고, 거북과

옥이 궤 속에서 깨졌다면, 이것은 누구의 잘못이냐?"

염유가 말했다. "지금 전유는 성곽이 튼튼하고 비읍과 멀지 않으니, 지금 취하지 않으면 반드시 후세에 근심거리가 될 것입니다."

공자께서 말씀하셨다. "구야, 군자란 욕심내는 것을 솔직하게 말하지 않고 구차한 변명을 싫어한다. 내가 아는 바에 의하면, 나라를 다스리는 사람은 가진 것이 적은 것을 걱정하는 것이 아니라, 고르게 분배되지 못한 것을 걱정하며, 가난을 걱정하는 것보다는 평안하지 못한 것을 걱정하는 것이다. 대개 고르게 분배되면 가난이 없어지고, 조화를 이루면 가난하다고 생각하지 않으며, 평안하면 나라가 위태롭지 않을 것이다. 이런 연유로 먼 곳에 있는 백성들이 복종하지 않으면 문과 덕으로 수양하여 그들을 따라오게 한다. 그 후에는 그들을 평안하게 살 수 있도록 해 주는 것이다. 지금 유(자로)와 구는 계씨를 섬기고 있으면서, 먼 곳의 백성들이 복종하지 않고 있는데, 오게 하지도 못하고, 백성들의 마음이 나라를 떠나 함께 하지도 않는데 지키지도 못하면서, 오히려 나라 안에서 군사를 일으키려고 하는구나. 나는 계손씨가 우려하는 것이 전유에게 있는 것이 아니라, 그의 가신들에게 있는 것 같아 근심되는구나."

The Chief of the House of Chi being about to invade the minor principality of Chuan-yu, Jan Yu and Chi Lu interviewed Confucius and said : "Our Chief is about to commence operations against

Chuan-yu."

"Chiu," said Confucius, "is not this misdeed yours?" Chuan-yu long ago was appointed by the ancient kings to preside over (the sacrifices to) the Eastern Meng; moreover it is within the boundaries of our State, and its ruler is direct sacrificial Minister of the Crown, what business has your Chief with attacking it?" "It is our master's wish," said Jan Yu, "neither of us two ministers wishes it."

"Chiu," replied Confucius, "Chou Jen had a saying : 'Let him who is allowed to use his ability retain his position, and let him who cannot retire. Of what use is he as a blind man's guide, who neither holds him up when tottering, nor supports him when falling?' Moreover, your remark is quite wrong, for when a tiger or a wild bull escapes from its cage, or when tortoise-shell or a precious stone gets injured in its cabinet, whose fault is it?"

"But now," said Jan Yu, "Chuan-yu is strongly fortified and near to Pi. If (our Chief) does not take it now it must hereafter become a cause of anxiety to his descendants."

"Chiu," replied Confucius, "the man of honour detests those who decline to say plainly that they want a thing and insist on making excuses in regard thereto, I have heard that the ruler of a kingdom, or the Chief of a House, is not concerned about his people being few, but about lack of equitable treatment; nor is he concerned over poverty, but over the presence of discontent; for where there is equity there is no poverty, where concord prevails there is no lack of people, and where contentment reigns there are no upheavals. Such a state of things existing, then if any outlying people are still unsubmissive he attracts them by the promotion of culture and morality, and when he has attracted them he makes them contented. But here are you two, Yu and Chiu, as sisting your Chief, yet though an outlying people are unsubmissive, he cannot attract them, and though the State is disorganized and disrupted he cannot preserve it: and yet he is planning to take up arms within his own State. I myself fear that Chi-sun's cause for anxiety does not lie in Chuan-yu, but within his own gate-screen."

2. 공자께서 말씀하셨다. "천하에 도가 행해지면 예악과 정벌은 천자로부터 비롯되는 것이며, 천하에 도가 행해지지 않으면 예악과 정벌이 제후로부터 비롯된다. 제후의 세력이 거세지면 정권이 거의 10대를 넘기지 못하며, 대부의 세력이 거세지면 5대를 넘기지 못한다. 가신의 세력이 거세지면 3대를 넘기지 못한다. 천하에 도가 행해지면 권력이 대부에게 속하지 않으며, 천하에 도가 행해지면 일반 백성들이 정치에 대해 논의하지 않는다."

Confucius said : "When good government prevails in the Empire, civil ordinances and punitive expeditions issue from the Emperor. When good government fails in the Empire, civil ordinance and punitive expeditions issue from the nobles. When they issue from a noble, it is rare if his kingdom be not lost within ten generations. When they issue from a noble's minister it is rare if his kingdom be not lost within five generations. But when a minister's minister holds command in the kingdom, it is rare if it be not lost within three generations. When there is good government in the Empire its policy is not in the hands of ministers. And when there is good government in the Empire, the people do not even discuss it."

3. 공자께서 말씀하셨다. "벼슬을 내리는 권한이 노나라의 조정을 떠난 지 5대째에 이르며, 정권을 대부들이 약탈해 간 지 4대째이다. 따라서 삼환의 자손들의 세력도 쇠약해지고 있다."
Confucius said : "The revenue has departed from the Ducal House for five generations, and the government has devolved on ministers for four generations. That, alas! is why the descendants of the three brothers Huan are so reduced!"

4. 공자께서 말씀하셨다. "유익한 친구가 셋이 있고, 해로운 친구가

셋이 있다. 정직한 친구와 신뢰할 만한 친구, 지식이 많은 친구는 도움이 되고, 겉과 속이 다른 친구, 남의 비위를 잘 맞추는 친구, 말만 그럴 듯한 친구는 해롭다."

Confucius said : "There are three kinds of friends that are beneficial, and three that are harmful. To make friends with the upright, with the faithful, with the well-informed, is beneficial. To make friends with the plausible, with the insinuating, with the glib, is harmful"

5. 공자께서 말씀하셨다. "유익한 즐거움으로 세 가지가 있으며, 해로운 즐거움도 세 가지가 있다. 예악을 적절하게 즐기며, 다른 사람의 장점은 칭찬하며, 현명한 친구를 많이 사귀는 것은 유익한 즐거움이다. 제멋대로 즐기는 것을 좋아하고, 방탕하게 노는 것을 좋아하고, 잔치 열기를 좋아하는 것은 해로운 즐거움이다."

Confucius said : "There are three ways of pleasure seeking that are beneficial, and there are three that are harmful. To seek pleasure in the refinements of manners and music, to seek pleasure in discussing the excellences of others, to seek pleasure in making many worthy friends, these are beneficial. To seek pleasure in unbridled enjoyment, to seek pleasure in looseness and gadding, to seek pleasure in conviviality, these are harmful."

6. 공자께서 말씀하셨다. "군자를 가까이 섬기면서 세 가지 잘못을 할 수 있다. 아직 말할 때가 아닌데 말하는 것, 이른바 조급함이다. 말할 때가 되었는데도 말하지 않는 것, 이른바 은폐하는 것이다. 안색을 살피지 않고 말하는 것, 이른바 장님이라 할 수 있다."

Confucius said : "There are three errors to be avoided when in the presence of a superior: to speak before being called upon, which may be termed forwardness ; not to speak when called upon, which may be termed reticence ; and to speak before noting his superior's expression, which may be called blindness."

7. 공자께서 말씀하셨다. "군자가 조심해야 할 것 세 가지가 있다. 나이가 어릴 때는 혈기가 일정하지 않으므로 여색을 조심해야 한다. 장년기에는 혈기가 왕성하므로 다툼을 조심해야 한다. 노년이 되면 혈기는 거의 미약해지니 욕심을 조심해야 한다."

Confucius said : "There are three things the higher type of man is on his guard against. In the period of youth, before his physical nature has settled down, he guards against lust. Having reached his prime, when his physical nature has now attained its mature strength, he guards against combativeness. When he has reached old age, and his physical nature is already decaying, he guards against acquisitiveness."

8. 공자께서 말씀하셨다. "군자가 우러러 받들어야 할 것 세 가지가 있다. 천명, 성인, 성인의 말씀을 우러러 받들어야 한다. 소인은 천명을 알지 못하기에 우러러 받들지 못하고 성인을 함부로 대하며, 성인의 말씀도 하찮게 여긴다."

Confucius said : "The man of noble mind holds three things in awe ; He holds the Divine Will in awe ; he holds the great in awe ; and he holds the precepts of the Sages in awe. The baser man, not knowing the Divine Will, does not stand in awe of it; he takes liberties with the great ; and makes a mock of the precepts of the Sages."

9. 공자께서 말씀하셨다. "태어나면서부터 아는 사람은 최상이고, 배워서 아는 사람은 그 다음이며, 어려움을 겪고 배운 사람은 또 그 다음이다. 어려움을 겪는데도 배우지 않는 사람은 백성 중에서도 최하이다."

Confucius said : "Those who have innate wisdom take highest rank. Those who acquire it by study rank next. Those who learn despite natural limitations come next. But those who are of limited ability and yet will not learn, these form the lowest class of men."

10. 공자께서 말씀하셨다. "군자로서 항상 염려해야 하는 것 아홉 가지가 있다. 볼 때 명확한지, 똑똑하게 듣고 있는지, 얼굴빛이

온화한지, 몸가짐은 공손한지, 말은 진실하게 하는지, 행동은 공경스럽게 하는지, 의문이 생기는 것이 있는지, 화를 내는 것이 괜찮은지, 이득이 되는 일이 의에 어긋나지는 않는지를 염려해야 한다."

Confucius said : "The Wise man has nine points of thoughtful care. In looking, his care is to observe distinctly; in listening, his care is to apprehend clearly ; in his appearance, his care is to be kindly ; in his manner, his care is to be respectful ; in speaking, his care is to be conscientious ; in his duties, his care is to be earnest ; in doubt, his care is to seek information ; in anger, he has a care for the consequences ; and when he has opportunity for gain, his care is whether it be right?"

11. 공자께서 말씀하셨다. "선(善)을 발견하면 그렇게 하지 못할까를 걱정하며, 선하지 않은 것을 보면 마치 뜨거운 물에 덴 듯해야 한다. 나는 그런 사람을 보았고 그런 말도 들었다. 세상을 등지고 살면서 자신의 사상을 주장하고, 의를 실천하여 도에 이르는 사람들이 있다고 하는데, 나는 아직 그런 사람은 보지 못했다."

Confucius said : "They look upon the good as if fearing not to reach it, and upon evil as if testing scalding water, I have seen such men, as I have heard such sayings. They dwell in seclusion to think out their

aims, and practise right living in order to extend their principles, I
have heard such sayings, but I have never seen such men."

12. 제나라 경공은 말을 사천 필이나 갖고 있었다. 그가 죽었을 때
백성들 중에서 그의 덕을 칭송하는 사람은 아무도 없었다. 백이와
숙제는 수양산에서 굶어 죽었지만, 백성들은 지금까지도 그들을
칭송한다. 아마도 이것을 덕이라 말할 수 있지 않을까!

Duke Ching of Chi had a thousand team of horses, but on the day
of his death, his people knew of no virtue for which to praise him.
Po-I and Shu-Chi starved to death at the foot of Mount Shou-Yang,
and down to the present the people still praise them. Does not that
illustrate this?

13.진항이 백어(伯魚)에게 물었다. "그대에게는 별도의 가르침이
있었는가?"

백어가 대답했다. "없었습니다. 하지만 한 번은 홀로 서 계실
때 발소리를 죽이며 안뜰을 지나가고 있는데, '시를 공부하고
있느냐?'라고 물으셨습니다. '아직 배우지 못했습니다'라고
대답하자, '시를 공부하지 않으면 말을 할 수 없는 것이다'라고
하셨습니다. 저는 물러나와 시를 공부했습니다. 다른 날에 또
홀로 서 계실 때 발소리를 죽이며 안뜰을 지나가는데, '예를

공부했느냐?'라고 물으셨습니다. '아직 배우지 못했습니다'라고
대답했더니 '예를 공부하지 않으면 남 앞에 나설 수 없다'라고
하셨습니다. 저는 물러나와 예를 공부했습니다. 내가 가르침을 받은
것은 이 두 가지입니다."

진항이 물러나와서 기뻐하며 말했다. "하나를 물었는데, 세 가지를
알게 되었다. 시에 대해 듣고, 예에 대해 들었으며, 또한 군자는
자식과는 거리를 두고 있음을 알게 되었다."

Chen Kang once asked Po Yu : "Have you ever had any lesson
different from the rest?"

"No," was the reply, "but he was once standing alone, and as I
hastened across the hall, he remarked : 'Have you studied the Odes?'
'No,' I replied. 'If you do not study the Odes' he said, 'you will
have nothing to use in conversation.' On going out I set myself to
study the Odes. Another day, he was again standing alone, and as
I hastened across the hall, he asked : 'Have you studied the Rules
of Ceremony?' 'No' I replied. 'If you do not study the Ceremonies,
you will have no standing.' On going out I set myself to study the
Ceremonies. These are the two lessons I have received."

When Chen Kang came away he remarked with delight, "I asked one
thing and obtained three, I have learnt about the Odes, I have learnt
about the Ceremonies, and I have learnt that the Wise man keeps his

222

son at a distance."

14. 나라의 임금이 자신의 아내를 칭할 때는 부인(夫人)이라고 하며, 부인은 스스로를 가리킬 때 소동(小童)이라 한다. 그 나라의 백성들은 군부인(君夫人)이라 칭하며, 다른 나라 사람들에게 말할 때는 과소군(寡小君)이라 한다. 다른 나라 사람들은 또한 군부인으로 일컫는다.

The wife of the Prince of a State is called by the Prince himself 'Fu-ren.' The Fu ren calls herself, 'Hsia Tung'. The people of the State call her, 'Chun Fu-ren'. When speaking of her to one of another State they call her, 'Kua Hsiao Chun', but one of another State would also call her, 'Chun Fu-ren'.

제17편 양화

1. 양화가 공자를 만나고 싶어 했으나 공자께서 만나주지 않자, 삶은 돼지를 선물로 보냈다. 공자께서 그가 출타 중일 때 감사의 인사를 전하고 나오다 길에서 마주쳤다.

양화가 공자에게 말했다. "잘 오셨습니다. 그대와 나눌 이야기가 있습니다."

양화가 이어서 말했다. "훌륭한 재주가 있는데 나라가 혼미한 상태로 그냥 둔다면 인(仁)하다고 말할 수 있을까요?"

공자께서 말씀하셨다. "그렇게 말할 수 없지요."

"정사에 관여하고 싶으면서 때를 놓친다면 지혜롭다고 말할 수 있을까요?"

공자께서 말씀하셨다. "그렇게 말할 수 없지요."

"시간은 흐르며, 세월이 나와 함께 있지 않습니다."

공자께서 말씀하셨다. "알고 있습니다. 그러니 장차 관직에 나갈 것입니다."

Yang Huo wanted to see Confucius but Confucius would not go to see him, so he sent Confucius a present of a sucking pig. Confucius, timing his visit when the other would be out, went to tender his acknowledgements, but met him on the way.

"Come" he said to Confucius, "let me have a word with you. For a man," he said, "to hide his talent in his bosom, and thus share in his country s misguidance, can he be called a lover of his fellow men?"

"He cannot," was the reply.

"For a man who would like to take part in public affairs to be continually losing his opportunity, can he be called wise?"

"He cannot," was the reply.

"Days and months are passing by, the years do not wait for us."

"That is so," said Confucius, "I will take office presently."

2. 공자께서 말씀하셨다. "타고난 성품이 유사한 사람이라도 습관에 따라 각각 달라진다."

The Master said : "By nature men nearly resemble each other ; in practice they grow wide apart."

3. 공자께서 말씀하셨다. "가장 지혜로운 사람과 가장 어리석은 사람만 바뀌지 않는다."

The Master said : "It is only the very wisest and the very stupidest who never change."

4. 공자께서 무성에 머무를 때, 현(弦)에 맞추어 부르는 노래가 들렸다. 스승께서 살며시 웃으며 말씀하셨다. "닭을 잡는데 어찌 소 잡는 칼을 쓰느냐?"

자유가 대답했다. "예전에 스승님께서 '군자가 도를 배우면 남을 아끼게 되며, 소인이 도를 배우면 부리기가 쉬워진다'고 말씀하셨습니다."

공자께서 말씀하셨다. "제자들아, 언(자유)의 말이 옳다. 조금 전에 내가 한 말은 농담일 뿐이다."

When the Master came to Wu-cheng he heard (everywhere) the sound of stringed instruments and singing; whereupon he smiled and laughingly said, "Why use a cleaver to kill a chicken?"

"A while ago, Sir," replied Tzu Yu, "I heard you say : 'When men of rank have learnt Wisdom they love their fellowmen ; and when the common people have learnt Wisdom they are easily commanded.' "

"My disciples!" said the Master, "Yen's remark is right. What I said before was only in jest."

226

5. 공산불요가 비 땅에서 난을 일으키고 공자를 초청하자 공자께서 가시려고 했다. 자로가 언짢아하며 말했다. "가실 데가 없다고는 하나, 하필이면 공산씨에게 가시려는 것입니까!"
공자께서 말씀하셨다. "나를 부르는 그 자가 공연히 부르겠느냐? 나를 써 주는 사람이 있다면 나는 그곳을 동쪽의 주나라로 만들 것이다!"

When Kung-shan Fu-rao was holding Pi in revolt (against the House of Chi), he sent for the Master, who was inclined to go to him. But Tzu Lu was displeased, and said : "Verily there is nowhere at all to go, why then must you think of going to Kung-shan?"
"Here is one calling me, and can he be doing it for nothing?" answered the Master. "If one be willing to employ me, may I not make an eastern Chou?"

6. 자장이 인에 대해 물었다. 공자께서 말씀하셨다. "천하에 다섯 가지를 실천할 수 있다면 인이다." 그것들에 대해 알고 싶다고 청하자 공자께서 말씀하셨다. "공손, 관용, 신뢰, 민첩, 은혜로움이다. 공손하면 업신여기지 않으며, 관용을 베풀면 많은 사람이 따르며, 신뢰가 있으면 남들이 맡겨주고, 민첩하면 공을 세우게 되며, 은혜로우면 사람 부리는 일이 쉬워진다."

Tzu Chang asked Confucius the meaning of Virtue, on which Confucious replied : "To be able everywhere one goes to carry five things into practice constitutes Virtue." On begging to know what they were, he was told : "They are respect, magnanimity, sincerity, earnestness, and kindness. With respect you will avoid insult, with magnanimity you will win all, with sincerity men will trust you, with earnestness you will have success, and with kindness you will be well fitted to command others."

7. 필힐이 공자를 초빙하자, 가려고 하셨다. 자로가 말했다. "예전에 스승님은 '스스로 선한 일을 하지 않는 무리와 군자는 함께 하지 않는다'고 하셨습니다. 필힐은 중모 땅에서 난을 일으켰습니다. 스승께서 그곳으로 가신다니 어찌된 일입니까?"

공자께서 말씀하셨다. "그렇다. 그리 말했구나. 갈아도 마모되지 않는 것을 견고한 것이라 하지 않겠느냐, 검게 물을 들여도 검어지지 않으면 흰 것이라고 하지 않겠느냐, 내가 어찌 조롱박이겠느냐? 매달려 있기만 하고 쓰이지 않을 수 있겠느냐?"

Pi Hsi sent a formal invitation and the Master was inclined to go. But Tzu Lu observed : "Once upon a time, I heard you say, Sir, 'With the man who is personally engaged in a wrongful enterprise, the man of honour declines to associate.' Pi Hsi is holding Chung-mou in revolt, what will it be like, Sir, your going there?" "True," said the Master, "I did use those words, but is it not said of the really hard, that you may grind it but it will not grind down ; and is it not said of the really white, that you may dye it but it will not turn black? Am I indeed a bitter gourd! Can I, like that, be hung up and not eaten!"

8. 공자께서 말씀하셨다. "유야, 여섯 가지 말에 여섯 가지 폐단이 있다는데 아느냐?" 자로가 대답했다. "들은 바가 없습니다."
공자께서 말씀하셨다. "앉거라, 내가 말해 주겠다. 인(仁)을 좋아하는데 배우지 않으면 그로 인해 어리석게 되는 것이다. 지혜를 좋아하지만 배우지 않으면 그로 인해 방자해지는 것이다. 신의를 좋아하지만 배우지 않으면, 그로 인해 남을 해치게 되는 것이다. 올곧게 행동하려 하지만 배우지 않으면 그로 인해 남의 탓을 하게 된다. 용맹을 좋아하지만 배우지 않으면 그로 인해 난을 일으키게 되는 것이다. 강직하려고 하지만 배우지 않으면 그로 인해 광분하게 되는 것이다."
The Master said : "Yu, have you ever heard of the six good words and the six things that obscure them?" "Never," was the reply.
"Sit down then, and I will tell you." "Love of kindness without a love to learn finds itself obscured by foolishness. Love of knowledge without a love to learn finds itself obscured by loose speculation.

Love of honesty without a love to learn finds itself obscured by harmful candour. Love of straightforwardness without a love to learn finds itself obscured by warped judgment. Love of daring without a love to learn finds itself obscured by insubordination And love for strength of character without a love to learn finds itself obscured by intractability."

9. 공자께서 말씀하셨다. "제자들아, 왜 시를 공부하지 않는 것이냐? 시는 흥을 불러일으키며, 사물을 관찰할 수 있으며, 함께 어울리게 하며, 세상을 풍자할 수 있다. 가까이는 어버이를 섬기고, 멀리는 임금을 섬기며, 새와 짐승과 풀과 나무의 이름도 많이 알게 해 준다."

The Master said : "My young disciples, why do you not study the Poets? Poetry is able to stimulate the mind, it can train to observation, it can encourage social intercourse, it can modify the vexations of life ; from it the student learns to fulfil his more immediate duty to his parents, and his remoter duty to his Prince ; and in it he may become widely acquainted with the names of birds and beasts, plants and trees."

10. 공자께서 백어에게 말씀하셨다. "너는 주남(周南)과

소남(召南)을 공부하느냐? 사람이 주남과 소남을 공부하지 않으면 그것은 마치 담벽을 마주하고 있는 것과 같은 것이다."

The Master said to his son Po Yu : "Have you done the Chou Nan and the Chao Nan? The man who does not do the Chou Nan and the Chao Nan is as if he stood with his face right up against a wall, eh?"

11. 공자께서 말씀하셨다. "예에 대해 이렇게 저렇게 말하는데, 그것이 옥과 비단을 말하는 것이겠느냐? 음악에 대해 이렇게 저렇게 말하는데, 그것이 종과 북을 말하는 것이겠느냐?"

The Master said : "Offerings! they say, Offerings! Can mere gems and silk be called offerings? Music! they say, Music! Can mere bells and drums be called music?"

12. 공자께서 말씀하셨다. "낯빛은 엄격해 보이나 속마음이 유약한 것을 소인에게 비유하면, 마치 벽을 뚫고 담을 뛰어넘는 도둑과 같은 것이다."

The Master said : "He who assumes a stern appearance while inwardly he is a weakling, can only be compared with the common herd ; indeed is he not like the thief who sneaks through or skulks over walls?"

13. 공자께서 말씀하셨다. "겉치레로 마을 일을 하는 자는 덕을 해치는 도적들이다."

The Master said : "Your honest countryman is the spoiler of morals."

14. 공자께서 말씀하셨다. "길에서 듣고 길바닥에서 말해 버리면 덕을 버리는 것이다."

The Master said : "To proclaim on the road what you hear on the way is virtue thrown away."

15. 공자께서 말씀하셨다. "비속한 사람과 함께 임금을 섬길 수 있겠느냐? 그런 사람들은 얻고자 하는 것을 얻지 못했을 때 근심할 뿐이며, 이미 얻고 나면 잃을까를 근심할 뿐이다. 만일 잃게 되는 우환이 생기면 못할 짓이 없을 것이다."

"These servile fellows!" said the Master. "How is it possible to serve one's Prince along with them? Before obtaining their position they are in anxiety to get it, and when they have got it they are in anxiety lest they lose it; and if men are in anxiety about losing their position there is no length to which they will not go."

16. 공자께서 말씀하셨다. "예전에는 백성들 사이에 세 가지의

폐단이 있었는데, 지금은 아마 사라진 듯하다. 예전에는 큰 뜻을 품었으면 작은 일을 소홀히 했는데, 지금은 큰 뜻을 품은 사람이 허랑방탕하다. 예전에는 긍지가 높으면 청렴했으나, 지금은 긍지가 높으면 화를 잘 내며 다투기만 한다. 예전에는 어리석기는 했어도 우직하였으나, 지금은 어리석은 사람들이 남을 속이기만 할 뿐이다."

"In olden times," said the Master, "the people had three faults, which now-a-days perhaps no longer exist. High spirit in olden times meant liberty in detail, the high spirit of to-day means utter looseness. Dignity of old meant reserve, dignity to-day means resentment and offence. Simple-mindedness of old meant straightforwardness, simple-mindedness to day is nothing but a mask for cunning.

17. 공자께서 말씀하셨다. "말을 교묘하게 하고 얼굴빛을 곱게 꾸미면서 인(仁)한 경우는 드물다."

The Master said : "Artful address and an insinuating demean our seldom accompany Virtue."

18. 공자께서 말씀하셨다. "붉은색보다 자주색을 많이 사용하는 것은 나쁜 일이며, 정나라 음악이 아악을 변질시키는 것은 나쁜 일이며, 사악한 말재주로 나라를 망치게 하는 것은 나쁜 일이다."

The Master said : "I hate the way in which purple robs red of its lustre ; I hate the way the airs of Cheng pervert correct music ; and I hate the way in which sharp tongues overthrow both states and families."

19. 공자께서 말씀하셨다. "이제 그만 말을 하지 않으련다."
자공이 말했다. "스승님께서 말씀을 하지 않으시면, 저희들은 무엇을 따르고 전할 수 있겠습니까?"
공자께서 말씀하셨다. "하늘이 무슨 말을 한 적이 있었느냐? 사시사철은 돌고 돌며, 만물은 생겨났다 사라지는데, 하늘이 무슨 말을 하더냐?"

"I wish I could do without speaking." said the Master. "If you did not speak, Sir," said Tzu Kung, "what should we disciples pass on to others?"

"What speech has Heaven?" replied the Master. "The four seasons run their courses and all things flourish, yet what speech has Heaven?"

20. 유비가 공자를 만나려 했으나, 공자는 아프다며 거절했다. 말을 전하러 온 사람이 돌아서자, 거문고를 타면서 노래를 불러 그가 들을 수 있도록 했다.

234

Ju Pei wished to see Confucius, who excused himself on the ground of sickness, but when his messenger had gone out at the door, he took up his harpsichord and began to sing, so that Ju Pei might hear it.

21. 재아가 물었다. "3년상은 너무 길다고 생각됩니다. 군자가 3년 동안 예를 행하지 않으면 반드시 예가 사라질 것이며, 3년 동안 악을 연주하지 않으면 악은 반드시 변질될 것입니다. 묵은 곡식을 다 먹으면 새 곡식을 수확하고, 불씨를 얻은 나무도 다시 처음의 나무로 돌아오니, 1년이면 될 것입니다."

공자께서 말씀하셨다. "그 때 쌀밥을 먹고 비단옷을 입으면 너는 마음이 편안하겠느냐?"

재아가 대답했다. "편안합니다."

공자께서 말씀하셨다. "너의 마음이 편안하며 그렇게 해도 된다. 대체로 군자란 상을 치를 때는, 맛있는 것을 먹어도 맛이 없고, 음악을 들어도 즐겁지 않으며, 집안에 있으면 마음이 편하지 않기 때문이다. 지금 너의 마음이 편하다면 그렇게 해도 된다."

재아가 돌아갔다.

공자께서 말씀하셨다. "여(재아)는 인(仁)에 이르지 못했다. 자식이 세상에 태어나면 3년이 되어야 겨우 부모의 품에서 벗어난다. 대체로 3년상은 천하의 일반적이 상례이다. 여도 부모에게서

3년간의 보살핌을 받지 않았겠느냐!"

Tsai Wo asking about the three years' mourning suggested that one year was long enough. "If," said he, "a well-bred man be three years without exercising his manners, his manners will certainly degenerate, and if for three years he make no use of music, his music will certainly go to ruin. (In a year), the last year's grain is finished and the new grain has been garnered, the seasonal friction sticks have made their varying fires, a year would be enough."

"Would you, then, feel at ease in eating good rice and wearing fine clothes?" asked the Master.

"I should," was the reply.

"If you would feel at ease, then do so but a well-bred man, when mourning, does not relish good food when he eats it, does not enjoy music when he hears it, and does not feel at ease when in a comfortable dwelling ; therefore he avoids those things. But now you would feel at ease, so go and do them."

When Tsai had gone out, the Master said : "The unfeelingness of Tsai Yu! Only when a child is three years old does it leave its parents' arms, and the three years' mourning is the universal mourning every where. And Yu, was not he the object of his parents' affection for three years!"

22. 공자께서 말씀하셨다. "배부르게 먹고 나서 하루 종일 마음을 써야할 곳이 없다면 난감한 일이다. 장기나 바둑이라도 하는 사람이 있다면 아무것도 하지 않는 것보다는 낫다."

The Master said : "How hard is the case of the man who stuffs himself with food the livelong day, never applying his mind to anything! Are there no checker or chess players? Even to do that is surely better than nothing at all."

23. 자로가 물었다. "군자란 용맹을 소중하게 여겨야 하는 것입니까?" 공자께서 말씀하셨다. "군자는 의를 가장 최고로 여긴다. 군자가 용감하지만 의가 없으면 난을 일으키고, 소인이 용감하지만 의가 없으면 도적이 된다."

Tzu Lu once asked : "Does a man of the superior class hold courage in estimation?" "Men of the superior class," said the Master, "deem rectitude the highest thing. It is men of the superior class, with courage but without rectitude, who rebel. It is men of the lower order, with courage but without rectitude, who become robbers."

24. 자공이 물었다. "군자도 싫어하는 것이 있습니까?"
공자께서 말씀하셨다. "싫어하는 것이 있다. 남의 단점을 말하는 것을 싫어하고, 아랫사람이 윗사람을 헐뜯는 것을 싫어하며, 용맹하지만 예를 모르는 것은 싫어하고, 용기가 있으나 융통성이 없는 것은 싫어한다."

공자께서 물으셨다. "사야, 너는 싫어하는 것이 무엇이냐?"

자공이 대답했다. "남의 것을 훔쳐서 아는 체하는 것을 싫어하며, 무례한 것을 용맹한 것으로 여기는 것을 싫어하며, 남의 단점을 비방하면서 정직한 체 하는 것을 싫어합니다."

"Do men of the superior order detest others?" asked Tzu Kung. "They do detest others," answered the Master." "They detest men who divulge other people's misdeeds. They detest those low class people who slander their superiors. They detest the bold and mannerless. They detest the persistently forward who are yet obtuse."

"And have you, Tzu, those whom you detest?" he asked. "I detest those who count prying out information as wisdom. I detest those who count absence of modesty as courage. I detest those who count denouncing a man's private affairs as straightforwardness."

25. 공자께서 말씀하셨다. "여자와 소인을 다루기는 어려운 일이다. 가까이하면 불손해지고, 멀리하면 원망을 한다."

The Master said : "Of all people, maids and servants are hardest to keep in your house. If you are friendly with them they lose their deference ; if you are reserved with them they resent it."

26. 공자께서 말씀하셨다. "나이 40이 되어서도 다른 사람이 싫어한다면, 기대할 것이 없다."

The Master said : "If a man reach forty and yet be disliked by his fellows, he will be so to the end."

제18편 미자

1. 미자는 떠나 버렸으며, 기자는 종이 되었으며, 비간은 간언을 했다가 죽게 되었다. 공자께서 말씀하셨다. "은나라에는 세 명의 인자(仁者)가 있었다."

The viscount of Wei withdrew from serving the tyrant Chou ; the viscount of Chi became his slave ; Pi Kan remonstrated with him and suffered death. The Master said : "The Yin had three men of Virtue."

2. 유하혜가 사사(士師)가 되었으나 세 번을 쫓겨났다. 사람들이 그에게 물었다. "아직도 떠나지 않았는가?" 그가 말했다. "올바른 도로 사람을 섬긴다면 어느 곳에서든 세 번은 쫓겨날 것입니다. 올바르지 않은 도로 사람을 섬긴다면 굳이 부모의 나라를 떠날 필요가 있겠습니까?"

240

Hui of Liu-hsia filled the office of Chief Criminal Judge, but had been repeatedly dismissed, and people said to him, "Is it not time, sir, for you to be going elsewhere?" "If I do honest public service," said he, "where shall I go and not be often dismissed? And if I am willing to do dishonest public service, what need is there for me to leave the land of my parents?"

3. 제나라의 경공이 공자를 어떻게 대우해야 할지에 대해 말했다. "계씨처럼 대우할 수는 없을 것이나, 계씨와 맹씨의 중간 정도로는 대우해야 할 것이다."

그러나 다시 말했다. "내가 너무 늙어서 공자를 기용할 수가 없구나."

공자께서는 제나라를 떠나셨다.

Duke Ching of Chi speaking of how he should receive Confucius said : "I cannot receive him on an equality with the Chief of the Chi house ; I will receive him in a style between the lords of Chi and Meng." "But," he resumed, "I am old, and cannot make use of him." Confucius departed.

4. 제나라에서 여자 무희들을 노나라에 보냈다.

계환자가 이들과 함께 가무를 즐기며 사흘이나 조회를 열지 않았다. 그후 공자께서는 노나라를 떠나셨다.

The men of Chi sent to Lu a present of a troupe of female musicians, whom Chi Huan Tzu accepted, and for three days no Court was held, whereupon Confucius took his departure.

5. 초나라의 미치광이 접여가 노래를 부르며 공자의 수레 곁을 지나갔다. "봉황이여! 봉황이여! 어찌 그렇게 덕이 쇠하였느냐? 지난 일을 지적할 수는 없겠으나, 앞으로의 일은 가히 따를 수 있을 것이다. 그만하게, 그만하게! 지금 정치하는 이들은 위태로울 뿐이네."

공자께서 수레에서 내려 그에게 말을 건네려고 했으나, 빠른 걸음으로 피하여 이야기하지 못했다.

Chieh Yu, an eccentric man of Chu, one day came singing past Confucius (carriage), saying. "Oh, Phoenix! Oh, Phoenix! What a fall is here! As to the past reproof is useless, but the future may still be overtaken. Desist! Desist! Great is the peril of those who now fill office." Confucius alighted, desiring to speak to him, but he hurriedly avoided the Sage, so he got no chance of a talk with him.

6. 장저와 걸익이 나란히 밭을 갈고 있었다. 공자께서 그곳을 지나치면서 자로에게 나루터를 묻게 했다.

장저가 말했다. "저 수레에서 말고삐를 쥐고 있는 사람이 누구인가?"

자로가 답했다. "공구입니다."

"아, 노나라의 그 공구인가?"

"네, 그렇습니다."

"그렇다면 나루터가 어디인지 알게 아닌가?"

다시 걸익에게 묻자 걸익이 말했다. "선생은 누구시오?"

자로가 답했다. "중유(자로)라고 합니다."

"아, 노나라 사람, 그 공구의 제자인가?"

"네, 그렇습니다."

"강물이 도도하게 흘러가듯 천하도 그리 흘러가는데, 누가 그것을 바꿀 수 있겠는가? 또한 당신도 사람들이 피해 다니는 사(士)를 따르느니, 세상을 피해 사는 사(士)들을 따르는 것이 낫지 않겠는가?"

말하면서도 경작하는 일을 계속하며 멈추지 않았다. 자로는 돌아가서 말을 전했다.

공자께서 슬픈 듯이 말씀하셨다. "새와 짐승과 어울려 살 수는 없는 것이다. 내가 이 세상 사람들과 더불어 살지 않으면 누구와 함께 하겠느냐? 천하에 도가 행해지고 있다면, 내가 굳이 바꾸려 하겠느냐!"

Chang Chu and Chieh Ni were cultivating their land together, when

Confucius was passing that way, so he sent Tzu Lu to enquire for the ford.

"And who is that holding the reins in the carriage?" asked Chang Chu. "It is Kung Chiu." replied Tzu Lu. "Is it Kung Chiu of Lu?" he asked. "It is," was the reply. "Then he knows the ford," said he. Tzu Lu then questioned Chieh Ni.

"Who are you, sir?" asked Chieh Ni. "I am Chung Yu," was the answer. "Are you a disciple of Kung Chiu of Lu?" "Yes." replied he. "All the world is rushing head long like a swelling torrent and who will help you to remedy it?" he asked. "As for you, instead of following a leader who flees from one after another, had you not better follow those who flee the world entirely?"

With this he fell to raking in his seed without a pause. Tzu Lu went off and reported to his Master what they said, who remarked with surprise : "I cannot herd with birds and beasts, and if I may not associate with mankind, with whom am I to associate? Did right rule prevail in the world, I should not be taking part in reforming it."

7. 자로가 공자 뒤를 따르다가 뒤처졌는데 지팡이에 삼태기를 걸어 메고 가는 노인을 만나게 된 자로가 물었다. "어르신, 혹시 저의 스승님을 보지 못했습니까?"

노인이 말했다. "팔다리도 거의 쓰지도 않고, 오곡도 구별하지 못하는 사람이 스승이란 말이오?"

그는 지팡이를 꽂아 세우고 김을 매기 시작했다. 자로는 두 손을 공손하게 모으고 서서 기다렸다. 노인은 자로를 붙잡아 집에 머물게 하고, 닭을 잡고 밥을 지어 먹이고, 자신의 두 아들을 인사하게 했다. 다음날 자로가 그 일을 말씀드렸다.

공자께서 말씀하셨다. "세상을 피해 은둔한 사람일 것이다."

공자는 다음날 자로를 보내어 그를 만나보게 했다. 자로가 그곳에 이르니 그 사람은 이미 떠나버렸다.

자로가 그의 자식들에게 말했다. "관직을 거부하는 것은 의로운 일이 아니다. 장유(長幼)의 예를 없앨 수 없듯이, 임금과 신하의 예를 어떻게 저버릴 수 있는가? 자신만 깨끗하고 나라의 윤리를 어지럽힐 뿐이다. 군자가 관직에 봉사하는 것은 그와 같은 도의를 행하는 것이다. 지금 도가 행해지지 않음은 이미 알고 있지 않은가!"

Once when Tzu Lu was following the Master on a journey he happened to fall behind.

Meeting an old man carrying a basket on his staff, Tzu Lu asked him, "Have you seen my Master, sir?"

"You," said the old man, "whose four limbs know not toil, and who cannot distinguish the five grains, who may your Master be?" With that he planted his staff in the ground and commenced weeding. Tzu Lu joined his hands together in salutation and stood waiting. The old man kept Tzu Lu for the night, killed a fowl, prepared millet, and gave him to eat, introducing also his two sons.

Next morning Tzu Lu went his way and reported his adventure ; "He is a recluse," said the Master, and sent Tzu Lu back again to see him, but on his arrival the old man had gone.

Whereupon Tzu Lu said to the sons : "It is not right to refuse to serve one's country. If the regulations between old and young in family life may not be set aside, how is it that he sets aside the duty that exists between a Prince and his ministers? In his desire to maintain his own personal purity, he subverts one of the main principles of society. A wise man in whatever office he occupies, fulfils its proper duties, even though he is well aware that right principles have ceased to make progress."

8. 세상을 피해 숨어 사는 인재로는, 백이와 숙제, 우중과 이일, 주장, 유하혜, 소련있다. 공자께서 말씀하셨다. "자신의 뜻을 굽히지 않고, 스스로를 욕되게 하지 않은 사람은 백이와 숙제다. 유하혜와 소련은, 뜻을 굽히고 스스로를 욕되게 하였으나, 이치에 맞는 말을 하며 행실은 분별하여 행하였다. 우중과 이일은, 은거하여 말을

하지 않았으나, 몸가짐이 청렴했으며 스스로 세상을 버린 것은 시의적절했다. 나는 그들과 달라서, 반드시 그래야 하는 것도 없고, 그래서는 안 된다는 것도 없다."

The men noted for withdrawal into private life were Po I, Shu Chi, Yu Chung, Il, Chu Chang, Hui of Liuhsia, and Shao Lien. The Master observed : "Those of them who would neither abate their high purpose, nor abase themselves, it seems to me were Po I and Shu Chi. Concerning Hui of Liu-hsia and Shao Lien, while they abated their high purpose and abased themselves, what they said made for social order, and what they did hit off what men were anxious about, and that is all. Concerning Yu Chung and Il, though in their seclusion they were immoderate in their utterances, yet they sustained their personal purity, and their self-immolation had weighty cause. "But I am different from these. With me these is no inflexible 'thou shalt' or 'thou shalt not.' "

9. 태사 지는 제나라로 가고, 아반 간은 초나라로 가고, 삼반 요는 채나라로 가고, 사반 결은 진나라로 가고, 북치는 사람 방숙은 황하로 돌아가고, 작은북을 흔들던 무는 한수로 가고, 소사 양과 경쇠를 치던 양은 바다로 갔다.

The Bandmaster Chih migrated to Chi ; Kan, the band leader at the second repast, migrated to Chu ; Liao of the third repast to Tsai ; while Chueh of the fourth repast migrated to Chin ; The big drummer Fang Shu penetrated to (the north of) the River ; the kettle drummer Wu penetrated to the river Han ; while Yang the assistant master, and Hsiang the player on the stone chime penetrated to (an island in) the sea.

10. 주공이 노공에게 말했다. "군자는 자신의 부모형제를 버리지 않아야 하며, 대신들로 하여금 등용해 주지 않는다고 원망하지 않게 해야 하며, 오랜 친구를 특별한 이유 없이 버리지 않아야 하며, 한 사람에게 모든 능력을 요구하지 않아야 한다."
The Duke of Chou addressing (his son), the Duke of Lu, said : "The wise prince does not neglect his relatives ; nor does he cause his chief ministers to be discontented at his not employing then ; he does not dismiss old servants from office without some grave cause for it; nor does he expect one man to be capable of everything."

11. 주나라에 여덟 선비가 있었으니 백달, 백괄, 중돌, 중흘, 숙야, 숙하, 계수, 계와가 그들이다.
It is Chou that has possessed the eight valiant men, Po Ta, Po Kua, Chung Tu, Chung Hu, Shu Yeh, Shu Hsia, Chi Sui and Chi Wa.

248

제19편 자장

1. 자장이 말했다. "사(士)는 나라가 위급할 때는 목숨을 바치고, 이익을 얻는 일에서는 의로운지를 생각해야 하며, 제례를 공경해야 하며, 상을 당해서는 슬픔을 생각한다. 이 정도면 사(士)라 할 만한다."

Tzu Chang said : "A servant of the State, who in the presence of danger offers his life, whose first thought in presence of personal gain is whether it be right, whose first thought in sacrifice is reverence, and whose first thought in mourning is grief, he commands approval."

2. 자장이 말했다. "덕이 있는데 넓지 않으며, 도(道)를 지키면서 돈독하지 않으면, 그런 사람은 있다고 할 수 있는가, 없다고 할 수 있는가."

Tzu Chang said : "If a man possess virtue without its enlarging him, if he believe in Truth but without stead fastness, how can you tell whether he has these things or not?"

3. 자하의 제자들이 자장에게 사람을 대하는 법에 대해 물었다. 자장이 물었다. "자하께서는 어떻게 말하셨나?"
그들이 대답했다. "자하께서는 '좋은 사람은 더불어 사귀고, 좋지 않은 사람은 피하라'고 하셨습니다."
자장이 말했다. "내가 들은 것과는 다르구나. 군자라면 현자를 존경하지만, 그렇지 않은 사람들도 포용하며, 선인(善人)은 칭찬하되 능력이 없는 사람도 긍휼히 여긴다. 내가 현명하면 어찌 백성들이 포용하지 않겠느냐? 내가 만일 현명하지 못하면 남들이 나를 거부할 텐데, 어찌 남을 거부할 수 있겠느냐."
The disciples of Tzu Hsia asked Tzu Chang concerning friendship. "What does Tzu Hsia say?" he enquired. "Tzu Hsia says," they replied, "If a man be suitable associate with him, if he be unsuitable turn him away." "This is different from what I have been taught," said Tzu Chang. "A wise man honours the worthy and tolerates all ; he commends the good and commiserates the incompetent. Am I a man of exceptional worth? Then whom among men may I not tolerate? Am I not a man of worth? Then others would be turning

me away. Why should there be this turning of others away?"

4. 자하가 말했다. "비록 작은 도(道)는 가히 볼 만은 하겠지만, 원대한 일에는 장애가 될지도 모르니, 군자라면 그런 것은 배우지 않는 것이다."
Tzu Hsia said : "Even the inferior arts have certainly their attraction, but to go far into them involves a risk of their becoming a hindrance to progress, so the wise man lets them alone."

5. 자하가 말했다. "날마다 알지 못했던 것을 알게 되고, 달마다 자신이 알고 있는 것을 잊지 않으면, 배우는 것을 좋아한다고 할 수 있다."
Tzu Hsia said : "He who day by day finds out where he is deficient, and who month by month never forgets that in which he has become proficient, may truly be called a lover of learning."

6. 자하가 말했다. "학문을 넓혀서 의지를 돈독하게 하여, 절실한 것이 무엇인지를 찾고, 가까운 곳부터 생각한다면 인(仁)은 그 가운데 있다."
Tzu Hsia said : "Broad culture and a steady will, earnest investigation and personal reflection, Virtue is to be found therein."

7. 자하가 말했다. "수많은 장인들은 일터에서 자신들의 일을 완성하고, 군자는 배움으로써 그들의 도를 이룬다."

Tzu Hsia said : "As the various craftsmen dwell in their workshops that they may do their work effectively, so the Wise man applies himself to study that he may carry his wisdom to perfection."

8. 자하가 말했다. "소인은 잘못을 저지르면 반드시 핑계거리를 만든다."

Tzu Hsia said : "The inferior man always embellishes his mistakes."

9. 자하가 말했다. "군자에게는 세 가지의 다른 모습이 있는 법이다. 멀리서 바라보았을 때는 위엄이 있고, 가까이에서는 온화하게 보이며, 말하는 것을 들으면 매끄럽다."

Tzu Hsia said : The wise man varies from three aspects, Seen from a distance he appears stern, when approached he proves gracious, as you listen to him you find him decided in opinion."

10. 자하가 말했다. "군자는 백성들로부터 신뢰를 얻은 다음에 그들을 부려야 한다. 신뢰를 얻지 못하면, 백성들은 자기들을 괴롭힌다고 생각한다. 군자는 윗사람으로부터 신뢰를 받는다고

생각할 때 간언을 해야 할 것이다. 신뢰가 없을 때는 자신을 비판하는 것으로 생각한다.”

Tzu Hsia said : "The wise man obtains the people's confidence before imposing burdens on them, for without confidence they will think themselves oppressed. He also obtains the confidence (of his Prince) before pointing out his errors, for before obtaining such confidence (his Prince) would deem himself aspersed."

11. 자하가 말했다. "큰 덕은 한계가 없는 것이며, 작은 덕은 더할 때도 있고, 못할 때도 있다.”

Tzu Hsia said : "He who does not overstep the threshold in the major virtues, may have liberty of egress and ingress in the minor ones."

12. 자유가 말했다. "자하의 제자들은 물을 뿌려서 청소하고, 손님을 응대하고, 나아가고 물러나는 예는 가히 잘하지만, 그런 일은 곁가지일 뿐이다. 정작 근원적인 것은 아무것도 못하고 있으니 어찌해야 하는가?”

자하가 그 말을 듣고 말했다. "아! 언유(자유)의 말은 지나치다. 군자의 도에서 어느 것을 먼저 숙달하고, 어느 것을 뒤로 미루겠는가? 초목에 비유하자면 종류에 따라 구별하는 것과 같은 것이다. 군자의 도에서 소홀히 할 수 있는 것은 없다. 처음과 끝을

다 갖추고 있는 것은 오직 성인(聖人)일 뿐이다!"

Tzu Yu remarked : "Tzu Hsia s disciples and scholars in sprinkling and sweeping floors, in answering calls and replying to questions, and in advancing and retiring are all right, but these are only the minor branches of education ; what is their use when radical principles are absent?"

When Tzu Hsia heard of it he said : "Ah! Yen Yu is indeed astray. What is there in the wise man's teaching that is of first importance for propagation, and what is there that is secondary and may be neglected? Disciples are just like the various species of plants, which are classified so as to distinguish them. For can the wise man allow his teaching to befool his disciples? Moreover does any one but a Sage embrace in himself the whole beginning and end of learning?"

13. 자하가 말했다. "관직에 있으면서 여유가 있으면 공부를 하고, 공부를 하면서 여유가 있으면 관직에 나간다."

Tzu Hsia said : "The occupant of office when his duties are finished should betake himself to study; and the student when his studies are finished should betake himself to office.

14. 자유가 말했다. "상을 당했을 때는 슬퍼하기만 해야 한다."

Tzu Yu observed : "In mourning let grief suffice as its highest expression."

15. 자유가 말했다. "나의 친구 자장은 어려운 일을 잘 해결하지만, 그렇다고 인(仁)에 이르렀다고 할 수는 없다."
Tzu Yu remarked : "My friend Chang does things hardly possible to others, but he is not yet perfect in Virtue."

16. 증자가 말했다. "자장은 당당하다! 그러나 더불어 인(仁)을 행하기는 어렵다."
Tseng Tzu said : "What a stately manner Chang puts on! It must be hard to live the perfect life along–side him."

17. 증자가 말했다. "스승님께서 내게, '사람이 스스로 다할 수는 없지만, 부모의 상을 당했을 때는 스스로 있는 힘을 다해야 한다'고 말씀하셨다."
Tseng Tzu said : "I have heard the Master say : "Though a man may never before have shown what was in him, surely he will do so when he mourns his parents."

18. 증자가 말했다. "스승님께서 내게, '맹장자의 효행 중에서 다른

것은 남들도 다 할 수 있는 일이었으나, 아버지의 신하와 정책을 바꾸지 않은 것은 아무나 할 수 있는 일이 아니었다'고 하셨다."

Tseng Tsu said : "I have heard the Master observe that the filial piety of Meng Chuang Tzu might in other particulars be possible to other men, but his unaltered maintenance of his father's servants, and of his father's administration, these they would hardly find possible."

19. 맹씨가 양부를 사사로 삼았다. 증자에게 무엇을 해야 하는지 묻자 증자가 말했다. "지위가 높은 사람들이 도를 따르지 않아 백성들이 흩어진 지 오래되었다. 여러 사정들을 밝혀내게 되어도 가엾게 여기면서 도와야지 기뻐할 일이 아니다."

When the Chief of the Meng family appointed Yang Fu as chief criminal judge, the latter came to ask advice of Tseng Tsu who replied : "The rulers have lost their principles, and for long the people have been disorganized, hence, when you discover evidence against a man, be grieved for and commiserate him and take no pleasure in your discovery."

20. 자공이 말했다. "주왕이 잘못한 일들이 그렇게 심각한 것은 아니었다. 그래서 군자는 낮은 곳에서 머물게 될까봐 조심하는 것이다. 천하의 악이 모두 그의 탓이 되기 때문이다."

Tzu Kung said : "Even the iniquity of Chou was not as extreme as is stated. That is why the wise man abhors to dwell in the swamp, where all the evil of the world flows in."

21. 자공이 말했다. "군자의 잘못은 일식이나 월식과 같다. 허물이 있을 때는 누구든지 그것을 알게 되고, 허물을 고치면 모두가 그를 우러러보게 된다."

Tzu Kung said : "The transgressions of the Wise man are like eclipses of the sun or moon. When he transgresses all men look at him. When he recovers all men look up to him."

22. 위나라의 공손조가 자공에게 묻기를, 중니(공자)는 누구에게서 학문을 배운 것입니까?"

자공이 말했다. "문왕과 무왕의 도가 아직 땅에 떨어지지 않았으며 사람들에게 남아 있습니다. 현명한 자는 그 중에서 커다란 도를 배우고, 조금 덜 현명한 사람은 그 중에서 작은 도를 배우고 있으니, 문왕과 무왕의 도가 없는 곳이 없다. 스승님께서 어디에선들 배우지 않았겠습니까. 그러니 딱히 스승이 있지는 않았지요."

Kung-sun Chao of Wei once enquired of Tzu Kung : "From whom did Chung Ni get his learning?" "The doctrines of Wen and Wu have never yet fallen to the ground," replied Tzu Kung, "but have remained amongst men. Gifted men have kept in mind their nobler principles, while others not so gifted have kept in mind the minor, so that nowhere have the doctrines of Wen Wu been absent. From whom then, could our Master not learn? And, moreover, what need was there for him to have a regular teacher?"

23. 숙손무숙이 조정에서 대부에게 말했다. "자공이 중니(공자)보다 현명하다."

자복경백이 이 말을 자공에게 고했다.

자공이 말했다. "궁실의 담장과 비교해서 말하자면, 우리 집의 담장은 어깨 높이만 하여 집안의 좋은 것을 들여다 볼 수 있지만, 스승님의 담은 한참 높아서 그 문을 찾아 들어가지 못하면 그 안에 있는 훌륭한 종묘와 여러 가지 것들을 볼 수가 없습니다. 그 문을 찾아낼 수 있는 사람은 거의 없을 것입니다. 그러니 그(숙손무숙)가 그렇게 말한 것입니다."

Shu-sun Wushu talking to the high officers at Court, remarked : "Tzu Kung is a superior man to Chung Ni." Tzu-fu ching-potook and told this to Tzu Kung, who replied : "One might illustrate the position with the boundary wall of a building. As to my wall, it only reaches to the shoulder, and with a peep you may see whatever is of value in the house and home. The Master's wall rises fathoms high, and unless you find the gate and go inside, you cannot see the beauties of the temple and the richness of its host of officers. But those who find the gate perhaps are few, indeed does not His Honour's remark confirm this view?"

24. 숙손무숙이 공자에 대해 험담을 하자 자공이 말했다. "쓸데없는 일이다. 누구도 중니를 폄훼할 수는 없다. 다른 사람의 현명함은 언덕과 같아서 넘어설 수 있을 테지만, 중니는 해와 달과 같으니 넘어설 수가 없다. 사람들이 스스로 끊어내려고 한들, 해와 달을 다치게 할 수는 없는 것이다. 그저 자신의 분수를 알지 못한다는 것을 드러낼 뿐이다."

Shu-sun Wu-shu having spoken disparagingly of Chung Ni, Tzu Kung observed : "There is no use in doing that, for Chung Ni cannot be disparaged. The excellences of others are mounds and hillocks, which may nevertheless be climbed over, but Chung Ni! he is the sun, the moon, which there is no way of climbing over, and though a man may desire to cut himself off from them, what harm does he do to the sun or moon? He only shows that he has no idea of proportion."

25. 진자금이 자공에게 말했다. "그대는 정말 겸손하군요. 중니가 어찌 그대보다 더 현명하다는 말인가요?"

자공이 말했다. "군자는 한 마디의 말로 지혜로운 사람이 될 수 있으며, 한 마디의 말로 지혜롭지 않은 사람이 되므로, 말은 신중해야 합니다. 스승님을 따라갈 수 없는 것은 마치 사다리를 밟고도 하늘로 올라갈 수 없는 것과 같은 이치입니다. 스승님께서 나라를 다스리게 되면, 백성들을 올바르게 세우게 되고, 이끌게 되면 따르게 될 것이며, 평안하게 해주면 모여들고, 부역에 동원해도 순조롭게 될 것입니다. 스승님께서는 살아서는 명예를 누리시고, 돌아가시면 모두 애통해 할 것입니다. 어찌 그분에게 미칠 수 있겠습니까?"

Chen Tzu Chin once said to Tzu Kung : "You are too modest, Sir. How can Chung Ni be considered superior to you?" "An educated man," replied Tzu Kung, "for a single expression is often deemed wise, and for a single expression is often deemed foolish, hence one should not be heedless in what one says. The impossibility of equalling our Master is like the impossibility of scaling a ladder and ascending to the skies. Were our Master to obtain control of a country, then, as has been said, 'He raises his people and they stand ; he leads them, and they follow ; he gives them tranquility and (multitudes) resort to him ; he brings his influence to bear on them

and they live in harmony ; his life is glorious and his death bewailed.'
how is it possible for him to be equalled!"

제20편 요왈

1. 요임금이 말했다. "아, 순이여! 하늘의 뜻이 그대에게 내려졌으니, 진실로 중용의 도를 지켜야 할 것이다. 천하가 곤궁해지면 하늘이 내려주신 천자의 자리일지라도 끝이 나는 것이다." 순임금도 이 명을 우에게 전했다.

탕 왕이 말했다. "미천한 제가 감히 검은 황소를 제물로 올리며, 위대하고 위대하신 하늘에 감히 말씀드립니다. 죄는 결코 용서하지 않겠으며, 하늘의 신하를 은폐할 수 없으니 모든 일은 하늘의 뜻에 달려 있습니다. 만일 나에게 죄가 있다면 세상 백성들 때문이 아니지만, 백성들이 죄를 짓게 되면 그것은 나의 죄입니다."

주나라에 큰 은혜가 내려져 인(仁)한 사람들이 부유해졌다.

"비록 왕실과 가까운 친척이 많이 있다 해도 인(仁)한 사람이 있는 것만은 못한 것이다. 만일 백성에게 허물이 있다면 모두 나의 죄이다."

도량형을 통일하고, 법치를 바로잡고, 없어진 관직을 다시 정비하니 사방의 정치가 잘 시행되었다. 멸망한 나라를 다시 일으켜 세우고, 세대를 다시 이어가고, 숨은 인재를 등용하니 천하의 민심이 다시 (주나라로) 돌아왔다. 가장 중시한 것은 백성, 식량, 상례와 제례이다.

관대하면 많은 사람들을 얻게 되고, 신의가 있으며 백성이 믿고 따르며, 민첩하면 공을 세울 것이며, 공평하면 모두 기뻐할 것이다.

Yao said : "Oh! thou, Shun. The celestial lineage rests in thy person Faithfully hold to the golden mean. Should the land be lean, Heaven's bounties forever end." And Shun in like terms charged Yu.

(Tang) said : "I thy child Li, Dare to use a black ox, And dare to clearly state to Thee, Oh! Most August and Sovereign God, That the sinner 1 dare not spare, Nor keep Thy ministers, Oh God, in obscurity, As Thy heart, Oh God, discerns. If I have sinned, Let it not concern the country; If my country has sinned, Let the sin rest on me."

(Wu of) Chou conferred great largeness, the good being enriched. "Although," said he, "(the tyrant Chou) had his (host of princes) closely related (to the throne), they compared not with my men of Virtue ; and it is upon me that the grievances of the people fell."
He paid careful attention to the weights and measures, revised the laws and regulations, restored the disused offices, and universal government prevailed. He re-established States that had been extinguished, restored the lines of broken succession, called to office men who had exiled themselves, and all the people gave him their hearts. What he laid stress on were the people's food, mourning for the dead, and sacrifices.

By his magnanimity he won all, by his good faith he gained the people s confidence, by his diligence he achieved his ends, and by his justice all were gratified.

2. 자장이 공자께 물었다. "어떻게 해야 정치를 할 수 있을까요?"
공자께서 말씀하셨다. "다섯 가지 미덕을 귀하게 생각하고, 네 가지 악덕을 멀리 하면 정치를 할 수 있다."

자장이 물었다. "다섯 가지 미덕이 무엇입니까?"

공자께서 말씀하셨다. "군자는 은혜를 베풀되, 허비하지 않아야 하며, 노역을 시키되 원망을 듣지 않아야 하며, 얻고자 하면서도 지나치게 욕심내지 않으며, 너그러우면서 교만하지 않으며, 위엄이 있으면서도 난폭하지 않은 것이다."

자장이 물었다. "은혜를 베풀되, 허비하지 않아야 한다는 것이 무엇입니까?"

공자께서 말씀하셨다. "이롭게 되는 것으로 백성들을 이롭게 하며, 은혜를 베풀면서 허비하지 않는 것이다! 노역을 할 수 있는 사람을 가려서 하면 누가 원망을 하겠느냐? 인을 위해 인을 실천에 옮기면 탐욕스럽다고 하겠느냐, 군자는 백성들이 재물이 많든 적든, 큰일이든 작은 일이든 소홀함이 없으면, 너그러우며 교만하지 않은 것 아니겠느냐! 군자가 의관을 바로하고 공경하는 시선으로 백성을 대하면, 그 엄숙한 자태에 외경심을 가지게 되니, 이것이 위엄이 있으면서 난폭하지 않은 것 아니겠느냐!"

자장이 물었다. "네 가지 악덕이 무엇입니까?"

공자께서 말씀하셨다. "백성을 교화하지도 않고 잘못했다고 죽이는 것은 잔학한 것이며, 미리 주의를 주어 명령하지 않고 기일을 재촉하는 것은 도적과 같으며, 평등하게 나누지 않고 인색하게 나누어 주는 것은 아전들이나 하는 짓이다."

Tzu Chang enquired of Confucius saying, "How should a man act in order to the proper administration of government?" The Master replied : "Let him honour the five good and get rid of the four bad rules, then he will be a worthy administrator."

"What is meant by the five good rules?" asked Tzu Chang.

"That the Ruler," replied the Master, "be beneficent without expending the public revenue, that he exact service without arousing dissatisfaction, that his desires never degenerate to greed, that he be dignified but without disdain, and that he be commanding but not domineering."

"What is meant by beneficence without expenditure?"asked Tzu Chang.

The Master replied : "To benefit the people by the development of their natural resources ; is not this a public benefaction without expense to the revenue? If he select suitable works to exact from them – who then will be dissatisfied? If his desires are for the good of others, and he secure it, how can he be greedy? The wise ruler without considering whether the persons concerned are many or few, or the affair small or great, never permits himself to slight them, is not this to be dignified without disdain? The wise ruler arrays himself properly in robe and cap, and throws a nobility into his looks, so that men looking upon him in his dignity stand in awe of him, – and is not this commanding without being domineering?

"What is the meaning of the four bad rules?" asked Tzu Chang.

The Master replied, "Putting men to death without having taught them their duty, which maybe called cruelty ; expecting the completion of works when no warning has been given, which may be called oppression ; remissness in ordering and then demand for instant performance, which may be called robbery; and likewise, when giving rewards to men, offering them in grudging fashion, which may be called being a functionary."

3. 공자께서 말씀하셨다. "천명을 알지 못하면 군자가 될 수 없다. 예를 알지 못하면 설 수가 없으며, 말을 알지 못하면 사람을 알 수가 없다."

The Master said : "He who does not know the Divine Law cannot become a noble man. He who does not know the laws of right demeanour cannot form his character. He who does not know the force of words, cannot know men."

제1편 학이(學而)

01 子曰 學而時習之 不亦說乎 有朋自遠方來 不亦樂乎
   자왈 학이시습지 불역열호 유붕자원방래 불역락호
   人不知而不慍 不亦君子乎
   인부지이불온 불역군자호

|한자풀이| 時(시): 때때로, 그때마다, 說(열): 기뻐하다. 이야기하다의 뜻으로 쓰일 때는
說(설), 慍(온): 화내다, 노여워하다, 君子(군자): 임금을 가리키기도 하며, 도덕적 품성을 갖춘
사람을 뜻하기도 한다.

02 有子曰 其爲人也孝弟 而好犯上者 鮮矣
   유자왈 기위인야효제 이호범상자 선의
   不好犯上 而好作亂者 未之有也君子務本
   불호범상 이호작란자 미지유야군자무본
   本立而道生 孝弟也者 其爲仁之本與
   본립이도생 효제야자 기위인지본여

|한자풀이| 유자(有子): 공자의 제자, 유약(有若), 與(여): 추측, 감탄을 나타내는 어조사

03 子曰 巧言令色 鮮矣仁
   자왈 교언영색 선의인

해설 아첨하는 말과 외양만 그럴듯하게 꾸미려 하면 인덕(人德)을 잃게
     된다는 뜻이다.

04 曾子曰 吾日三省吾身 爲人謀而不忠乎
   증자왈 오일삼성오신 위인모이불충호
   與朋友交而不信乎 傳不習乎
   여붕우교이불신호 전불습호

해설 매일 다음 세 가지, 즉 다른 사람을 위해 일을 할 때 진심 어린
   행동이었는지. 둘째, 친구와 사귈 때 불성실한 마음은 없었는지.
   마지막으로, 충분히 습득하지 못한 채 다른 사람에게 전하려고 한
   것은 없었는지를 거듭 숙고한다는 뜻이다.

|한자풀이| 省(성): 반성하다

05 子曰 道千乘之國 敬事而信 節用而愛人 使民以時
   자왈 도천승지국 경사이신 절용이애인 사민이시

해설 천승(千乘)이란 전차 일천 대를 갖출 수 있을 정도의 큰 제후국을
   가리킨다. 이런 나라를 다스림에 있어서는, 일을 추진할 때 신중해야
   하며, 비용 절약도 세심해야 하며, 백성에게 은혜를 베풀 수 있어야
   하고, 부역에 동원할 때는 시기적절하지 않으면 안 된다는 뜻이다.

|한자풀이| 使民以時(사민이시): 당시의 백성들은 평상시에는 농사를 짓거나 생업에 종사하며,
전쟁이나 부역으로 나라에 동원되었다. 따라서 훌륭한 군주라면 농사를 지어야 할 때 백성들을
동원해서는 안 된다는 뜻이다.

06 子曰 弟子立則孝 出則弟 謹而信 汎愛衆而親仁 行有餘力 則以學文
   자왈 제자입즉효 출즉제 근이신 범애중이친인 행유여력 즉이학문

270

공자는 자신의 제자들에게 학문에 힘쓰는 것보다, 더 중요한 것은 효제(孝弟)를 실천하는 것이라고 가르쳤다.

謹(근): 신중하다

07 子夏曰 賢賢易色 事父母能竭其力 事君能致其身 與朋友交 言而有信
   자하왈 현현역색 사부모능갈기력 사군능치기신 여붕우교 언이유신
   雖曰未學 吾必謂之學矣
   수왈미학 오필위지학의

자하(子夏): 공자의 제자, 賢(현): 어진 사람, 색(色): 여색, 여자를 좋아하는 것

08 子曰 君子不重則不威 學則不固 主忠信 無友不如己者 過則勿憚改
   자왈 군자부중즉불위 학즉불고 주충신 무우불여기자 과즉물탄개

군자란 언행에 신중하지 않으면 위엄이 없다. 학문을 할 때도 완고해서는 안 된다. 충성과 신뢰를 항상 갖추어서 자신보다 그렇지 못한 사람 앞에서 잘난 척하는 일이 있어서도 안 되며, 무엇보다 실수를 했을 때는 즉시 인정하고 고치는 것이 중요하다고 강조한다.

固(고): 완고함, 憚(탄): 꺼리다

09 曾子曰 愼終追遠 民德歸厚矣
   증자왈 신종추원 민덕귀후의

공자의 기본 사상인 제례를 중시하면 백성들의 덕이 높아질 것이라는 의미이다.

10 子禽問於子貢曰 夫子至於是邦也 必問其政 求之與 抑與之與
　　자금문어자공왈 부자지어시방야 필문기정 구지여 억여지여
　　子貢曰 夫子溫良恭儉讓以得之 夫子之求之也 其諸異乎人之求之與
　　자공왈 부자온량공검양이득지 부자지구지야 기저이호인지구지여

해설 공자는 인의예지의 덕을 쌓고, 몸소 실천하면서 춘추시대 당시
　　혼란했던 중원의 여러 제후국을 돌며 자신의 사상을 펼치고자 했다.
　　공자의 제자였던 자공은 공자의 사상을 현실 정치에 접목시키려고
　　노력했으며 외교술이 뛰어난 제자였다.

|한자풀이| 子貢(자공): 공자의 제자, 이름은 사(賜), 夫子(부자): 공자의 제자들이 공자를 높여
부르면서 일반적으로 스승의 호칭으로 사용되었다. 抑(억) : 억누르다. '그렇지 않다면'의 뜻

11 子曰 父在觀其志 父沒觀其行 三年無改於父之道 可謂孝矣
　　자왈 부재관기지 부몰관기행 삼년무개어부지도 가위효의

|한자풀이| 沒(몰): 죽다

12 有子曰 禮之用和爲貴 先王之道斯爲美 小大由之
　　유자왈 예지용화위귀 선왕지도사위미 소대유지
　　有所不行 知和而和 不以禮節之 亦不可行也
　　유소불행 지화이화 불이례절지 역불가행야

|한자풀이| 小大(소대): 크고 작은 일, 以禮節之(이례절지): 예에 의한 절차, 질서를
따르는 것

13 有子曰 信近於義 言可復也 恭近於禮 遠恥辱也 因不失其親 亦可宗也
　　유자왈 신근어의 언가복야 공근어례 원치욕야 인불실기친 역가종야

해설 어떤 일을 약속할 때 마땅히 해야 할 올바른 길인지 아닌지를 생각해
　　두면 말한 대로 실행할 수 있으며, 사람을 공경할 때 예절을 갖추면
　　손가락질 받을 일이 없다. 다른 사람을 신뢰할 때도 그 근본을 잊지
　　않으면 결국 존중받을 수 있다는 의미이다.

|한자풀이| 復(복): 실천하다, 宗(종): 존숭(尊崇)하는

14 子曰 君子食無求飽 居無求安 敏於事而慎於言
　　자왈 군자식무구포 거무구안 민어사이신어언
　　就有道而正焉 可謂好學也已
　　취유도이정언 가위호학야이

해설 군자는 배부르게 먹지 아니하며, 안락한 집에서만 머물지 아니하며,
　　오직 한마음으로 학문에만 집중해야 한다. 말은 신중하게 내뱉고,
　　또한 도덕심이 높은 사람 곁에서 잘못을 바로잡으려는 자세를 가지면,
　　학문을 좋아하는 사람이라고 할 수 있다.

|한자풀이| 有道(유도): 학문과 도덕심이 높은 사람

15 子貢曰 貧而無諂 富而無驕 何如 子曰 可也 未若貧而樂 富而好禮者也
　　자공왈 빈이무첨 부이무교 하여 자왈 가야 미약빈이락 부이호례자야
　　子貢曰 詩云 如切如磋 如琢如磨 其斯之謂與
　　자공왈 시운 여절여차 여탁여마 기사지위여
　　子曰 賜也 始可與言詩已矣 告諸往而知來者
　　자왈 사야 시가여언시이의 고저왕이지래자

16 子曰 不患人之不己知 患不知人也
   자왈 불환인지불기지 환부지인야

해설 학문이란 자신의 인격 형성에 가장 중요한 일이다. 따라서 다른 사람이
    자신을 알아주지 않는 것을 마음에 둘 필요가 없고, 자신이 다른
    사람을 알아보지 못하게 되는 것을 마음 써야 한다는 의미이다.

|한자풀이| 患(환): 걱정하다

제2편 위정(爲政)

01 子曰 爲政以德 譬如北辰 居其所而衆星共之
   자왈 위정이덕 비여북신 거기소이중성공지

|한자풀이| 譬(비): 비유하다, 北辰(북신): 북극성

02 子曰 詩三百 一言以蔽之 曰思無邪
   자왈 시삼백 일언이폐지 왈사무사

해설 시경(詩經): 주나라 초기부터 춘추시대까지의 시편을 모아놓은
    것이다. 아(雅: 공식연회에서 쓰이는 시), 송(頌: 종묘의 제사에서
    쓰이는 시), 풍(風: 남녀간의 정과 이별을 노래한 시) 등으로

분류된다.

|한자풀이| 邪(사): 간사하다, 거짓

03 子曰 道之以政 齊之以刑 民免而無恥
   자왈 도지이정 제지이형 민면이무치
   道之以德 齊之以禮 有恥且格
   도지이덕 제지이례 유치차격

해설 법률로 백성을 억압하고, 복종하지 않는 사람을 처벌로 복종하게
   하면 백성들은 그저 법망을 빠져나가도 수치스럽게 생각하지 않는다.
   그러나 먼저 도덕적 행동을 보이고 예로써 통제하면 백성들은 악을
   부끄러워하고 올바른 행동을 하게 된다는 뜻이다. 공자는 형벌을
   수단으로 하는 정치보다, 예와 덕을 바탕으로 하는 것이 좋은
   정치라고 생각했다.

|한자풀이| 齊(제): 질서있게 만들다, 免(면): 면죄

04 子曰 吾十有五而志于學 三十而立 四十而不惑
   자왈 오십유오이지우학 삼십이립 사십이불혹
   五十而知天命 六十而耳順 七十而從心所欲 不踰矩
   오십이지천명 육십이이순 칠십이종심소욕 불유구

해설 나는 열다섯에 학문에 뜻을 두었다. 서른에는 자신의 관점을
   확립했으며, 마흔에는 미혹됨을 떨쳐냈으며, 쉰에는 도리의 근본을
   알게 되고, 예순에는 사람들의 말을 순순히 알아 들었으며, 일흔에는
   마음 가는대로 해도 인간의 도리에서 벗어나지 않게 되었다.

|한자풀이| 立(립): 자립, 무엇인가를 이루는 것, 不惑(불혹): 사물의 이치를 깨달아 의혹됨이

없다. 矩(구): 직선을 그릴 때 쓰는 잣대. 여기에서는 법도, 규범

05 孟懿子問孝 子曰 無違 樊遲御 子告之曰 孟孫問孝於我 我對曰 無違
    맹의자문효 자왈 무위 번지어 자고지왈 맹손문효어아 아대왈 무위
    樊遲曰 何謂也 子曰 生事之以禮 死葬之以禮 祭之以禮
    번지왈 하위야 자왈 생사지이례 사장지이례 제지이례

해설 부모가 살아계실 때는 예로써 봉양하고, 돌아가시면 예에 따라 극진히
    장례를 치르고 제사를 지내야 한다는 뜻이다. 孟懿子(맹의자)는
    노(魯)나라의 대부. 노나라는 공자가 태어나고 활동했던 곳이다.

|한자풀이| 無違(무위): 예 또는 도리에 어긋남이 없다

06 孟無伯問孝 子曰 父母唯其疾之憂
    맹무백문효 자왈 부모유기질지우

해설 孟無伯(맹무백): 맹의자의 아들. 공자가 말하는 효란 부모님이 자식이
    아플까봐 걱정하지 않게 하는 것이라는 의미이다.

07 子游問孝 子曰 今之孝者 是謂能養 至於犬馬 皆能有養 不敬何以別乎
    자유문효 자왈 금지효자 시위능양 지어견마 개능유양 불경하이별호

해설 子游(자유): 공자의 제자, 오(吳)나라 사람

08 子夏問孝 子曰 色難 有事 弟子服其勞 有酒食 先生饌 曾是以爲孝乎
    자하문효 자왈 색난 유사 제자복기로 유주사 선생찬 증시이위효호

|한자풀이| 食(사): 음식

09 子曰 吾與回言終日 不違如愚 退而省其私 亦足以發 回也不愚
　　자왈 오여회언종일 불위여우 퇴이성기사 역족이발 회야불우

해설 回(회): 공자의 제자 안회(顔回). 이름은 연(淵). 공자의 가르침을 잘
　　따랐기 때문에 공자가 제자 중에서 가장 아꼈다. 41세의 나이로 일찍
　　죽자 공자는 너무나 슬퍼했다.

10 子曰 視其所以 觀其所由 察其所安 人焉廋哉 人焉廋哉
　　자왈 시기소이 관기소유 찰기소안 인언수재 인언수재

해설 어떤 사람의 행동을 잘 살펴보고 그 행동이 선한 것이면 다음으로
　　그 행동의 동기가 무엇인지 살펴본다. 그 동기가 선한 것이라면 그
　　선함을 즐거워하는지 어떤지를 살펴본다. 이렇게 사람을 잘 살펴보면
　　그 사람의 선함과 악함을 판단할 수 있다.

|한자풀이| 焉(언): 어찌, 廋(수): 속이다, 숨기다

11 子曰 溫故而知新 可以爲師矣
　　자왈 온고이지신 가이위사의

해설 옛사람의 가르침을 확실하게 배우고 그로부터 새로운 것을 깨우쳐
　　안다면 사람들의 스승이 될 수 있다.

12 子曰 君子不器
　　자왈 군자불기

해설 인덕을 갖춘 사람이라면 한 가지 용도에만 쓰이는 도구가 되어서는 안
　　된다. 궁극적으로 도의 이치에 도달하려 한다면 어떤 일에도 대응할
　　수 있는 사람이 되어야 한다.

13 子貢問君子 子曰 先行其言 而後從之
   자공문군자 자왈 선행기언 이후종지

해설 자공이 군자에 대해 묻자, 공자는 '앞서 내뱉은 말을 실행에 옮기고
   나서 그 후에 말을 해야 하는 것이다'라고 말했다.

14 子曰 君子周而不比 小人比而不周
   자왈 군자주이불비 소인비이불주

|한자풀이| 周(주): 두루 어울리는 것, 比(비): 편을 지어 어울리는 것

15 子曰 學而不思則罔 思而不學則殆
   자왈 학이불사즉망 사이불학즉태

해설 배우고도 깊이 사색하지 않으면 어떤 깨우침을 얻을 수 없다. 또한,
   그저 생각만 하고 공부하지 않으면 공상에 불과한 독선에 빠질 위험이
   있다.

|한자풀이| 罔(망): 없다, 殆(태): 위태롭다

16 子曰 攻乎異端 斯害也已
   자왈 공호이단 사해야이

해설 異端(이단): 인(仁)을 기본으로 하는 공자의 사상 외의 학문을
   가리킨다

17 子曰 由 誨女知之乎 知之爲知之 不知爲不知 是知也
   자왈 유 회여지지호 지지위지지 부지위부지 시지야

278

해설 공자가 생각하는 지(知)란 알고 있는 것을 안다고 말하고, 모르는 것은 모른다고 하는 것이다. 由(유)는 공자의 제자, 자로(子路)의 이름이다. 본래는 무(武)를 연마하던 사람이었으나, 공자의 가르침에 감동을 받아 제자가 되었다. 배운 것을 행동으로 옮기려고 노력했다.

18 子張學干祿 子曰 多問闕疑 愼言其餘 則寡尤
    자장학간록 자왈 다문궐의 신언기여 즉과우
    多見闕殆 愼行其餘 則寡悔 言寡尤 行寡悔 祿在其中矣
    다견궐태 신행기여 즉과회 언과우 행과회 녹재기중의

|한자풀이| 闕疑(궐의): 의심스러운 것은 빼놓는다. 祿(록): 벼슬하면서 받는 봉급, 녹봉

19 哀公問曰 何爲則民服
    애공문왈 하위즉민복
    孔子對曰 擧直錯諸枉 則民服 擧枉錯諸直 則民不服
    공자대왈 거직조저왕 즉민복 거왕조저직 즉민불복

해설 哀公(애공): 노나라의 임금(재위 BC 494~466).

|한자풀이| 錯(조): 놓다. 枉(왕): 굽다, 사악하다

20 季康子問 使民敬忠以勸 如之何
    계강자문 사민경충이권 여지하
    子曰 臨之以莊則敬 孝慈則忠 擧善而敎不能則勸
    자왈 임지이장즉경 효자즉충 거선이교불능즉권

해설 季康子(계강자): 노나라의 애공 시절의 대부 계손씨(季孫氏). 노나라의 3대 세도가 중 하나이며, 제후보다 더 막강한 권력을 휘둘렀다.

279

21 或謂孔子曰 子奚不爲政
　　혹위공자왈 자해불위정
　　子曰 書云 孝乎 惟孝 友于兄弟 施於有政 是亦爲政 奚其爲爲政
　　자왈 서운 효호 유효 우우형제 시어유정 시역위정 해기위위정

해설 書(서): 상서(尙書) 즉 서경(書經)을 가리킨다. 중국의 고대 정치문서.
　　유교의 경전 중에서 가장 최고의 정치서로 여겨지는 것이다.

|한자풀이| 奚(해) : 어찌, 爲政(위정): 정치를 하다

22 子曰 人而無信 不知其可也 大車無輗 小車無軏 其何以行之哉
　　자왈 인이무신 부지기가야 대거무예 소거무월 기하이행지재

|한자풀이| 輗(예): 큰 수레의 멍에를 거는 곳, 軏(월): 작은 수레의 멍에를 거는 곳

23 子張問 十世可知也
　　자장문 십세가지야
　　子曰 殷因於夏禮 所損益可知也 周因於殷禮 所損益可知也
　　자왈 은인어하례 소손익가지야 주인어은례 소손익가지야
　　其或繼周者 雖百世可知也
　　기혹계주자 수백세가지야

해설 夏(하), 殷(은), 주(周): 중국의 3대 고대 왕조이다. 우(禹)임금이 세운
　　하나라(BC 2070~1600)는 도는 사라졌으나 예와 의례가 중시되었다고
　　공자는 말한다. 하나라의 예와 법이 은나라(BC 1600~1046)를 거쳐
　　주나라(BC 1046~771)의 무왕 때까지 계승 발전되었다는 것이다.
　　그러나 춘추시대(BC 770~403)에 이르면서 주나라의 예와 의례, 법이
　　사라져 가고 있음을 안타까워한 공자는 중원의 여러 제후들을 찾아가

주나라의 전통으로 돌아가야 한다는 자신의 사상을 역설했다.

|한자풀이| 世(세): 왕조. 因(인): 이어받다

24 子曰 非其鬼而祭之 諂也 見義不爲 無勇也
    자왈 비기귀이제지 첨야 견의불위 무용야

해설 자신이 모셔야 할 조상신이 아닌데도 제사를 지낸다는 것은 그저
    아첨하는 것이다. 도의 이치에서 말하면 실행해야만 하는 일을 앞에
    두고도 행하지 않는 것은 용기가 없는 것이다.

|한자풀이| 諂(첨): 아부

제3편 팔일(八佾)

01 孔子謂季氏 八佾舞於庭 是可忍也 孰不可忍也
    공자위계씨 팔일무어정 시가인야 숙불가인야

해설 계씨(季氏)란 노나라의 3대 세도가 중 하나인 계손씨(季孫氏)를
    가리킨다. 팔일무(八佾舞)는 가로, 세로 여덟 줄로 서서 추는 춤이다.
    나라의 제례나 행사에서 천자만이 행할 수 있는 의식이다. 공자는
    대부의 신분인 계씨의 무례함을 묵인하면 안 된다고 말한 것이다.

02 三家者 以雍徹 子曰 相維辟公 天子穆穆 奚取於三家之堂
    삼가자 이옹철 자왈 상유벽공 천자목목 해취어삼가지당

해설 三家者(삼가자): 노나라의 3대 대부, 맹손(孟孫)씨, 숙손(叔孫)씨,

계손(季孫)씨. 앞의 내용과 마찬가지로 예와 악의 질서가 무너지는 것을 비판한 것이다.

|한자풀이| 雍(옹): 《시경(詩經)》의 한 구절, 徹(철): 제사를 끝내고 제기를 거두는 것, 穆穆(목목): 근엄하고 위엄이 있는 천자의 모습

03 子曰 人而不仁 如禮何 人而不仁 如樂何
자왈 인이불인 여례하 인이불인 여악하

해설 인(仁)의 마음이 없다면 예의범절을 따르거나, 음악을 연주하는 것은 아무 소용이 없다. 공자에게 인(仁)은 예와 악의 근본이다. 인(仁)의 마음이 없으면 예악의 근본을 잃어버린다는 의미이다.

04 林放問禮之本 子曰 大哉問 禮與其奢也 寧儉 喪與其易也 寧戚
임방문예지본 자왈 대재문 예여기사야 영검 상여기이야 영척

해설 예의 근본을 묻자, 공자는 '예란 사치스러운 것이 아니고 오히려 소박하게 행하는 것이며, 장례식에서는 만사를 가지런히 정돈하는 것보다 오히려 죽음을 충분히 슬퍼하는 것이다'라고 말했다.

|한자풀이| 易(이): 절차를 잘 따르는 것, 戚(척): 슬퍼하다

05 子曰 夷狄之有君 不如諸夏之亡也
자왈 이적지유군 불여제하지무야

해설 중원(中原): 중국은 주(周)왕조의 세력권과 변방의 오랑캐족을 구분하여, 중국 본토 지역을 중원이라 했다. 변방의 지역은 중국의 문화, 즉 주나라의 전통이 없는 미개한 곳으로 여겼다. 공자는 오랑캐의 나라, 당시로는 초(楚)나라, 오(吳)나라를 예와 문화가 없는

곳으로 생각했다.

06 季氏旅於泰山 子謂冉有曰 女不能救與 對曰 不能
   계씨여어태산 자위염유왈 여불능구여 대왈 불능
   子曰 嗚呼 曾謂泰山不如林放乎
   자왈 오호 증위태산불여임방호

해설 冉有(염유): 공자의 제자, 이름은 구(求). 계손씨의 가신으로 일했다.
   천하의 명산에 제를 지낼 수 있는 것은 천자나 제후이다. 그러나
   대부인 계씨가 제후의 예를 무시하자, 공자가 염유에게 예를 모르는
   계손씨를 탓하며, 태산이 '예의 근본'을 물은 임방(林放)보다 예를
   모르지 않을 테니, 계씨의 제사를 받지 않을 것이라고 말한 것이다.

07 子曰 君子無所爭 必也射乎 揖讓而升 下而飮 其爭也君子
   자왈 군자무소쟁 필야사호 읍양이승 하이음 기쟁야군자

08 子夏問曰 巧笑倩兮 美目盼兮 素以爲絢兮 何謂也
   자하문왈 교소천혜 미목반혜 소이위현혜 하위야
   子曰 繪事後素 曰 禮後乎 子曰 起予者商也 始可與言詩已矣
   자왈 회사후소 왈 예후호 자왈 기여자상야 시가여언시이의

해설 商(상): 공자의 제자, 자하(子夏)

|한자풀이| 倩(천): 예쁘다, 盼(반): 눈동자가 또렷하다, 素(소): 희다

09 子曰 夏禮吾能言之 杞不足徵也 殷禮吾能言之 宋不足徵也
    자왈 하례오능언지 기부족징야 은례오능언지 송부족징야
    文獻不足故也 足則吾能徵之矣
    문헌부족고야 족즉오능징지의

해설 하(夏)나라: 순(舜)임금으로부터 백성들의 천거에 의해 왕위를
    물려받은 우(禹)임금이 세운 나라이다.

|한자풀이| 徵(징): 증명하다

10 子曰 禘 自旣灌而往者 吾不欲觀之矣
    자왈 체 자기관이왕자 오불욕관지의

해설 禘(체): 천자가 올리는 제례, 灌(관): 물을 대는 것, 여기에서는
    술을 땅에 부어 신에게 인사하는 절차를 말한다. 공자가 노나라의
    제례의식이 소홀해지고 있다고 비판한 것이다.

11 或問禘之說 子曰 不知也 知其說者之於天下也 其如示諸斯乎 指其掌
    혹문체지설 자왈 부지야 지기설자지어천하야 기여시저사호 지기장

|한자풀이| 掌(장): 손바닥

12 祭如在 祭神如神在 子曰 吾不與祭 如不祭
    제여재 제신여신재 자왈 오불여제 여부제

|한자풀이| 與(예): 참여하다. '더불어'의 뜻일 때는 與(여)로 읽는다.

13 王孫賈問曰 與其媚於奧 寧媚於竈 何謂也 子曰 不然 獲罪於天 無所禱也
   왕손가문왈 여기미어오 영미어조 하위야 자왈 불연 획죄어천 무소도야

해설 王孫賈(왕손가): 위나라 영공(靈公) 때의 대부. 위(衛)나라 영공의
   부인이었던 남자(南子)는 영공의 총애를 받았기 때문에 실권자였다.
   당시 위나라에 머물고 있던 공자에게, 왕손가는 속담을 인용하여,
   남자를 '안방의 신', 자신을 실권자인 '부뚜막의 신'으로 말하며,
   그녀에게 아부하지 말고 차라리 자신과 가까이 하라고 말하고 있다.

|한자풀이| 奧(오): 방 서남쪽 또는 안방, 竈(조): 부뚜막

14 子曰 周監於二代 郁郁乎文哉 吾從周
   자왈 주감어이대 욱욱호문재 오종주

해설 二代(이대): 하나라와 은나라를 가리킨다.

|한자풀이| 監(감): 거울삼다, 文(문): 제례, 제도 등을 일컫는다.

15 子入大廟 每事問 或曰 孰謂鄹人之子 知禮乎 入大廟 每事問
   자입태묘 매사문 혹왈 숙위추인지자 지례호 입태묘 매사문
   子聞之曰 是禮也
   자문지왈 시례야

해설 大廟(태묘): 주공(周公)의 묘. 주(周)나라를 창건한 무왕의 동생이다.
   무왕을 도와 왕조의 기틀을 세웠으며, 제후국 노나라의 시조가
   되었다. 노나라의 사당에서 제를 올릴 때 공자가 참여했다. 공자는
   주나라의 문물제도를 가장 동경했으며 특히 주공을 가장 본받을 만한
   군주 중의 군주로 여겼다. 주의 제도는 후대 왕조들의 모범이 되었다.

16 子曰 射不主皮 爲力不同科 古之道也
    자왈 사부주피 위력부동과 고지도야

해설 활쏘기는 단지 과녁을 맞혀 뚫는 것이 아니라, 예를 연마하는
     과정으로서 중요하다는 의미이다.

|한자풀이| 皮(피): 과녁

17 子貢欲去告朔之餼羊 子曰 賜也 爾愛其羊 我愛其禮
    자공욕거곡삭지희양 자왈 사야 이애기양 아애기례

해설 告朔(곡삭): 매월 초하루에 지내는 제례이다. 동서양을 막론하고 고대
     사회에서는 동물을 희생하여 제에 예물로 바치는 의식이 있다. 자공이
     희생제를 치르지 않으려고 하자, 제와 예를 중시하라고 공자가 말하는
     것이다.

|한자풀이| 賜(사): 자공(子貢)의 이름, 爾(이): 너

18 子曰 事君盡禮 人以爲諂也
    자왈 사군진례 인이위첨야

|한자풀이| 諂(첨): 아첨

19 定公問 君使臣 臣事君 如之何 孔子對曰 君使臣以禮 臣事君以忠
    정공문 군사신 신사군 여지하 공자대왈 군사신이례 신사군이충

해설 정공(定公): 노나라 소공(昭公)의 동생. 소공이 진나라로 망명하자

286

왕위에 올랐다. 당시 노나라는 제후보다 더 큰 권력을 휘둘렀던 삼환씨의 횡포로 조정이 문란해졌다. 공자는 사법을 관리하는 대사구(大司寇)였으나 정치적으로 힘을 쓸 수가 없었다. 결국 공자는 관직을 내려놓고 노나라를 떠났다.

20 子曰 關雎樂而不淫 哀而不傷
자왈 관저낙이불음 애이불상

해설 關雎(관저):《시경》에 나오는 시의 제목

21 哀公問社於宰我 宰我對曰 夏后氏以松 殷人以栢 周人以栗 曰使民戰栗
애공문사어재아 재아대왈 하후씨이송 은인이백 주인이율 왈사민전율
子聞之曰 成事不說 遂事不諫 旣往不咎
자문지왈 성사불설 수사불간 기왕불구

해설 哀公(애공): 노나라의 왕(재위 BC 494~468). 삼환이 노나라의 정사를 어지럽히자, 공자의 제자인, 재아가 삼환을 제거할 것을 건의한 것이다. 이때 공자가 재아의 경솔함을 지적했다. 결국 애공은 삼환을 제거하려다가 왕위에서 쫓겨났다.

|한자풀이| 社(사): 사직(社稷). 종묘사직에서 종묘는 역대 왕들의 위패를 모신 사당이며, 사직은 토지와 곡식의 신을 모시고 제사 지내는 것.

22 子曰 管仲之器小哉 或曰 管仲儉乎 曰 管氏有三歸 官事不攝 焉得儉
자왈 관중지기소재 혹왈 관중검호 왈 관씨유삼귀 관사불섭 언득검
然則管仲知禮乎 曰 邦君樹塞門 管氏亦樹塞門
연즉관중지례호 왈 방군수색문 관씨역수색문
邦君 爲兩君之好 有反坫 管氏亦有反坫 管氏而知禮 孰不知禮
방군 위양군지호 유반점 관씨역유반점 관씨이지례 숙부지례

해설 관중(管仲): 제나라의 뛰어난 정치가로 제환공(BC 716~653)을
보좌하여 개혁정치를 실행했다. 그러나 공자는 제나라의 실권을
가지고 있던 관중이 예를 모르는 사람이라는 비판적 견해를 가졌던
것으로 보인다. 공자는 제나라의 경공(환공의 손자) 시대에 제나라에
잠시 들렀으나, 관직에 등용되지 못하고 떠났다.

해설 官事不攝(관사불섭): 관중의 가신들이 공무를 겸하지 않았다. 이것은
대부들의 가신은 여러 업무를 겸하는 데 관중의 가신들은 업무를 겸하지
않을 정도로 많았다는 의미이다.

|한자풀이| 三歸(삼귀): 집이 세 채, 또는 성(性)이 다른 여자 세 명을 취했다는 해석도 있다.
색문(塞門): 임금이 아랫사람을 맞이할 때 설치하는 칸막이 같은 것. 밖에서 안이 보이지
않는다. 反坫(반점): 두 나라 임금이 만나 연회를 할 때 술잔을 비우고 내려 놓는 곳

23 子語魯大師樂曰 樂其可知也 始作 翕如也 從之
    자어노태사악왈 악기가지야 시작 흡여야 종지
    純如也 皦如也 繹如也 以成
    순여야 교여야 역여야 이성

|한자풀이| 翕(흡): 합(合)의 의미. 從(종): 악기들이 소리를 뽑아내다. 皦(교): 밝다, 또렷하다

24 儀封人請見曰 君子之至於斯也 吾未嘗不得見也 從者見之
    의봉인청현왈 군자지지어사야 오미상부득현야 종자현지
    出曰 二三子 何患於喪乎 天下之無道也久矣 天將以夫子爲木鐸
    출왈 이삼자 하환어상호 천하지무도야구의 천장이부자위목탁

|한자풀이| 請見(청현): 뵙기를 청하다. 喪(상): 벼슬을 못하다. 木鐸(목탁): 절에서 예불을 할
때 쓰는 도구이다. 비유적인 의미로 세상을 가르치고 이끄는 사람을 가리킨다.

288

25 子謂韶 盡美矣 又盡善也 謂武 盡美矣 未盡善也
　　자위소 진미의 우진선야 위무 진미의 미진선야

해설 고대 중국 사람들과 공자는 음악을 아주 중요시했다. 음악은 신과
　　소통할 수 있는 수단으로 생각했기 때문에 중요한 제례의식에 반드시
　　있어야 할 요소였다. 공자는 소 음악을 듣고 그 아름다운 선율에 빠져
　　석 달 동안 고기 맛을 잃어버릴 정도였다고 말한다.

|한자풀이| 韶(소): 순(舜)임금을 찬미하는 음악, 武(무): 주(周)나라 무왕이 군사력으로
은나라의 주(紂)를 정벌한 것을 찬미하는 음악.

26 子曰 居上不寬 爲禮不敬 臨喪不哀 吾何以觀之哉
　　자왈 거상불관 위례불경 임상불애 오하이관지재

|한자풀이| 寬(관): 관대함, 너그러움

제4편 이인(里仁)

01 子曰 里仁爲美 擇不處仁 焉得知
　　자왈 이인위미 택불처인 언득지

|한자풀이| 處(처): 처소, 거주하다

02 子曰 不仁者 不可以久處約 不可以長處樂 仁者安仁 知者利仁
　　자왈 불인자 불가이구처약 불가이장처락 인자안인 지자이인

|한자풀이| 約(약): 매어 있다

03 子曰 惟仁者 能好人 能惡人
    자왈 유인자 능호인 능오인

해설 사사로운 인정에 얽매여 호불호를 결정하는 것은 도리에 어긋나는
    것이다. 덕이 높은 사람은 사사로운 감정에 치우치지 않고 좋아해야
    할 사람을 좋아하고, 미워해야 할 사람을 미워할 수 있다는 의미.

04 子曰 苟志於仁矣 無惡也
    자왈 구지어인의 무악야

|한자풀이| 苟(구): 진실로

05 子曰 富與貴 是人之所欲也 不以其道得之 不處也
    자왈 부여귀 시인지소욕야 불이기도득지 불처야
    貧與賤 是人之所惡也 不以其道得之 不去也 君子去仁 惡乎成名
    빈여천 시인지소오야 불이기도득지 불거야 군자거인 오호성명
    君子無終食之間違仁 造次必於是 顚沛必於是
    군자무종식지간위인 조차필어시 전패필어시

|한자풀이| 造次(조차): 아주 급박한 때, 顚沛(전패): 엎어지고 넘어지는 것

06 子曰 我未見好仁者 惡不仁者 好仁者 無以尙之
    자왈 아미견호인자 오불인자 호인자 무이상지
    惡不仁者 其爲仁矣 不使不仁者加乎其身
    오불인자 기위인의 불사불인자가호기신
    有能一日用其力於仁矣乎 我未見力不足者 蓋有之矣 我未之見也
    유능일일용기력어인의호 아미견역부족자 개유지의 아미지견야

07 子曰 人之過也 各於其黨 觀過 斯知仁矣
   자왈 인지과야 각어기당 관과 사지인의

08 子曰 朝聞道 夕死可矣
   자왈 조문도 석사가의

해설 올바른 도리를 깨우칠 수만 있다면 죽음도 두렵지 않을 것이다. 따라서
   아침에 도를 들어서 깨달을 수 있다면 그날 밤에 죽더라도 결코
   후회하지 않을 것이다.

09 子曰 士志於道 而恥惡衣惡食者 未足與議也
   자왈 사지어도 이치악의악식자 미족여의야

해설 높은 학문을 하는 자가 초라한 의복을 부끄러워하고, 초라한 음식을
   부끄러워한다면 그 마음이 비굴하여 함께 이야기 나눌 가치가 없다는
   뜻. 士(사): 세습에 의해 관직을 받은 사람이 아니고 당대에 학문을
   닦아 관직에 등용되는 계층을 의미한다. 공자 시대에 이르러, 장사를
   하거나, 중인, 무사 계층에서도 실력을 인정받으면 관직에 나갈 수
   있었다.

10 子曰 君子之於天下也 無適也 無莫也 義之與比
   자왈 군자지어천하야 무적야 무막야 의지여비

|한자풀이| 適(적): 반드시 해야 한다. 莫(막): 반드시 하려고 하지 않는다. 比(비): 따르다

11 子曰 君子懷德 小人懷土 君子懷刑 小人懷惠
   자왈 군자회덕 소인회토 군자회형 소인회혜

12 子曰 放於利而行 多怨
   자왈 방어리이행 다원

해설 눈앞의 이익에만 사로잡혀 행동하면 사람을 해쳐서 원망을 사는
    경우가 많다.

13 子曰 能以禮讓爲國乎 何有 不能以禮讓爲國 如禮何
   자왈 능이례양위국호 하유 불능이례양위국 여례하

해설 겸손이 충만한 마음으로 나라를 다스리면 나라를 쉽게 다스릴 수가
    있다. 그러나 겸손의 마음이 없이 나라를 다스리면 예의범절이 있다
    한들 아무런 쓸모가 없다.

|한자풀이| 爲國(위국): 나라를 다스리다, 何有(하유): 무슨 어려움이 있겠는가

14 子曰 不患無位 患所以立 不患莫己知 求爲可知也
   자왈 불환무위 환소이립 불환막기지 구위가지야

|한자풀이| 位(위): 관직, 지위, 莫己知(막기지): 자기를 알아주지 않다.

15 子曰 參乎 吾道一以貫之 曾子曰唯
   자왈 삼호 오도일이관지 증자왈유
   子出 門人問曰 何謂也 曾子曰 夫子之道 忠恕而已矣
   자출 문인문왈 하위야 증자왈 부자지도 충서이이의

해설 忠恕(충서)는 공자의 핵심사상이다. 忠(충)은 다른 사람을 진심으로
    섬기는 것이며, 恕(서)는 다른 사람의 마음을 내 마음처럼 헤아리는

292

것이다.

|한자풀이| 參(삼): 공자의 제자인 증자(曾子)의 이름, 貫(관): 꿰뚫다

16 子曰 君子喻於義 小人喻於利
　　자왈 군자유어의　소인유어리

해설 품격이 있는 사람은 도리에 따라 행동하고 품격이 낮은 사람은 눈앞의
　　이익에 따라 행동한다.

|한자풀이| 喻(유): 깨우치다

17 子曰 見賢思齊焉 見不賢而內自省也
　　자왈 견현사제언 견불현이내자성야

해설 어질고 덕이 높은 사람을 보면 자신도 꼭 그와 같은 사람이 되고
　　싶다고 생각하고, 그렇지 않은 사람을 보았을 때는 스스로 그와 같이
　　되지 않도록 반성해야 한다.

|한자풀이| 賢(현): 어진 사람

18 子曰 事父母幾諫 見志不從 又敬不違 勞而不怨
　　자왈 사부모기간 견지부종 우경불위 노이불원

|한자풀이| 事(사): 섬기다, 幾諫(기간): 조심스럽게 간언하다, 不從(부종): 따르지 않다

19 子曰 父母在 不遠遊 遊必有方
　　자왈 부모재 불원유 유필유방

20　子曰 三年無改於父之道 可謂孝矣
　　자왈 삼년무개어부지도 가위효의

21　子曰 父母之年 不可不知也 一則以喜 一則以懼
　　자왈 부모지년 불가부지야 일즉이희 일즉이구

22　子曰 古者言之不出 恥躬之不逮也
　　자왈 고자언지불출 치궁지불체야

해설 옛사람들이 언행을 가볍게 하지 않은 것은 실천이 말에 미치지 못할
　　 것을 부끄러워했기 때문이다.

|한자풀이| 逮(체): 미치다, 이르다

23　子曰 以約失之者 鮮矣
　　자왈 이약실지자 선의

|한자풀이| 約(약): 매다, 절제하고 신중하게 행동하는 것, 鮮(선): 드물다

24　子曰 君子欲訥於言而敏於行
　　자왈 군자욕눌어언이민어행

해설 인품이 있는 사람이라면 말은 신중하게 해도 실천에 있어서는
　　 민첩하게 움직이려고 해야 한다.

|한자풀이| 訥(눌): 더디다

25　子曰 德不孤 必有隣
　　자왈 덕불고 필유린

덕은 사람을 고립시키지 않는다. 반드시 가까운 이웃을 만들어준다. 마치 집 근처에 이웃이 있어서 사람들이 친해지며 모여드는 것과 같은 것이다.

26 子游曰 事君數 斯辱矣 朋友數 斯疏矣
    자유왈 사군삭 사욕의 붕우삭 사소의

|한자풀이| 數(삭): 번거롭게 하다. 즉 간언을 하거나, 따져 묻는 것

제5편 공야장(公冶長)

01 子謂公冶長 可妻也 雖在縲絏之中 非其罪也 以其子妻之
    자위공야장 가처야 수재누설지중 비기죄야 이기자처지
    子謂南容 邦有道 不廢 邦無道 免於刑戮 以其兄之子妻之
    자위남용 방유도 불폐 방무도 면어형륙 이기형지자처지

해설 공야장과 남용은 공자의 제자이다.

|한자풀이| 縲絏(누설): 포승줄로 묶다

02 子謂子賤 君子哉 若人 魯無君子者 斯焉取斯
    자위자천 군자재 약인 노무군자자 사언취사

|한자풀이| 魯(노): 공자의 고향인 노나라. 斯(사): 이것. 여기에서는 군자가 갖추어야 할 덕(德)을 가리킨다.

03 子貢問曰 賜也何如 子曰 女器也 曰何器也 曰瑚璉也
　　자공문왈 사야하여 자왈 여기야 왈하기야 왈호련야

해설 子貢(자공): 공자의 제자. 언변, 장사 수완 등 다재다능했다.

|한자풀이| 瑚璉(호련): 고대 종묘에서 곡식을 담던 제기. 아주 귀하게 쓰일 사람이라는 것을
의미한다.

04 或曰 雍也仁而不佞
　　혹왈 옹야인이불녕
　　子曰 焉用佞 禦人以口給 屢憎於人 不知其仁 焉用佞
　　자왈 언용녕 어인이구급 누증어인 부지기인 언용녕

해설 雍(옹): 공자의 제자인 중궁(仲弓)의 이름.

|한자풀이| 佞(녕): 말을 잘하다, 口給(구급): 말이 막힘이 없다

05 子使漆雕開仕 對曰 吾斯之未能信 子說
　　자사칠조개사 대왈 오사지미능신 자열

|한자풀이| 仕(사): 관직을 맡다, 未能信(미능신): 자신이 없음

06 子曰 道不行 乘桴浮于海 從我者其由與 子路聞之喜
　　자왈 도불행 승부부우해 종아자기유여 자로문지희
　　子曰 由也 好勇過我 無所取材
　　자왈 유야 호용과아 무소취재

해설 유(由): 공자의 제자인 자로(子路)의 이름. 용맹했으나, 싸움에
　　말려들기도 잘했다. 無所取材(무소취재): 뗏목 만들 재료가 없다는

296

뜻이나, 여기에서는 일의 전후사정을 살피지 못하는 것을 의미한다. 공자의 예언이 정확했는지, 자로는 위나라 제후들 사이에서 일어난 변란에서 의미 없는 죽음을 맞았다.

07 孟無伯問 子路仁乎 子曰 不知也
   맹무백문 자로인호 자왈 부지야
   又問 子曰 由也 千乘之國 可使治其賦也 不知其仁也
   우문 자왈 유야 천승지국 가사치기부야 부지기인야
   求也何如 子曰 求也 千室之邑 百乘之家 可使爲之宰也 不知其仁也
   구야하여 자왈 구야 천실지읍 백승지가 가사위지재야 부지기인야
   赤也何如 子曰 赤也 束帶立於朝 可使與賓客言也 不知其仁也
   적야하여 자왈 적야 속대립어조 가사여빈객언야 부지기인야

해설 求(구): 공자의 제자인 염유(冉有)의 이름, 赤(적) : 공자의 제자인 자화(子華)의 이름.

|한자풀이| 千乘之國(천승지국): 수레가 천 개의 나라라는 뜻으로, 큰 제후국을 가리킨다.
千室之邑(천실지읍): 천 호 정도의 마을

08 子謂子貢曰 女與回也 孰愈
   자위자공왈 여여회야 숙유
   對曰 賜也 何敢望回 回也聞一以知十 賜也聞一以知二
   대왈 사야 하감망회 회야문일이지십 사야문일이지이
   子曰 弗如也 吾與女弗如也
   자왈 불여야 오여녀불여야

해설 회(回): 공자의 제자인 안연(顔淵)의 이름. 공자가 자신의 제자 중 가장 아꼈으며, 배우려는 마음도 가장 높다고 칭찬했다. 그러나 안회가 공자보다 먼저 죽자, 공자는 너무나 슬퍼하며 자제력을 잃을

정도였다.

|한자풀이| 愈(유): 낫다, 弗如(불여): 같지 못하다

09 宰予晝寢 子曰 朽木不可雕也 糞土之墻 不可杇也 於予與 何誅
    재여주침 자왈 후목불가조야 분토지장 불가오야 어여여 하주
    子曰 始吾於人也 聽其言而信其行
    자왈 시오어인야 청기언이신기행
    今吾於人也 聽其言而觀其行 於予與改是
    금오어인야 청기언이관기행 어여여개시

해설 宰子(재여): 공자의 제자인 자아(子我)이다. 공자의 제자인 자공과
    더불어 언변은 뛰어났으나 행동은 조금 거칠었다.

|한자풀이| 朽(후): 썩다, 糞(분): 거름

10 子曰 吾未見剛者 或對曰 申棖 子曰 棖也慾 焉得剛
    자왈 오미견강자 혹대왈 신장 자왈 장야욕 언득강

11 子貢曰 我不欲人之加諸我也 吾亦欲無加諸人 子曰 賜也非爾所及也
    자공왈 아불욕인지가저아야 오역욕무가저인 자왈 사야비이소급야

해설 공자의 핵심 사상인 서(恕), 즉 '자신이 원치 않은 일을 남에게도 하지
    말라'에 대해 자공이 말하고 있다.

|한자풀이| 加(가): 공격하다, 업신여기다

12 子貢曰 夫子之文章 可得而聞也 夫子之言性與天道 不可得而聞也
    자공왈 부자지문장 가득이문야 부자지언성여천도 불가득이문야

이치

13 子路有聞 未之能行 唯恐有聞
    자로유문 미지능행 유공유문

|한자풀이| 有聞(유문): 가르침을 듣다, 가르침을 받다

14 子貢問曰 孔文子 何以謂之文也 子曰 敏而好學 不恥下問 是以謂之文也
    자공문왈 공문자 하이위지문야 자왈 민이호학 불치하문 시이위지문야

해설 孔文子(공문자): 위(衛)나라의 대부. 시호가 문(文)이다.

|한자풀이| 不恥下問(불치하문): 아랫사람에게 묻는 것을 부끄러워하지 않다.

15 子謂子産 有君子之道四焉 其行己也恭
    자위자산 유군자지도사언 기행기야공
    其事上也敬 其養民也惠 其使民也義
    기사상야경 기양민야혜 기사민야의

해설 子産(자산): 정(鄭)나라의 대부, 공손교(公孫僑). 정나라의 명재상으로
     알려져 있다. 백성을 다스릴 때 정의로운 것이란, 백성을 부역이나
     전쟁에 동원할 때 농사철에는 하지 않는다는 의미이다.

|한자풀이| 養民(양민): 백성을 먹여 살리다

16 子曰 晏平仲 善與人交 久而敬之
    자왈 안평중 선여인교 구이경지

晏平仲(안평중): 제(齊)나라의 대부.

17 子曰 臧文仲居蔡 山節藻梲 何如其知也
    자왈 장문중거채 산절조절 하여기지야

臧文仲(장문중): 노나라의 대부 장손신(臧孫辰). 거북의 껍질은 나라의
    길흉을 점치는 의식에 사용되었다. 대부가 자신의 집에 거북을 가지고
    있고, 천자라야 할 수 있는 화려한 장식을 사용한 것을 비난한 것이다.

|한자풀이| 蔡(채): 채나라의 거북. 節(절): 기둥머리 나무. 藻(조): 수초, 물풀. 梲(절):
동자기둥(대들보 위의 짧은 기둥)

18 子張問曰 令尹子文 三仕爲令尹 無喜色 三已之 無慍色
    자장문왈 영윤자문 삼사위영윤 무희색 삼이지 무온색
    舊令尹之政 必以告新令尹 何如 子曰 忠矣 曰仁矣乎 曰未知焉得仁
    구영윤지정 필이고신영윤 하여 자왈 충의 왈인의호 왈미지언득인
    崔子弒齊君 陳文子有馬十乘 棄而違之 至於他邦 則曰猶吾大夫崔子也
    최자시제군 진문자유마십승 기이위지 지어타방 즉왈유오대부최자야
    違之 之一邦 則又曰 猶吾大夫崔子也 違之 何如 子曰 淸矣
    위지 지일방 즉우왈 유오대부최자야 위지 하여 자왈 청의
    曰仁矣乎 曰未知 焉得仁
    왈인의호 왈미지 언득인

子文(자문): 초(楚)나라의 대부. 崔子(최자): 제나라의 대부. 제나라의
    장공(莊公)을 살해했다. 陳文子(진문자): 제나라의 대부

|한자풀이| 三仕(삼사): 벼슬을 세 번 하다. 猶(유): ~와 같다

19 季文子 三思而後行 子聞之曰 再思可矣
   계문자 삼사이후행 자문지왈 재사가의

해설 季文子(계문자): 노나라의 대부, 계손(季孫)씨. 그는 어떤 일이든
   세 번을 생각한 다음에 행동에 옮겼다. 이것을 듣고 공자는 '한 번
   고려해본 다음, 다시 한 번 고려하면 그것만으로도 시시비비를 판단할
   수 있을 것이니 지나치게 고려하는 것은 경계하라'는 뜻으로 말한
   것이다.

20 子曰 甯武子 邦有道則知 邦無道則愚 其知可及也 其愚不可及也
   자왈 영무자 방유도즉지 방무도즉우 기지가급야 기우불가급야

해설 甯武子(영무자): 위(衛)나라의 대부

21 子在陳 曰 歸與歸與 吾黨之小子狂簡 斐然成章 不知所以裁之
   자재진 왈 귀여귀여 오당지소자광간 비연성장 부지소이재지

해설 공자는 14년의 유랑 기간 동안 진(陳)나라에 3년여 머물렀으며, 사학을
   열어 제자들을 많이 배출했다. 진(陳)나라는 소국으로 중원의 패권을
   노리는 진(晉), 초(楚), 오(吳) 사이에서 나라의 정세가 불안했다.
   그러나 이런 이유로 공자는 오히려 진(陳)에서 자신의 정치적
   이상을 실현해 보려 했던 것은 아니었을까! 그러나 결국 공자는
   진(陳)나라에서도 떠나야만 했다.

|한자풀이| 狂簡(광간): 뜻은 높지만 경험이 부족하다. 斐然(비연): 문채가 아름답고 뛰어나다.
裁(재): 헤아려 처리하다

22 子曰 伯夷叔齊 不念舊惡 怨是用希
   자왈 백이숙제 불념구악 원시용희

백이와 숙제: 은나라 고죽군의 아들이다. 아버지가 죽고 난 후 서로 임금 자리를 사양했다. 주(周)나라의 무왕이 은나라를 멸망시키자, 두 임금을 섬길 수 없다며 수양산으로 들어가 고비를 뜯어 먹고 살다가 죽었다. 백이와 숙제는 무왕이 은나라를 정벌한 것은 하늘의 뜻이 아니므로, 무왕을 따르지 않겠다는 뜻에서 수양산으로 들어간 것이다.

|한자풀이| 舊惡(구악): 옛날의 원한

23 子曰 孰謂微生高直 或乞醯焉 乞諸其隣而與之
자왈 숙위미생고직 혹걸혜언 걸저기린이여지

|한자풀이| 直(직): 옳은 것을 옳다고 하고, 그릇된 것을 그르다고 하는 것. 乞(걸): 빌리다. 醯(혜): 식초

24 子曰 巧言令色足恭 左丘明恥之 丘亦恥之
자왈 교언영색주공 좌구명치지 구역치지
匿怨而友其人 左丘明恥之 丘亦恥之
익원이우기인 좌구명치지 구역치지

해설 左丘明(좌구명): 노나라의 태사(太史)

|한자풀이| 足恭(주공): 지나치게 겸손함. 足(주)는 지나칠 과(過)의 뜻. 발을 의미할 때는 足(족)으로 읽는다. 丘(구): 공자의 이름. 공자가 스스로를 가리키는 것이다. 匿(닉): 숨기다

25 顔淵季路侍 子曰 盍各言爾志
안연계로시 자왈 합각언이지
子路曰 願車馬衣輕裘 與朋友共 敝之而無憾
자로왈 원거마의경구 여붕우공 폐지이무감

302

顔淵曰 願無伐善 無施勞
안연왈 원무벌선 무시로
子路曰 願聞子之志 子曰 老者安之 朋友信之 少者懷之
자로왈 원문자지지 자왈 노자안지 붕우신지 소자회지

|한자풀이| 爾志(이지): 너의 뜻, 輕裘(경구): 가벼운 갖옷(짐승의 털가죽으로 안을 댄 옷),
無憾(무감): 섭섭함이 없다, 無施勞(무시로): 공로를 자랑하지 않는다

26 子曰 已矣乎 吾未見能見其過而內自訟者也
자왈 이의호 오미견능견기과이내자송자야

|한자풀이| 訟(송): 꾸짖다

27 子曰 十室之邑 必有忠信如丘者焉 不如丘之好學也
자왈 십실지읍 필유충신여구자언 불여구지호학야

제6편 옹야(雍也)

01 子曰 雍也 可南使面 仲弓問子桑伯子 子曰 可也簡
자왈 옹야 가사남면 중궁문자상백자 자왈 가야간
仲弓曰 居敬而行簡 以臨其民 不亦可乎 居簡而行簡 無乃大簡乎
중궁왈 거경이행간 이림기민 불역가호 거간이행간 무내태간호
子曰 雍之言然
자왈 옹지언연

해설 南面(남면)이란, 임금이 남쪽을 향하여 앉아서 신하들을 접하고
나랏일을 논하는 것이다.

303

|한자풀이| 옹(雍): 공자의 제자인 중궁(仲弓)의 이름, 子桑伯子(자상백자): 누구인지 정확하지 않다, 大(태): 지나치게, 너무

02 哀公問 弟子孰爲好學
   애공문 제자숙위호학
   孔子對曰 有顔回者好學 不遷怒 不貳過 不幸短命死矣
   공자대왈 유안회자호학 불천노 불이과 불행단명사의
   今也則亡 未聞好學者也
   금야즉무 미문호학자야

해설 공자가 말하는 배우는 것(學)은 오늘날의 교육과정이 아니라, 예와 의,
    악 등등을 깨우치는 것이다.

|한자풀이| 亡(무): 無와 같은 뜻

03 子華使於齊 冉子爲其母請粟
   자화사어제 염자위기모청속
   子曰 與之釜 請益 曰與之庾 冉子與之粟五秉
   자왈 여지부 청익 왈여지유 염자여지속오병
   子曰 赤之適齊也 乘肥馬 衣輕裘 吾聞之也 君子周急 不繼富
   자왈 적지적제야 승비마 의경구 오문지야 군자주급 불계부
   原思爲之宰 與之粟九百 辭 子曰 毋 以與爾隣里鄕黨乎
   원사위지재 여지속구백 사 자왈 무 이여이인리향당호

해설 冉子(염자): 공자의 제자인 염구(冉求). 공자의 제자 중에서 실력이
    뛰어나 노나라 삼환 중의 하나인 계씨의 가신이 되었다. 子華(자화):
    공자의 제자, 이름이 赤(적), 原思(원사): 공자의 제자, 자사(子思)

304

04 子謂仲弓曰 犁牛之子 騂且角 雖欲勿用 山川其舍諸
자위중궁왈 이우지자 성차각 수욕물용 산천기사저

해설 仲弓(중궁): 공자의 제자이다. 중궁의 신분이 미천한 것을 얼룩소에
비유했다(犁牛之子). 공자의 교육은 신분에 차별을 두지 않으며
능력에 따라 누구든 관직에 등용될 수 있다는 것으로 기본으로 했다.
중궁은 제자들 중에서 능력이 아주 뛰어났다.

|한자풀이| 犁牛(이우): 무늬가 섞인 소, 騂(성): 털이 붉다

05 子曰 回也 其心三月不違仁 其餘則日月至焉而已矣
자왈 회야 기심삼월불위인 기여즉일월지언이이의

06 季康子問 仲由可使從政也與 子曰 由也果 於從政乎何有
계강자문 중유가사종정야여 자왈 유야과 어종정호하유
曰賜也可使從政也與 曰賜也達 於從政乎何有
왈사야가사종정야여 왈사야달 어종정호하유
曰求也可使從政也與 曰求也藝 於從政乎何有
왈구야가사종정야여 왈구야예 어종정호하유

해설 季康子(계강자): 노나라의 대부. 중유: 자로(子路). 자로는 공자의
제자 중에서 가장 무예가 뛰어났다. 처음 공자를 만났을 때 자로는
불손한 태도를 보였으나, 공자의 예에 감읍하여 제자가 되어 공자를
가까이에서 모셨다.

305

07 季氏使閔子騫爲費宰 閔子騫曰 善爲我辭焉 如有復我者 則吾必在汶上矣
   계씨사민자건위비재 민자건왈 선위아사언 여유부아자 즉오필재문상의

해설 季氏(계씨): 계손씨(季孫氏), 노나라의 세도가. 閔子騫(민자건)은
   공자의 제자. 노나라 소공(昭公) 13년 계손씨의 가신이었던 남괴가
   비읍에서 반란을 일으켰고, 또한 공산불요가 계씨에게 반란을
   일으켰다. 이에 계씨는 민자건이 현명하다는 소식을 듣고 그를 비읍의
   읍재로 삼으려 했다. 그러나 공자의 제자였던 민자건이 거절한
   것이다.

|한자풀이| 宰(재): 읍재. 읍의 우두머리. 汶上(문상): 제나라와 노나라의 경계에 있는
문수(文水)를 가리킨다.

08 伯牛有疾 子問之 自牖執其手曰 亡之 命矣夫
   백우유질 자문지 자유집기수왈 무지 명의부
   斯人也 而有斯疾也 斯人也 而有斯疾也
   사인야 이유사질야 사인야 이유사질야

해설 伯牛(백우): 공자의 제자.

|한자풀이| 亡之(무지): 희망이 없다

09 子曰 賢哉 回也 一簞食 一瓢飮 在陋巷 人不堪其憂
   자왈 현재 회야 일단사 일표음 재누항 인불감기우
   回也 不改其樂 賢哉 回也
   회야 불개기락 현재 회야

|한자풀이| 瓢(표): 표주박. 陋巷(누항): 누추한 곳

10 冉求曰 非不說子之道 力不足也 子曰 力不足者 中道而廢 今女劃
    염구왈 비불열자지도 역부족야 자왈 역부족자 중도이폐 금여획

|한자풀이| 劃(획): 선을 긋다, 자포자기하다

11 子謂子夏曰 女爲君子儒 無爲小人儒
    자위자하왈 여위군자유 무위소인유

|한자풀이| 儒(유): 학자

12 子游爲武城宰 子曰 女得人焉爾乎
    자유위무성재 자왈 여득인언이호
    曰有澹臺滅明者 行不由徑 非公事未嘗至於偃之室也
    왈유담대멸명자 행불유경 비공사미상지어언지실야

해설 偃(언): 공자의 제자, 자유(子游)

|한자풀이| 行不由徑(행불유경): 지름길을 취하지 아니하고 큰길로 간다

13 子曰 孟之反不伐 奔而殿 將入門 策其馬曰 非敢後也 馬不進也
    자왈 맹지반불벌 분이전 장입문 책기마왈 비감후야 마부진야

|한자풀이| 伐(벌): 공로를 자랑하다, 奔(분): 전쟁에 패주하는 것, 策(책): 채찍질

14 子曰 不有祝鮀之佞 而有宋朝之美 難乎免於今之世矣
    자왈 불유축타지녕 이유송조지미 난호면어금지세의

해설 祝鮀(축타): 위(衛)나라의 대부, 언변이 뛰어나서 위 영공의 총애를
    받았다. 宋朝(송조): 송나라의 공자(公子)로 미모가 뛰어나서 위나라

영공의 부인, 양공의 부인과 염문을 일으켰다.

|한자풀이| 영(侫): 말재주

15 子曰 誰能出不由戶 何莫由斯道也
    자왈 수능출불유호 하막유사도야

|한자풀이| 由戶(유호): 문을 거쳐 지나다

16 子曰 質勝文則野 文勝質則史 文質彬彬然後君子
    자왈 질승문즉야 문승질즉사 문질빈빈연후군자

해설 바탕이 장식보다 강해지면 하품(下品)이 되며, 장식이 바탕보다 강하면
     문서를 관리하는 자가 될 뿐이다. 바탕과 장식이 아름답게 조화를
     이루어야 마침내 품격이 있는 사람이 된다.

|한자풀이| 史(사): 사관

17 子曰 人之生也直 罔之生也 幸而免
    자왈 인지생야직 망지생야 행이면

|한자풀이| 罔(망): 무(無)

18 子曰 知之者 不如好之者 好之者 不如樂之者
    자왈 지지자 불여호지자 호지자 불여락지자

해설 알고 있다는 것은 알지 못하는 사람보다 뛰어날지 모르지만 좋아하는
     사람에 미치지 못한다. 또한 좋아하는 사람은 즐기는 사람에 미치지
     못한다.

19 子曰 中人以上 可以語上也 中人以下 不可以語上也
   자왈 중인이상 가이어상야 중인이하 불가이어상야

20 樊遲問知 子曰 務民之義 敬鬼神而遠之 可謂知矣
   번지문지 자왈 무민지의 경귀신이원지 가위지의
   問仁 曰仁者 先難而後獲 可謂仁矣
   문인 왈인자 선난이후획 가위인의

해설 樊遲(번지): 공자의 제자

|한자풀이| 先難而後獲(선난이후획): 어려운 일은 남보다 나서서 하고, 그 공은 나중에 취한다

21 子曰 知者樂水 仁者樂山 知者動 仁者靜 知者樂 仁者壽
   자왈 지자요수 인자요산 지자동 인자정 지자락 인자수

|한자풀이| 樂(요): 좋아하다. '즐기다'의 뜻으로 쓰일 때는 樂(락)

22 子曰 齊一變 至於魯 魯一變 至於道
   자왈 제일변 지어노 노일변 지어도

해설 공자는 자신의 나라, 노나라가 주(周)나라의 예법과 전통을 계승한
    것에 대해 커다란 자부심을 가지고 있었다. 당시 제나라는 제후국
    중에서 강대국으로 성장하고 있었으나, 공자의 관점에서는 의례와
    풍속은 훨씬 뒤떨어졌다고 생각했다. 따라서 제나라의 수준이
    높아지면 노나라 정도가 될 것이며, 노나라의 수준이 높아지면 도가
    실현되는 훌륭한 나라가 될 것이라는 의미이다.

23 子曰 觚不觚 觚哉觚哉
　　자왈 고불고 고재고재

해설 觚(고): 모난 술잔으로 제례에서 사용하는 것이다. 술잔이라도 예법에
　　맞추어 사용하지 않으면 안 된다는 공자의 비판이다.

24 宰我 問曰 仁者 雖告之曰 井有仁焉 其從之也
　　재아 문왈 인자 수고지왈 정유인언 기종지야
　　子曰 何爲其然也 君子可逝也 不可陷也 可欺也 不可罔也
　　자왈 하위기연야 군자가서야 불가함야 가기야 불가망야

|한자풀이| 陷(함): 빠지다, 欺(기): 속이다, 罔(망): (사리에) 어둡다

25 子曰 君子博學於文 約之以禮 亦可以不畔矣夫
　　자왈 군자박학어문 약지이례 역가이불반의부

|한자풀이| 博學(박학): 학문을 넓혀가는 것

26 子見南子 子路不說 夫子矢之曰 予所否者 天厭之 天厭之
　　자견남자 자로불열 부자시지왈 여소부자 천염지 천염지

해설 南子(남자): 위나라 영공의 부인. 음란했으며 위나라에서 관직을
　　얻으려면 남자에게 잘 보여야 할 정도로 실권을 휘둘렀다. 공자가
　　위나라에 있을 때 영공(靈公)은 공자 일행을 환영했으며 녹봉도
　　내렸으나 정작 정사에는 부르지 않았다. 이때 남자가 공자를 불렀다.
　　공자가 남자를 만나려 하자, 자로는 스승에게 충언을 했다. 이에
　　공자는 자로에게 예를 다할 것이라고 답한 것이다.

|한자풀이| 予所否者(여소부자): 내게 잘못된 행동이 있다면. 여기에서 所(소)는 '만약 ~

했다면'이라는 가정이다. 矢(시): 맹세, 厭(염): 버리다

27 子曰 中庸之爲德也 其至矣乎 民鮮久矣
    자왈 중용지위덕야 기지의호 민선구의

|한자풀이| 中庸(중용): 지나치거나 모자람이 없다. 鮮(선): 드물다

28 子貢曰 如有博施於民 而能濟衆 何如 可謂仁乎
    자공왈 여유박시어민 이능제중 하여 가위인호
    子曰 何事於仁 必也聖乎 堯舜其猶病諸
    자왈 하사어인 필야성호 요순기유병저
    夫仁者 己欲立而立人 己欲達而達人
    부인자 기욕립이립인 기욕달이달인
    能近取譬 可謂仁之方也已
    능근취비 가위인지방야이

해설 堯舜(요순): 중국의 전설적인 성군인 요임금과 순임금. 요임금은
    인자하고 지혜로웠으며, 제(帝, 천자)로 불렸다. 요임금은 천자의
    지위를 장자에게 물려주지 않고 천거를 받았다. 당시 효자로 소문난
    순(舜)에게 섭정을 하게 하고 자신은 스스로 은거했다. 이로써 천하에
    덕을 밝힌다는 것은 순임금 때부터 비롯되었다고 말한다.
    순은 처음에는 요임금의 장자에게 제위를 양보했으나, 민심에
    의해 천자의 자리에 올랐다. 순임금은 요의 사상을 이어받아 여러
    규약과 제도를 정비하여 나라를 부강하게 했다. 또한 신하들에게
    알맞은 관직을 주어 나라를 다스렸는데, 특히 신하 우(禹)의 공적이
    커서 천하가 태평성대가 되었다. 이후 순은 우에게 천자의 자리를
    물려준다.
    요순시대는 왕위를 장자에게 물려주지 않고 선양(禪讓)제도가
    실시됨으로써 태평성대가 되었다고 생각한 공자는 이 시대를 가장

311

이상적인 정치사회라고 생각했다.

|한자풀이| 立(립): 자립, 입신, 達(달): 성취하다, 譬(비): 하나의 사실을 통하여 다른 사실을 미루어 알다, 能近取譬(능근취비): 가까이에서 깨달음을 얻다, 즉 남의 입장을 미루어 헤아린다.

제7편 술이(述而)

01 子曰 述而不作 信而好古 竊比於我老彭
    자왈 술이부작 신이호고 절비어아노팽

해설 老彭(노팽): 은(殷)나라의 현명한 대부, 또는 노자(老子)와 팽조(彭祖)라고 말하는 학자도 있다.

|한자풀이| 절(竊): 훔치다, 남몰래, 마음속으로

02 子曰 默而識之 學而不厭 誨人不倦 何有於我哉
    자왈 묵이지지 학이불염 회인불권 하유어아재

|한자풀이| 識(지): 기억하다, 표시하다, 誨(회): 가르치다

03 子曰 德之不修 學之不講 聞義不能徙 不善不能改 是吾憂也
    자왈 덕지불수 학지불강 문의불능사 불선불능개 시오우야

|한자풀이| 徙(사): 옮기다

04 子之燕居 申申如也 夭夭如也
    자지연거 신신여야 요요여야

312

05 子曰 甚矣 吾衰也 久矣 吾不復夢見周公
자왈 심의 오쇠야 구의 오불부몽견주공

해설 周公(주공): 주(周)나라 문왕의 아들이며 무왕의 동생이다. 섭정을
하며 어린 조카 성왕(成王)을 7년 동안 보필하며 주나라를 잘
다스렸다. 마음만 먹으면 왕위를 차지할 수 있었으나 그렇게 하지
않았기 때문에 공자는 예와 덕으로 나라를 다스린 주공을 가장
경애하며 본받으려 했다.

06 子曰 志於道 據於德 依於仁 游於藝
자왈 지어도 거어덕 의어인 유어예

해설 藝(예)란 주나라 시대의 학문으로 육예(六藝)를 말한다. 즉 예(禮;
제례), 악(樂; 음악), 사(射; 활쏘기), 어(御; 말을 다루는 기술),
서(書; 서예), 수(數; 수학)이다.

|한자풀이| 據(거): 근간으로 삼다, 游(유): 노닐다, 익숙하게 하다

07 子曰 自行束脩以上 吾未嘗無誨焉
자왈 자행속수이상 오미상무회언

해설 束脩(속수): 육포 한 묶음. 배우기 위해 공자를 찾아오는 사람이
가져올 수 있는 최소한의 예의를 의미한다. 공자 이전의 시대에는
귀족, 왕족들만 학문을 배울 수 있었다. 공자는 최초로 사학을 열어
배우고자 하는 사람이라면 신분에 관계없이 누구라도 받아들였다.

08　子曰 不憤不啓 不悱不發 擧一隅 不以三隅反 則不復也
　　자왈 불분불계 불비불발 거일우 불이삼우반 즉불부야

|한자풀이| 憤(분): 힘쓰다, 분발하다, 悱(비): 표현하려고 애쓰다, 말이 나오지 않다

09　子食於有喪者之側 未嘗飽也 子於是日 哭則不歌
　　자식어유상자지측 미상포야 자어시일 곡즉불가

|한자풀이| 飽(포): 배불리 먹다, 哭(곡): 사람의 죽음을 슬퍼하여 울다

10　子謂顔淵曰 用之則行 舍之則藏 惟我與爾有是夫
　　자위안연왈 용지즉행 사지즉장 유아여이유시부
　　子路曰 子行三軍 則誰與
　　자로왈 자행삼군 즉수여
　　子曰 暴虎馮河 死而無悔者 吾不與也 必也臨事而懼 好謀而成者也
　　자왈 포호빙하 사이무회자 오불여야 필야임사이구 호모이성자야

|한자풀이| 藏(장): 감추다, 숨다, 三軍(삼군): 군대 전체, 河(하): 황하

11　子曰 富而可求也 雖執鞭之士 吾亦爲之 如不可求 從吾所好
　　자왈 부이가구야 수집편지사 오역위지 여불가구 종오소호

해설 鞭(편): 채찍. 지위가 높은 사람의 말을 끄는 일. 공자는 젊은 시절
　　창고 관리, 말을 관리하는 일 등을 했었다. 이치에 맞지 않는 부를
　　추구하느니, 자신이 뜻한 바를 하겠다는 의미이다.

12　子之所愼 齊戰疾
　　자지소신 재전질

13 子在齊聞韶 三月不知肉味 曰 不圖爲樂之至於斯也
    자재제문소 삼월부지육미 왈 부도위악지지어사야

해설 韶(소)는 성왕으로 알려진 순(舜)임금 때의 태평성세를 찬미하는
      음악이다. 공자는 제나라에서 머물면서 이 음악이 아름다움의 극치에
      이르렀음에 깊이 감동하였다고 한다. 또한 순임금이 덕망에 의해
      요임금으로부터 왕위를 선양받은 것을 높이 평가했다.

14 冉有曰 夫子爲衛君乎 子貢曰 諾 吾將問之
    염유왈 부자위위군호 자공왈 낙 오장문지
    入曰 伯夷叔齊 何人也 曰 古之賢人也 曰 怨乎 曰 求仁而得仁 又何怨
    입왈 백이숙제 하인야 왈 고지현인야 왈 원호 왈 구인이득인 우하원
    出曰 夫子不爲也
    출왈 부자불위야

해설 공자는 자신을 알아주는 군주를 찾기 위해 여러 제후국을 돌아다녔다.
      그중에서 위나라 영공의 초청으로 몇 번에 걸쳐 위나라를 방문했으나
      정치에 참여할 기회를 얻지 못했다. 또한 위나라는 영공의 부인,
      남자(男子)와 태자 괴외의 정권 다툼으로 혼란했기 때문에 공자는
      위나라에 인(仁)이 행해지지 않는다고 보았다.

15 子曰 飯疏食飮水 曲肱而枕之 樂亦在其中矣 不義而富且貴 於我如浮雲
    자왈 반소사음수 곡굉이침지 낙역재기중의 불의이부차귀 어아여부운

해설 비록 거친 밥과 물, 팔을 베개 삼아 눕는 가난한 생활일지라도 그 속에
      진정한 즐거움이 있다. 나쁜 짓으로 돈을 벌어 신분 상승이 되는 것은

내게는 뜬구름과 같은 것이기 때문에 마음이 흔들릴 까닭이 전혀 없다는 뜻이다.

|한자풀이| 疏食(소사): 변변치 않은 음식

16 子曰 加我數年 五十以學易 可以無大過矣
자왈 가아수년 오십이학역 가이무대과의

해설 易(역): 주역(周易). 주나라의 역으로서, 우주의 원리를 통해서 길운과 흉운을 점치는 것이다.

17 子所雅言 詩書執禮 皆雅言也
자소아언 시서집례 개아언야

해설 시(詩): 주나라 때 만들어진 시편집, 서(書): 주나라를 포함한 중국 고대의 법령집, 예(禮): 주나라의 도덕규범, 악(樂): 주나라의 음악. 공자는 이러한 학문을 갈고 닦아야 진정한 사(士)가 될 수 있다고 항상 가르쳤다.

|한자풀이| 雅言(아언): 평소에 하는 말. 학자에 따라서는 정언(正言 표준말)이라고 해석하기도 한다. 執禮(집례): 예를 다하다

18 葉公問孔子於子路 子路不對
섭공문공자어자로 자로부대
子曰 女奚不曰 其爲人也 發憤忘食 樂以忘憂 不知老之將至云爾
자왈 여해불왈 기위인야 발분망식 낙이망우 부지로지장지운이

해설 葉公(섭공): 초나라의 대부

19 子曰 我非生而知之者 好古敏以求之者也
　　자왈 아비생이지지자 호고민이구지자야

해설 나는 태어나면서부터 사물의 이치를 깨닫고 있었던 것은 아니다.
　　옛사람(주 왕조의 전통)을 좋아하여 그들의 문화와 예 즉, 인간이
　　추구해야 할 이상적인 도를 깨우치고자 했던 것이다.

20 子不語怪力亂神
　　자불어괴력난신

해설 선생께서는 해괴한 일, 힘으로 쓰는 일, 반역, 귀신(미신) 등등에
　　대해서는 입에 담은 적이 없다. 도리에 어긋나는 것으로 인간을
　　현혹하기 때문이다.

21 子曰 三人行 必有我師焉 擇其善者而從之 其不善者而改之
　　자왈 삼인행 필유아사언 택기선자이종지 기불선자이개지

해설 세 사람이 함께 가고 있을 때 그 중에 반드시 스승으로 삼을 사람이
　　있다. 선한 일을 하는 사람이라면 그것을 그대로 보고 배우고, 선하지
　　않은 일을 하는 사람이라면 그 선하지 않은 일에 대해서 나 스스로
　　반성하여 개선하면 그외 두 사람 모두가 나의 스승이 된다는 뜻이다.

22 子曰 天生德於子 桓魋其如子何
　　자왈 천생덕어여 환퇴기여여하

해설 桓魋(환퇴): 송(宋)나라의 장수. 공자가 여러 나라를 돌아다닐 때,

송나라에 이른 적이 있었다. 엄청 힘이 센 환퇴는 나라를 지키는 데 필요한 것은 무(武)라고 생각했다. 따라서 공자의 정치적 이상 같은 것은 전혀 이해하지 못했다. 그는 송나라로 들어오는 공자 일행을 향해 큰 나무를 뽑아 휘둘렀다. 제자들은 송나라에서 빨리 떠나는 것이 좋겠다고 했으나, 공자는 하늘이 자신에게 천명을 내렸다고 믿으며 제자들의 청을 물리쳤다.

23 子曰 二三者 以我爲隱乎 吾無隱乎爾 吾無行而不與二三子者 是丘也
    자왈 이삼자 이아위은호 오무은호이 오무행이불여이삼자자 시구야

|한자풀이| 二三者(이삼자): 제자들을 가리킨다. 與(여): 보여주다

24 子以四敎 文行忠信
    자이사교 문행충신

25 子曰 聖人吾不得而見之矣 得見君子者 斯可矣
    자왈 성인오부득이견지의 득견군자자 사가의
    子曰 善人吾不得而見之矣 得見有恒者 斯可矣
    자왈 선인오부득이견지의 득견유항자 사가의
    亡而爲有 虛而爲盈 約而爲泰 難乎有恒矣
    무이위유 허이위영 약이위태 난호유항의

|한자풀이| 得而(득이): ~할 수 있다. 虛(허): 비다, 없다. 盈(영): 가득차다. 約(약): 빈곤

26 子釣而不網 弋不射宿
    자조이불강 익불석숙

|한자풀이| 강(網): 벼리 강, 그물. 여러 개의 낚시를 달아 물속에 늘어뜨려 고기를 잡는 것(주낙), 익(弋): 주살 또는 줄을 매어 쏘는 화살. 射(석): 쏘아 잡다. 宿(숙): 둥지에 깃든 새

318

27 子曰 蓋有不知而作之者 我無是也
　　자왈 개유부지이작지자 아무시야
　　多聞 擇其善者而從之 多見而識之 知之次也
　　다문 택기선자이종지 다견이시지 지지차야

|한자풀이| 識(시): 기억하다

28 互鄕難與言 童子見 門人惑
　　호향난여언 동자현 문인혹
　　子曰 與其進也 不與其退也 唯何甚 人潔己以進 與其潔也 不保其往也
　　자왈 여기진야 불여기퇴야 유하심 인결기이진 여기결야 불보기왕야

|한자풀이| 與(여): 허락하다, 받아들이다, 往(왕): 과거의 일

29 子曰 仁遠乎哉 我欲仁 斯仁至矣
　　자왈 인원호재 아욕인 사인지의

해설 인을 이루고자 하지 않으면 먼 곳에 있다고 생각되지만, 인을
　　성취하고자 생각하면 인(仁)의 길에 금방 다다르게 된다는 뜻이다.

30 陳司敗問 昭公知禮乎 孔子曰 知禮
　　진사패문 소공지례호 공자왈 지례
　　孔子退 揖巫馬期而進之 曰 吾聞君子不黨 君子亦黨乎
　　공자퇴 읍무마기이진지 왈 오문군자부당 군자역당호
　　君取於吳 爲同姓 謂之吳孟子 君而知禮 孰不知禮
　　군취어오 위동성 위지오맹자 군이지례 숙부지례
　　巫馬期以告 子曰 丘也幸 苟有過 人必知之
　　무마기이고 자왈 구야행 구유과 인필지지

司敗(사패): 사구(司寇)라고도 한다. 법을 관장한다. 공자도
노나라에서 대사구의 벼슬을 한 적이 있다. 당시에는 같은 성끼리
결혼하지 않는 것이 예(禮)의 기본이었다. 노나라와 오나라는
성이 같은 희(嬉)이다. 그런데 노나라의 왕실에서 오나라의
부인을 맞아들인 것은 예에 어긋나는 것이라고 비난하며 공자의
제자(무마기)에게 묻고 있는 것이다. 제후의 부인을 맞아들일 때는
본국의 이름에 희(嬉)를 붙여 오희(吳嬉)라고 해야 하는데, 오맹자라
불렀다는 것이다.

31 子與人歌而善 必使反之 而後和之
자여인가이선 필사반지 이후화지

32 子曰 文莫吾猶人也 躬行君子 則吾未之有得也
자왈 문막오유인야 궁행군자 즉오미지유득야

해설 나는 학문에 힘쓰는 것은 다른 사람에게 뒤떨어질 것이 없으나,
군자로서의 행동에 있어서는 아직 충분하지 않다.

33 子曰 若聖與仁 則吾豈敢 抑爲之不厭 誨人不倦 則可謂云爾已矣
자왈 약성여인 즉오기감 억위지불염 회인불권 즉가위운이이의
公西華曰 正唯弟子 不能學也
공서화왈 정유제자 불능학야

34 子疾病 子路請禱 子曰有諸 子路對曰 有之
자질병 자로청도 자왈유저 자로대왈 유지
誄曰 禱爾于上下神祇 子曰 丘之禱久矣
뢰왈 도이우상하신기 자왈 구지도구의

|한자풀이| 有諸(유저): 그런 일이 있느냐, 誄(뢰): 제문, 또는 기도문, 祇(기): 땅의 신

35 子曰 奢則不孫 儉則固 與其不孫也 寧固
    자왈 사즉불손 검즉고 여기불손야 영고

36 子曰 君子坦蕩蕩 小人長戚戚
    자왈 군자탄탕탕 소인장척척

|한자풀이| 탕(蕩): 광대하다, 넓다, 戚(척): 근심하다

37 子溫而厲 威而不猛 恭而安
    자온이려 위이불맹 공이안

|한자풀이| 厲(려): 엄하다, 猛(맹): 사납다

제8편 태백(泰伯)

01 子曰 泰伯 其可謂至德也已矣 三以天下讓 民無得而稱焉
    자왈 태백 기가위지덕야이의 삼이천하양 민무득이칭언

해설 泰伯(태백): 주나라 선조인 태왕, 고공단보(古公亶父)의 장자이다.
      훗날 문왕이 되는 조카를 위해 왕위를 사양하고 오나라로 건너갔다.

02 子曰 恭而無禮則勞 愼而無禮則葸 勇而無禮則亂 直而無禮則絞
    자왈 공이무례즉로 신이무례즉사 용이무례즉란 직이무례즉교
    君子篤於親 則民興於仁 故舊不遺 則民不偸
    군자독어친 즉민흥어인 고구불유 즉민불투

321

해설 공손한 것은 좋지만 예를 갖추지 못하면 피곤할 뿐이고, 신중하고 생각이 깊은 것은 좋으나 예를 갖추지 못하면 머뭇거리게 될 뿐이다. 용감한 것은 좋으나 예를 갖추지 못하면 난폭한 것일 뿐이고, 강직한 것은 좋으나 예를 갖추지 못하면 냉혹해지는 것이다.

|한자풀이| 葸(사): 두려워하다, 故舊(고구): 옛 친구, 偸(투): 인정이 박하다

03 曾子有疾 召門弟子曰 啓予足 啓予手
    증자유질 소문제자왈 계여족 계여수
    詩云 戰戰兢兢 如臨深淵 如履薄氷 而今而後 吾知免夫 小子
    시운 전전긍긍 여림심연 여리박빙 이금이후 오지면부 소자

해설 曾子(증자): 공자의 제자 중 효자로 이름난 사람이다. 증자는 부모에게서 물려받은 신체를 훼손하지 않는 것이 효의 근본이라고 생각했다.

|한자풀이| 戰戰(전전): 겁을 먹은 듯 벌벌 떨다, 兢兢(긍긍): 조심하여 몸을 움츠리다, 履(리): 밟다

04 曾子有疾 孟敬子問之
    증자유질 맹경자문지
    曾子言曰 鳥之將死 其鳴也哀 人之將死 其言也善
    증자언왈 조지장사 기명야애 인지장사 기언야선
    君子所貴乎道者三 動容貌 斯遠暴慢矣 正顔色 斯近信矣
    군자소귀호도자삼 동용모 사원포만의 정안색 사근신의
    出辭氣 斯遠鄙倍矣 籩豆之事則有司存
    출사기 사원비배의 변두지사즉유사존

孟敬子(맹경자): 노나라의 대부.

|한자풀이| 問(문): 문병하다, 비배(鄙倍): 비루하고 사리에 어긋나다, 邊豆(변두): 대나무와 나무로 만들어진 제기

05 曾子曰 以能問於不能 以多問於寡 有若無 實若虛 犯而不校
    증자왈 이능문어불능 이다문어과 유약무 실약허 범이불교
    昔者吾友 嘗從事於斯矣
    석자오우 상종사어사의

해설 재능이 있다 해도 재능이 없는 자에게도 묻고, 식견이 풍부하다 해도 식견이 없는 자에게도 서슴없이 묻고, 스스로 알맹이가 꽉 차 있으면서도 그렇지 않게 보이며, 공격을 당해도 보복하려 하지 않는다. 나의 옛 친구(안회를 가리킨다) 중에 그와 같은 사람이 있었다.

|한자풀이| 校(교): 따지고 논쟁하다

06 曾子曰 可以託六尺之孤 可以寄百里之命
    증자왈 가이탁육척지고 가이기백리지명
    臨大節而不可奪也 君子人與 君子人也
    임대절이불가탈야 군자인여 군자인야

|한자풀이| 六尺之孤(육척지고): 어린 임금, 百里(백리): 한 나라, 또는 제후국

07 曾子曰 士不可以不弘毅 任重而道遠
    증자왈 사불가이불홍의 임중이도원
    仁以爲己任 不亦重乎 死而後已 不亦遠乎
    인이위기임 불역중호 사이후이 불역원호

해설 사(士)는 당시 특정한 신분계급이다. 세습 귀족이 아닌, 일반 사람들 중에서 지식(시서예악)을 갖추고 관직에 등용되었다. 공자의 제자들이 그러한 사람들이었다.

08 子曰 興於詩 立於禮 成於樂
   자왈 흥어시 입어례 성어악

해설 학문을 쌓는 일은, 처음에는 시(詩)에 의해 고양되고, 예에 의해서 안정되고, 음악에 의해서 완성된다는 뜻이다.

09 子曰 民可使由之 不可使知之
   자왈 민가사유지 불가사지지

해설 위정자는 백성들을 복종시킬 수는 있으나, 그 이유까지 납득시킬 수는 없는 것이다.

10 子曰 好勇疾貧 亂也 人而不仁 疾之已甚 亂也
   자왈 호용질빈 난야 인이불인 질지이심 난야

|한자풀이| 疾貧(질빈): 가난을 싫어하다

11 子曰 如有周公之才之美 使驕且吝 其餘不足觀也已
   자왈 여유주공지재지미 사교차린 기여부족관야이

|한자풀이| 吝(린): 인색하다

12 子曰 三年學 不至於穀 不易得也
   자왈 삼년학 부지어곡 불이득야

13 子曰 篤信好學 守死善道 危邦不入 亂邦不居 天下有道則見 無道則隱
     자왈 독신호학 수사선도 위방불입 난방불거 천하유도즉현 무도즉은
     邦有道 貧且賤焉 恥也 邦無道 富且貴焉 恥也
     방유도 빈차천언 치야 방무도 부차귀언 치야

해설 두터운 믿음으로 학문하는 것을 좋아하고 목숨을 걸고 사람의 도를
     행하며, 어지럽고 위태로운 나라에는 들어가지 않는다. 나라에 난이
     일어나 어지러우면 머물지 않으며, 나라 전체에 도덕이 살아 있을
     때는 세상에 나와 활약하고, 도덕이 살아 있지 않을 때는 엎드려
     있어야 한다. 도덕이 살아 있는데도 가난하게 살고 나라의 일을
     하지 않는 것은 부끄러운 일이며, 또한 도덕이 사라졌는데 돈이 많고
     지위가 높은 것도 부끄러운 일이다.

14 子曰 不在其位 不謀其政
     자왈 부재기위 불모기정

해설 자신이 맡고 있지 않는 자리의 정무에는 참견하지 말아야 한다.

15 子曰 師摯之始 關雎之亂 洋洋乎盈耳哉
     자왈 사지지시 관저지란 양양호영이재

해설 지(摯) : 노나라의 태사(太師)이며 유명한 음악인. 공자는 그에게
     음악을 배웠다.

325

16 子曰 狂而不直 侗而不愿 悾悾而不信 吾不知之矣
　　자왈 광이부직 동이불원 공공이불신 오부지지의

|한자풀이| 侗(동): 무지하다, 愿(원): 성실하다, 悾(공): 어리석다, 무능하다

17 子曰 學如不及 猶恐失之
　　자왈 학여불급 유공실지

해설 학문은 열심히 쫓아가 현명하게 얻어내는 것이지만, 그보다 배운 것을
　　잃어버리게 될까를 더 경계해야 한다는 뜻.

18 子曰 巍巍乎 舜禹之有天下也 而不與焉
　　자왈 외외호 순우지유천하야 이불여언

해설 不與(불여): 구하지 않다. 즉 순임금과 우임금이 천하를 다스리게 된
　　것은 자신이 그렇게 하려고 한 것이 아니라, 덕에 의해 천자의 지위가
　　선양되었음 가리킨다.

|한자풀이| 외외(巍巍): 높고 크다

19 子曰 大哉 堯之爲君也 巍巍乎 唯天爲大 唯堯則之 蕩蕩乎民無能名焉
　　자왈 대재 요지위군야 외외호 유천위대 유요칙지 탕탕호민무능명언
　　巍巍乎 其有成功也 煥乎 其有文章
　　외외호 기유성공야 환호 기유문장

|한자풀이| 則之(칙지): 따르다, 蕩蕩(탕탕): 넓고 아득하다, 文章(문장): 한 나라의 문명을
형성한 예악과 제도

20 舜有臣五人 而天下治 武王曰 予有亂臣十人
　　순유신오인 이천하치 무왕왈 여유란신십인
　　孔子曰 才亂 不其然乎 唐虞之際 於斯爲盛 有婦人焉 九人而已
　　공자왈 재난 불기연호 당우지제 어사위성 유부인언 구인이이
　　三分天下有其二 以服事殷 周之德 其可謂至德也已矣
　　삼분천하유기이 이복사은 주지덕 기가위지덕야이의

해설 三分天下有其二(삼분천하유기이): 천하의 3분의 2를 소유했을 때란,
　　문왕의 시대를 가리킨다. 문왕의 뒤를 이어 은(殷)나라를 멸망시키고
　　천하를 차지한 사람은 무왕(武王)이다. 공자는 주나라가 은나라의
　　전통과 문화를 잘 이어받아, 예와 문물을 번영시켰다고 생각한다.

|한자풀이|　亂臣(난신): 나라가 혼란했을 때의 신하. 唐虞之際(당우지제): 요임금의
당(唐)나라에서 순임금의 우(虞)나라로 바뀐 시기

21 子曰 禹吾無間然矣 菲飮食 而致孝乎鬼神 惡衣服 而致美乎黻冕
　　자왈 우오무간연의 비음식 이치효호귀신 악의복 이치미호불면
　　卑宮室 而盡力乎溝洫 禹吾無間然矣
　　비궁실 이진력호구혁 우오무간연의

해설 우(禹)임금: 순임금에게 천거되어 황하의 치수를 맡았다. 홍수를
　　훌륭하게 다스린 업적으로 순임금이 천하를 우에게 물려주어
　　하(夏)나라를 창시했다. 솔선수범하여 검소한 생활을 했다. 우임금
　　이후부터는 왕위가 장자에게 상속되기 시작했다.

|한자풀이|　間(간): 헐뜯다. 黻冕(불면): 고대의 예복과 면류관

327

제9편 자한(子罕)

01　子罕言利與命與仁
　　자한언리여명여인

|한자풀이| 한언(罕言) : ·드물게 말하다, 命(명): 천명

02　達巷黨人曰 大哉 孔子 博學而無所成名
　　달항당인왈 대재 공자 박학이무소성명
　　子聞之 謂門弟子曰 吾何執 執御乎 執射乎 吾執御矣
　　자문지 위문제자왈 오하집 집어호 집사호 오집어의

해설 공자는 젊은 시절에 창고 관리, 가축 관리와 같은 말단 관리 생활을
　　했다. 가축 관리란 수레를 잘 모는 능력이 있어야 할 수 있는 일이다.

|한자풀이| 執(집): 전문으로 하다, 御(어): 수레를 모는 일, 射(사): 활쏘기

03　子曰 麻冕禮也 今也純 儉吾從衆
　　자왈 마면예야 금야순 검오종중
　　拜下禮也 今拜乎上 泰也 雖違衆 吾從下
　　배하례야 금배호상 태야 수위중 오종하

해설 배하(拜下): 신하가 임금에게 당 아래에서 절을 하는 것.

|한자풀이| 麻冕(마면): 삼베로 만든 관, 純(순): 명주실, 泰(태): 교만하다, 심하다

328

04 子絶四 毋意 毋必 毋固 毋我
　　자절사 무의 무필 무고 무아

해설 공자는 네 가지 태도를 끊어 버렸다. 자신에게 유리하게 판단하는 일,
　　무리수를 두는 일, 완고한 태도, 자기중심적으로 생각하는 일.

05 子畏於匡 曰 文王旣沒 文不在玆乎
　　자외어광 왈 문왕기몰 문부재자호
　　天之將喪斯文也 後死者 不得與於斯文也
　　천지장상사문야 후사자 부득여어사문야
　　天之未喪斯文也 匡人其如子何
　　천지미상사문야 광인기여여하

해설 文王(문왕): 주나라의 터전을 마련했으며 어진 정치를 베풀고 예와
　　법제도를 정비했으며, 《주역》을 지었다. 광(匡): 위나라의 지역으로
　　노나라의 양호라는 세력가가 광을 공략한 적이 있었다. 공자가
　　유랑하던 시절, 이 마을로 들어서자 공자의 모습을 양호로 착각한
　　사람들이 공자 일행을 감금하여 죽이려 했다. 그러나 공자는 천명에
　　의해 주나라의 전통과 예를 계승할 임무가 자신에게 주어졌다고
　　믿었다.

|한자풀이| 畏(외): 두려운 일을 당하다. 沒(몰): 죽다

06 大宰問於子貢曰 夫子聖者與 何其多能也 子貢曰 固天縱之將聖 又多能也
　　태재문어자공왈 부자성자여 하기다능야 자공왈 고천종지장성 우다능야
　　子聞之曰 大宰知我乎 吾少也賤 故多能鄙事 君子多乎哉 不多也
　　자문지왈 태재지아호 오소야천 고다능비사 군자다호재 부다야
　　牢曰 子云 吾不試故藝
　　뢰왈 자운 오불시고예

329

공자가 무엇이든 열심히 하게 되었다고 말하는 것은 예(藝), 즉 육예(六藝)를 가리킨다. 주나라 시대의 교육과목인 예(禮), 악(樂), 사(射), 어(御), 서(書), 수(數).

|한자풀이| 大宰(태재): 대부를 나타내는 관직명, 縱(종): 허락하다, 牢(뢰): 공자의 제자인 자장(子張)의 이름, 試(시): 등용되다

07 子曰 吾有知乎哉 無知也 有鄙夫問於我 空空如也 我叩其兩端而竭焉
    자왈 오유지호재 무지야 유비부문어아 공공여야 아고기양단이갈언

해설 나는 박식한 것일까, 그렇지 않다. 그렇지만 배우지 못해서 신분이 낮고 보잘 것 없는 사람이 성실한 태도로 질문해 오면, 그가 알고 싶어 하는 것을 어느 것 하나 빼놓지 않고 확실하게 답해줄 것이다.

|한자풀이| 空空如(공공여): 아무것도 없이 비어 있는 상태, 叩(고): 되묻다, 竭(갈): 다하다

08 子曰 鳳鳥不至 河不出圖 吾已矣夫
    자왈 봉조부지 하불출도 오이의부

해설 河圖(하도): 고대 중국의 전설적인 5황제 중 하나로 알려진 복희씨가 황하에서 얻은 그림. 용마(龍馬)가 황하에서 등에 지고 나왔다는 이 그림에서 《주역》의 팔괘가 지어졌다고 한다. 《주역》이란 길흉을 점치는 등 우주의 질서를 설명하고 풀이한다. 봉황과 하도는 성인이 나타나는 것을 상징하는 것이다. 태평성대를 만들려는 자신의 이상이 실현되지 못하는 것을 안타까워하는 공자의 심정이다.

09 子見齊衰者 冕衣裳者 與瞽者 見之 雖少必作 過之必趨
    자견자최자 면의상자 여고자 견지 수소필작 과지필추

|한자풀이| 齊衰(자최): 상복, 冕(면): 예관(禮冠), 瞽(고): 눈이 먼 사람, 趨(추): 달리다, 종종걸음치다

10 顏淵喟然歎曰 仰之彌高 鑽之彌堅 瞻之在前 忽焉在後
    안연위연탄왈 앙지미고 찬지미견 첨지재전 홀언재후
    夫子 循循然善誘人 博我以文 約我以禮 欲罷不能
    부자 순순연선유인 박아이문 약아이례 욕파불능
    旣竭吾才 如有所立卓爾 雖欲從之 末由也已
    기갈오재 여유소립탁이 수욕종지 말유야이

해설 顏淵(안연): 안회(BC 521~ ?), 노나라 사람이다. 공자의 제자. 공자의
    가르침을 가장 치열하게 따르고자 했으며, 유랑 기간 동안 공자의
    곁에서 함께 했다.

|한자풀이| 彌(미): 더욱, 鑽(찬): 깊이 연구하다, 約(약): 갖추다, 탁(卓): 높다

11 子疾病 子路使門人爲臣
    자질병 자로사문인위신
    病間曰 久矣哉 由之行詐也 無臣而爲有臣 吾誰欺 欺天乎
    병간왈 구의재 유지행사야 무신이위유신 오수기 기천호
    且予與其死於臣之手也 無寧死於二三子之手乎
    차여여기사어신지수야 무녕사어이삼자지수호
    且予縱不得大葬 予死於道路乎
    차여종부득대장 여사어도로호

해설 臣(신): 가신(家臣)은 제후 또는 대부의 상례에서 예를 진행하는
    사람이다. 공자는 과거에 노나라에서 대사구(大司寇: 사법을 관장)의
    자리에 있었으나 당시에는 관직에 있지 않았는데도, 자로가 공자의

장례를 대부의 예로 진행하려 한 것이다.

|한자풀이| 詐(사): 속이다, 꾸미다, 縱(종): 비록

12 子貢曰 有美玉於斯 韞匵而藏諸 求善賈而沽諸
　　자공왈 유미옥어사 온독이장저 구선고이고저
　　子曰 沽之哉 沽之哉 我待賈者也
　　자왈 고지재 고지재 아대고자야

해설 子貢(자공): 위나라 사람으로 공자의 제자이다. 언변이 뛰어났을 뿐만
아니라, 재산 관리 등 여러 가지 일에 능했다.

|한자풀이| 韞(온): 감추다, 匵(독): 궤, 賈(고): 장사꾼, 沽(고): 팔다

13 子欲居九夷 或曰 陋如之何 子曰 君子居之 何陋之有
　　자욕거구이 혹왈 누여지하 자왈 군자거지 하누지유

해설 陋(누): 누추한 곳. 공자의 시대에는 중원을 제외한 주변의 나라는
도(道)와 예(禮)라는 것이 존재하지 않은 곳이라는 의미로 오랑캐
족이라 했다. 공자는 그곳에 자기와 같은 군자가 가면 교화될 수
있다고 생각했다.

|한자풀이| 九夷(구이): 중국 변방에 있는 9개의 오랑캐 족

14 子曰 吾自衛反魯然後 樂正 雅頌各得其所
　　자왈 오자위반노연후 악정 아송각득기소

해설 雅(아): 《시경》의 소아와 대아, 頌(송): 본래는 시 형식이었으나,
성인을 칭송하는 음악으로 주로 나라의 행사와 제례 때 연주되었다.

15 子曰 出則事公卿 入則事父兄 喪事不敢不勉 不爲酒困 何有於我哉
　　자왈 출즉사공경 입즉사부형 상사불감불면 불위주곤 하유어아재

|한자풀이| 公卿(공경): 높은 관직에 있는 사람, 出(출): 出仕(출사), 관직을 받아 일을 할
때라는 의미

16 子在川上曰 逝者如斯夫 不舍晝夜
　　자재천상왈 서자여사부 불사주야

해설 노나라를 떠나 여러 제후국을 찾아다닌 공자의 여행은 14년간
　　계속되었다. 공자는 그러한 자신의 처지를 흐르는 물에 비유한
　　것이다.

17 子曰 吾未見好德 如好色者也
　　자왈 오미견호덕 여호색자야

해설 나는 아직 여색에 빠지듯이 도덕을 좋아하는 사람을 보지 못했다.

18 子曰 譬如爲山 未成一簣 止吾止也 譬如平地 雖覆一簣 進吾往也
　　자왈 비여위산 미성일궤 지오지야 비여평지 수복일궤 진오왕야

|한자풀이| 譬(비): 비유하다, 簣(궤): 삼태기

19 子曰 語之而不惰者 其回也與
　　자왈 어지이불타자 기회야여

20 子謂顔淵曰 惜乎 吾見其進也 吾未見其止也
　　자위안연왈 석호 오견기진야 오미견기지야

333

해설 공자는 자신이 가장 신임했던 제자, 안연이 먼저 죽자 너무 슬퍼하여 통제력을 잃어버릴 정도였다고 한다. 공자가 '안회의 죽음'을 애통해 한 기록들이 《논어》 곳곳에 남아 있다.

21　子曰 苗而不秀者 有矣夫 秀而不實者 有矣夫
　　자왈 묘이불수자 유의부 수이불실자 유의부

해설 마음 속에 큰 뜻을 품었다면 그것을 실행하는 데 있는 힘을 다해야 한다. 시작한 일을 제대로 끝내지 못한다면 큰 뜻 자체는 아무런 의미도 없다.

|한자풀이| 秀(수): 꽃이 피는 것

22　子曰 後生可畏 焉知來者之不如今也 四十五十而無聞焉 斯亦不足畏也已
　　자왈 후생가외 언지래자지불여금야 사십오십이무문언 사역부족외야이

|한자풀이| 後生(후생): 후학, 聞(문): 소문나다, 알려지다, 斯(사): 그런 사람

23　子曰 法語之言 能無從乎 改之爲貴 巽與之言 能無說乎 繹之爲貴
　　자왈 법어지언 능무종호 개지위귀 손여지언 능무열호 역지위귀
　　說而不繹 從而不改 吾末如之何也已矣
　　열이불역 종이불개 오말여지하야이의

해설 이치에 맞는 올바른 말에 따르지 않을 수 있겠는가? 따라서 스스로 잘못을 고치는 것이 중요하다. 마음을 다해 해주는 말에 어찌 기뻐하지 않을 수 있겠는가. 하지만 보다 중요한 것은 그 말의 의미를 고려하는 일이다. 기뻐하기만 하고 의미를 고려하지 않거나, 따르기는 하지만 고치지 않는다면 스승의 가르침도 소용이 없다.

|한자풀이| 巽與之言(손여지언): 남의 마음을 거스르지 않는 온화한 말, 繹(역): 풀다, 실마리 또는 의미

24 子曰 主忠信 毋友不如己者 過則勿憚改
    자왈 주충신 무우불여기자 과즉물탄개

|한자풀이| 毋友(무우): 벗하지 마라, 憚(탄): 꺼리다

25 子曰 三軍可奪帥也 匹夫不可奪志也
    자왈 삼군가탈수야 필부불가탈지야

해설 제아무리 대군이라 할지라도 그 군대의 총대장을 없애버릴 수 있다.
    하지만 평범한 사람이라 할지라도 의지가 굳세다면 그것을 꺾기란
    어려운 일이다.

|한자풀이| 帥(수): 장수, 우두머리, 匹夫(필부): 보통 사람

26 子曰 衣敝縕袍 與衣狐貉者立而不恥者 其由也與 不忮不求 何用不臧
    자왈 의폐온포 여의호학자입이불치자 기유야여 불기불구 하용부장
    子路終身誦之 子曰 是道也 何足以臧
    자로종신송지 자왈 시도야 하족이장

해설 不忮不求 何用不臧(불기불구 하용부장): 《시경》에 있는 구절이다.

|한자풀이| 忮(기): 해치다, 臧(장): 착하다

27 子曰 歲寒然後 知松栢之後彫也
    자왈 세한연후 지송백지후조야

추운 계절이 되어야 마침내 소나무와 잣나무의 잎이 떨어지지
않는다는 것을 알게 된다. 마찬가지로 사람도 곤경에 처해졌을 때
마침내 그 사람의 진가를 알 수 있게 된다는 뜻.

|한자풀이| 彫(조): 시들다

28 子曰 知者不惑 仁者不憂 勇者不懼
   자왈 지자불혹 인자불우 용자불구

해설 지성이 충만한 사람은 만사의 이치에 밝기 때문에 자신이 처한
입장이나 행동에 의혹을 품지 않는다. 인을 겸비한 사람, 자애로움이
가득한 사람은 자신이 처한 입장이나 행동에 대해 근심하지 않는다.
용감한 사람은 사기가 높아서 자신이 처한 입장이나 행동에 대해서
두려워하지 않는다.

29 子曰 可與共學 未可與適道 可與適道 未可與立 可與立 未可與權
   자왈 가여공학 미가여적도 가여적도 미가여립 가여립 미가여권

해설 함께 공부한다고 해서 함께 도에 다다를 수는 없다. 함께 도를 닦는다
해서 생활 태도가 같을 수는 없다. 생활 태도가 서로 같다고 해서 함께
훌륭한 일을 추진할 수 있는 것은 아니다.

|한자풀이| 權(권): 임기응변, 상황에 맞추어 일을 잘하는 것

30 唐棣之華 偏其反而 豈不爾思 室是遠而 子曰 未之思也 夫何遠之有
   당체지화 편기반이 기불이사 실시원이 자왈 미지사야 부하원지유

|한자풀이| 棣(체): 산앵두나무, 偏(편): 치우치다, 나부끼다, 反(반): 번연(飜然: 나부끼다)

제10편 향당(鄕黨)

01 孔子於鄕黨 恂恂如也 似不能言者 其在宗廟朝廷 便便言 唯謹爾
   공자어향당 순순여야 사불능언자 기재종묘조정 변변언 유근이

해설 鄕黨(향당): 주나라 시대의 일반 거주 지역. 향은 1만 2,500호이며,
   당은 500호.

|한자풀이| 恂恂(순순): 공손하다, 便(변): 말을 잘하다

02 朝與下大夫言 侃侃如也 與上大夫言 誾誾如也
   조여하대부언 간간여야 여상대부언 은은여야
   君在 踧踖如也 與與如也
   군재 축적여야 여여여야

|한자풀이| 侃(간): 곧다, 안온하다, 誾(은): 평온하게 토론하는 모습, 踧踖(축적): 몸가짐,
언행을 조심하다

03 君召使擯 色勃如也 足躩如也 揖所與立 左右手 衣前後 襜如也
   군소사빈 색발여야 족곽여야 읍소여립 좌우수 의전후 첨여야
   趨進 翼如也 賓退 必復命曰 賓不顧矣
   추진 익여야 빈퇴 필복명왈 빈불고의

|한자풀이| 勃(발): 임금의 명을 받을 때 얼굴빛을 바로잡는 것, 躩(곽): 바삐 가다, 襜(첨): 소매
깃, 翼(익): 날개, 復命(복명): 명령을 처리하고 나서 보고하는 것

04 入公門 鞠躬如也 如不容 立不中門 行不履閾
　　입공문 국궁여야 여불용 입불중문 행불리역
　　過位 色勃如也 足躩如也 其言似不足者
　　과위 색발여야 족곽여야 기언사부족자
　　攝齊升堂 鞠躬如也 屛氣似不息者
　　섭제승당 국궁여야 병기사불식자
　　出降一等 逞顏色 怡怡如也 沒階趨進 翼如也 復其位 踧踖如也
　　출강일등 영안색 이이여야 몰계추진 익여야 복기위 축적여야

|한자풀이| 公門(공문): 대궐, 鞠躬(국궁): 윗사람이나 위패 앞에서 존경의 뜻으로 몸을 굽히다,
閾(역): 문지방, 逞(령): 펴다, 부드럽게 하다

05 執圭 鞠躬如也 如不勝 上如揖 下如授 勃如戰色 足蹜蹜如有循
　　집규 국궁여야 여불승 상여읍 하여수 발여전색 족축축여유순
　　享禮有容色 私覿 愉愉如也
　　향례유용색 사적 유유여야

해설 규(圭): 군주가 제후에게 내리는 표식. '홀'이라고도 한다. 홀을 잡을
　　때 위쪽은 읍(揖)을 할 때의 높이, 아래쪽은 물건을 건넬 때 잡는
　　위치로 한다.

|한자풀이| 蹜(축): 종종걸음, 享(향): 사신이 바치는 예물, 覿(적): 보다, 만나다

06 君子不以紺緅飾 紅紫不以爲褻服 當署袗絺綌 必表而出之
　　군자불이감추식 홍자불이위설복 당서진치격 필표이출지
　　緇衣羔裘 素衣麑裘 黃衣狐裘 褻裘長 短右袂
　　치의고구 소의예구 황의호구 설구장 단우메
　　必有寢衣 長一身有半 狐貉之厚以居 去喪無所不佩
　　필유침의 장일신유반 호학지후이거 거상무소불패

338

非帷裳必殺之 羔裘玄冠 不以吊 吉月必朝服而朝
비유상필쇄지 고구현관 불이조 길월필조복이조

|한자풀이| 褻(설): 속옷 또는 평상복, 袗(진): 홑옷, 한 겹으로 지은 옷, 絺(치): 가는 갈포,
綌(격): 굵은 갈포, 緇(치): 검다, 羔裘(고구): 대부의 예복으로 검은 새끼양의 가죽옷,
素(소): 희다, 麑(예): 새끼 사슴, 袂(몌): 소매, 帷裳(유상): 조복(朝服)과 제복(祭服), 殺(쇄):
감하다(減), 줄이다, 吊(조): 조문(弔問), 吉月(길월): 초하루

07 齊必有明衣 布 齊必變食 居必遷坐
재필유명의 포 재필변식 거필천좌

해설 明衣(명의): 죽은 사람을 염할 때 제일 먼저 입히는 깨끗한 옷.
여기에서는 목욕을 한 후에 입는 깨끗한 옷을 가리킨다.

08 食不厭精 膾不厭細 食饐而餲 魚餒而肉敗 不食
사불염정 회불염세 사의이애 어뇌이육패 불식
色惡不食 臭惡不食 失飪不食 不時不食
색악불식 취악불식 실임불식 불시불식
割不正不食 不得其醬不食 肉雖多 不使勝食氣
할부정불식 부득기장불식 육수다 불사승식기
唯酒無量 不及亂 沽酒市脯不食 不撤薑食 不多食
유주무량 불급란 고주시포불식 불철강식 부다식
祭於公 不宿肉 祭肉 不出三日 出三日 不食之矣
제어공 불숙육 제육 불출삼일 출삼일 불식지의
食不語 寢不言 雖疏食菜羹 瓜祭 必齊如也
식불어 침불언 수소사채갱 과제 필재여야

|한자풀이| 食(사): 밥, 饐(의): 밥이 쉬다, 餲(애): 음식이 쉬다, 맛이 변하다, 不時(불시):
제철이 아닌 것, 瓜(과): 다년생 풀, 또는 必(필)이 잘못 표기되었다고 보는 해석도 있다.

339

09 席不正 不坐
　　석부정 부좌

10 鄕人飮酒 杖者出 斯出矣 鄕人儺 朝服而立於阼階
　　향인음주 장자출 사출의 향인나 조복이립어조계

|한자풀이| 杖(장): 지팡이, 儺(나): 굿을 하다

11 問人於他邦 再拜而送之 康子饋藥 拜而受之 曰 丘未達 不敢嘗
　　문인어타방 재배이송지 강자궤약 배이수지 왈 구미달 불감상

해설 康子(강자): 노나라의 3대 세도가 중의 한 사람, 계강자

|한자풀이| 饋(궤): 보내다, 丘(구): 공자의 이름, 嘗(상): 맛보다

12 廏焚 子退朝曰 傷人乎 不問馬
　　구분 자퇴조왈 상인호 불문마

해설 '다친 사람은 없느냐?'라는 물음은 곧 사람이 가장 중요하다는 뜻이다.

13 君賜食 必正席先嘗之 君賜腥 必熟而薦之
　　군사식 필정석선상지 군사성 필숙이천지
　　君賜生 必畜之 侍食於君 君祭先飯
　　군사생 필축지 시식어군 군제선반
　　疾君視之 東首 加朝服拖紳 君命召 不俟駕行矣
　　질군시지 동수 가조복타신 군명소 불사가행의

|한자풀이| 腥(성): 날고기, 祭(제): 고수레(음식을 먹기 전 조금 떼어서 놓거나, 던지며 신에게

감사하는 의식), 拖紳(타신): 큰 띠를 펼치다

14 入太廟 每事問
    입태묘 매사문

해설 공자는 제례를 올릴 때 예에 벗어나지 않도록 신중했다.

15 朋友死 無所歸 曰 於我殯 朋友之饋 雖車馬 非祭肉 不拜
    붕우사 무소귀 왈 어아빈 붕우지궤 수거마 비제육 불배

|한자풀이| 無所歸(무소귀): 장례를 치루어 줄 사람이 없다

16 寢不尸 居不容 見齊衰者 雖狎必變
    침불시 거불용 견자최자 수압필변
    見冕者與瞽者 雖褻必以貌 凶服者式之 式負版者
    견면자여고자 수설필이모 흉복자식지 식부판자
    有盛饌 必變色而作 迅雷風烈 必變
    유성찬 필변색이작 신뢰풍렬 필변

|한자풀이| 衰(최): 쇠하다, 상복을 의미한다, 狎(압): 아주 친하다, 瞽(고): 장님, 褻(설): 지나치게 가깝다, 貌(모): 예모를 갖춘 모양, 式負版者(식부판자): 나라의 지도나 문서를 짊어진 사람

17 升車 必正立 執綏 車中不內顧 不疾言 不親指
    승거 필정립 집수 거중불내고 불질언 불친지

|한자풀이| 顧(고): 돌아보다, 疾(질): 빠르다

18 色斯擧矣 翔而後集 曰山梁雌雉 時哉時哉 子路共之 三嗅而作
　　색사거의 상이후집 왈산량자치 시재시재 자로공지 삼후이작

해설 사람들의 기색을 살피던 꿩이 내려앉은 것을 바라보던 공자는 새가
　　자신들을 해칠 기색이 없음을 알고 내려앉았다고 생각했다. 즉 꿩이
　　들고나는 것을 사람이 나아가고 물러나야 할 때를 비유해 '때를 잘
　　만났구나'라고 한 것이다. 그러나 자로는 그 말의 뜻을 이해하지
　　못하고 꿩을 잡아서 바친 것이다.

|한자풀이|　翔(상): 빙빙 돌다. 集(집): 모이다. 도달하다. 雌雉(자치): 암꿩, 카투리. 共(공):
바치다. 올리다

제11편 선진(先進)

01 子曰 先進於禮樂 野人也 後進 於禮樂 君子也 如用之 則吾從先進
　　자왈 선진어예악 야인야 후진 어예악 군자야 여용지 즉오종선진

해설 옛날 사람들의 예와 아악을 대하는 태도는 대체로 거칠고 조악하다.
　　요즘 사람들의 예법과 아악은 지극히 세련되었다. 그러나 만약 내가
　　예법과 아악을 익히고자 하면 본질을 취하고 있는 옛사람의 방식을
　　따를 것이다.

02 子曰 從我於陳蔡者 皆不及門也 德行 顔淵閔子騫冉伯牛仲弓 言語 宰我
　　자왈 종아어진채자 개불급문야 덕행 안연민자건염백우중궁 언어 재아
　　子貢 政事 冉有季路 文學 子游子夏
　　자공 정사 염유계로 문학 자유자하

해설 진(陳)나라와 蔡(채)나라는 강대한 제후국 사이에서 시달림을 받고 있었다. 공자는 이곳에서 오랜 기간 머물며 사학을 열고 사람들을 가르쳤으나, 정작 관직을 받지는 못했다. 결국 두 나라는 춘추시대 말기, 강대국에 의해 사라졌다. 그러나 공자의 사학에는 제자들이 늘어났다.

03 子曰 回也 非助我者也 於吾言 無所不說
   자왈 회야 비조아자야 어오언 무소불열

04 子曰 孝哉 閔子騫 人不間於其父母昆弟之言
   자왈 효재 민자건 인불간어기부모곤제지언

해설 閔子騫(민자건): 공자의 제자.

|한자풀이| 間(간): 나무라다. 昆弟(곤제): 형제

05 南容三復白圭 孔子以其兄之子妻之
   남용삼복백규 공자이기형지자처지

해설 白圭(백규): 《시경》의 한 구절. '흰 옥의 티는 갈아낼 수 있으나, 말의 티는 고칠 수 없다.'

|한자풀이| 妻之(처지): 처를 삼게 하다

06 季康子問 弟子孰爲好學
   계강자문 제자숙위호학
   孔子對曰 有顔回者好學 不幸短命死矣 今也則亡
   공자대왈 유안회자호학 불행단명사의 금야즉무

07 顔淵死 顔路請子之車以爲之椁
   안연사 안로청자지거이위지곽
   子曰 才不才 亦各言其子也 鯉也死 有棺而無椁
   자왈 재부재 역각언기자야 리야사 유관이무곽
   吾不徒行以爲之椁 以吾從大夫之後 不可徒行也
   오부도행이위지곽 이오종대부지후 불가도행야

해설 顔路(안로): 안회의 아버지.

|한자풀이| 椁(곽): 덧관, 才不才(재부재): 능력이 있으나 없으나, 鯉(리): 공자의 아들, 자는
백어(伯魚)

08 顔淵死 子曰噫 天喪予 天喪予
   안연사 자왈희 천상여 천상여

|한자풀이| 喪(상): 버리다, 망하게 하다

09 顔淵死 子哭之慟 從者曰 子慟矣 曰有慟乎 非夫人之爲慟 而誰爲
   안연사 자곡지통 종자왈 자통의 왈유통호 비부인지위통 이수위

10 顔淵死 門人欲厚葬之 子曰不可 門人厚葬之
   안연사 문인욕후장지 자왈불가 문인후장지
   子曰回也 視予猶父也 予不得視猶子也 非我也 父二三子也
   자왈회야 시여유부야 여부득시유자야 비아야 부이삼자야

해설 厚葬(후장): 성대한 장례. 공자는 장례는 형편에 맞게 하는 것이 예
   라고 생각했다. 공자의 아들도 '후장'을 하지 않았는데, 제자들이

안회의 장례를 예를 맞게 하지 않은 것을 비판한 것이다.

11 季路問事鬼神 子曰 未能事人 焉能事鬼 曰敢問死 曰未知生焉知死
    계로문사귀신 자왈 미능사인 언능사귀 왈감문사 왈미지생언지사

해설 공자는 미신, 즉 귀신을 섬기는 것은 사람의 마음을 현혹시키는
     것이라고 생각했다.

|한자풀이| 季路(계로): 자로(子路), 焉(언): 어찌

12 閔子侍側 誾誾如也 子路行行如也 冉有子貢 侃侃如也 子樂
    민자시측 은은여야 자로행행여야 염유자공 간간여야 자락
    若由也 不得其死然
    약유야 부득기사연

해설 誾誾(은은): 온화하다, 평온하게 토론하는 모습, 行行(행행): 굳세고,
     강한 모습, 侃(간): 굳세다

13 魯人爲長府 閔子騫曰 仍舊貫如之何 何必改作 子曰 夫人不言 言必有中
    노인위장부 민자건왈 잉구관여지하 하필개작 자왈 부인불언 언필유중

|한자풀이| 長府(장부): 재물을 보관하는 창고, 仍(잉): 따르다

14 子曰 由之瑟 奚爲於丘之門 門人不敬子路
    자왈 유지슬 해위어구지문 문인불경자로
    子曰 由也升堂矣 未入於室也
    자왈 유야승당의 미입어실야

해설 자로의 연주 실력을 학문의 단계로 비유한 것이다. 입문(入門),

345

승당(升堂), 入於室(입어실)

|한자풀이| 瑟(슬): 거문고, 비파

15 子貢問 師與商也 孰賢 子曰 師也過 商也不及
    자공문 사여상야 숙현 자왈 사야과 상야불급
    曰 然則師愈與 子曰 過猶不及
    왈 연즉사유여 자왈 과유불급

|한자풀이| 師(사): 자장, 商(상): 자하, 愈(유): 낫다

16 季氏富於周公 而求也爲之聚斂而附益之
    계씨부어주공 이구야위지취렴이부익지
    子曰 非吾徒也 小子鳴鼓而攻之可也
    자왈 비오도야 소자명고이공지가야

|한자풀이| 명고(鳴鼓): 유생 가운데 죄를 지은 사람이 있을 때 북에 이름을 새기고, 북을 치며
돌아다니며 알리는 것

17 柴也愚 參也魯 師也辟 由也喭
    시야우 삼야노 사야벽 유야언

해설 柴(시): 공자의 제자, 고시(高柴), 자는 자고(子羔)

|한자풀이| 魯(로): 노둔하다, 재빠르지 못하다, 辟(벽): 편벽, 치우치다, 喭(언): 거칠다

18 子曰 回也其庶乎 屢空 賜不受命 而貨殖焉 億則屢中
    자왈 회야기서호 누공 사불수명 이화식언 억즉누중

346

屢空(누공): 어려운 처지, 貨殖(화식): 재물을 늘리다

19 子張問善人之道 子曰 不踐迹 亦不入於室
    자장문선인지도 자왈 불천적 역불입어실

해설 자장이 선인(善人)의 모습에 대해 물었다. 공자께서 말하길, '옛 성현의
    족적을 답습하지 않으면 그 깊은 뜻을 터득할 수 없다.'

|한자풀이| 踐迹(천적): 성현들의 가르침과 행실을 따르다

20 子曰 論篤是與 君子者乎 色莊者乎
    자왈 논독시여 군자자호 색장자호

해설 논리 정연한 것을 좋아하는 것만으로 훌륭한 인물인지, 겉만 그럴듯한
    사람인지 알 수 없다.

21 子路問 聞斯行諸 子曰 有父兄在 如之何其聞斯行之
    자로문 문사행저 자왈 유부형재 여지하기문사행지
    冉有問聞斯行諸 子曰 聞斯行之
    염유문문사행저 자왈 문사행지
    公西華曰 由也問聞斯行諸 子曰 有父兄在
    공서화왈 유야문문사행저 자왈 유부형재
    求也問聞斯行諸 子曰聞斯行之 赤也惑 敢問
    구야문문사행저 자왈문사행지 적야혹 감문
    子曰 求也退 故進之 由也兼人 故退之
    자왈 구야퇴 고진지 유야겸인 고퇴지

|한자풀이| 斯(사): 곧바로, 兼人(겸인): 남을 이겨내다

22 子畏於匡 顔淵後 子曰 吾以女爲死矣 曰 子在 回何敢死
    자외어광 안연후 자왈 오이여위사의 왈 자재 회하감사

23 季子然問 仲由冉求 可謂大臣與 子曰 吾以子爲異之問 曾由與求之問
    계자연문 중유염구 가위대신여 자왈 오이자위이지문 증유여구지문
    所謂大臣者 以道事君 不可則止 今由與求也 可謂具臣矣
    소위대신자 이도사군 불가즉지 금유여구야 가위구신의
    曰 然則從之者與 子曰 弑父與君 亦不從也
    왈 연즉종지자여 자왈 시부여군 역부종야

해설 季子然(계자연): 노나라의 계손사(季孫斯)는 죽음에 이르러 뒤늦게,
    공자에게 나라를 맡기라는 유언을 아들에게 내렸다. 그러나 공자의
    세력을 두려워하여 그의 제자 중 염유에게 관직을 내렸다.

|한자풀이| 曾(증): 겨우, 具臣(구신): 역할을 제대로 하지 못하는 신하, 弑(시): 시해하다

24 子路使子羔爲費宰 子曰 賊夫人之子
    자로사자고위비재 자왈 적부인지자
    子路曰 有民人焉 有社稷焉 何必讀書然後爲學 子曰 是故惡夫佞者
    자로왈 유민인언 유사직언 하필독서연후위학 자왈 시고오부녕자

해설 子羔(자고): 공자의 제자

|한자풀이| 社稷(사직): 나라, 조정

25 子路曾晳冉有公西華侍坐 子曰 以吾一日長乎爾 毋吾以也
    자로증석염유공서화시좌 자왈 이오일일장호이 무오이야
    居則曰 不吾知也 如或知爾 則何以哉
    거즉왈 불오지야 여혹지이 즉하이재

子路率爾而對曰 千乘之國 攝乎大國之間 加之以師旅 因之以饑饉
자로솔이대왈 천승지국 섭호대국지간 가지이사려 인지이기근
由也爲之 比及三年 可使有勇 且知方也 夫子哂之
유야위지 비급삼년 가사유용 차지방야 부자신지

해설 '나를 알아주지 않는다'는 것은 여러 제후들이 제자들의 가치를
알아보지 못하고 관직을 내리지 않고 있다는 의미이다.

|한자풀이| 率爾(솔이): 불쑥, 경솔하게, 哂(신): 미소짓다

求爾何如 對曰 方六七十 如五六十 求也爲之 比及三年 可使足民
구이하여 대왈 방육칠십 여오륙십 구야위지 비급삼년 가사족민
如其禮樂 以俟君子
여기예악 이사군자
赤爾何如 對曰
적이하여 대왈
非曰能之 願學焉 宗廟之事 如會同 端章甫 願爲小相焉
비왈능지 원학언 종묘지사 여회동 단장보 원위소상언

|한자풀이| 端(단): 검은색의 예복, 章甫(장보): 검은 예관

點爾何如 鼓瑟希 鏗爾 舍瑟而作 對曰 異乎三子者之撰
점이하여 고슬희 갱이 사슬이작 대왈 이호삼자자지찬
子曰 何傷乎 亦各言其志也
자왈 하상호 역각언기지야
曰 莫春者 春服旣成 冠者五六人 童子六七人 浴乎沂 風乎舞雩 詠而歸
왈 모춘자 춘복기성 관자오륙인 동자육칠인 욕호기 풍호무우 영이귀
夫子喟然嘆曰 吾與點也
부자위연탄왈 오여점야

三子者出 曾晳後 曾晳曰 夫三子者之言何如
삼자자출 증석후 증석왈 부삼자자지언하여
子曰 亦各言其志也已矣 曰 夫子何哂由也
자왈 역각언기지야이의 왈 부자하신유야
曰 爲國以禮 其言不讓 是故哂之
왈 위국이례 기언불양 시고신지

唯求則非邦也與 安見方六七十 如五六十而非邦也者
유구즉비방야여 안견방육칠십 여오륙십이비방야자
唯赤則非邦也與 宗廟會同 非諸侯而何 赤也爲之小 孰能爲之大
유적즉비방야여 종묘회동 비제후이하 적야위지소 숙능위지대

제12편 안연(顔淵)

01 顔淵問仁 子曰 克己復禮爲仁
   안연문인 자왈 극기복례위인
   一日克己復禮 天下歸仁焉 爲仁由己 而由人乎哉
   일일극기복례 천하귀인언 위인유기 이유인호재
   顔淵曰 請問其目 子曰 非禮勿視 非禮勿聽 非禮勿言 非禮勿動
   안연왈 청문기목 자왈 비례물시 비례물청 비례물언 비례물동
   顔淵曰 回雖不敏 請事斯語矣
   안연왈 회수불민 청사사어의

해설 克己復禮(극기복례): 공자의 핵심 사상인 인(仁)을 가장 집약해서

350

표현한 것이다. '자신을 극복하고 예로 돌아가는 것'. 인을 실천하고자
하는 사람이라면 반드시 가슴에 새겨야 할 내용이다.

|한자풀이| 事斯語(사이어): 이 말을 받들어 실행하다

02 仲弓問仁 子曰 出門如見大賓 使民如承大祭
중궁문인 자왈 출문여견대빈 사민여승대제
己所不欲 勿施於人 在邦無怨 在家無怨 仲弓曰 雍雖不敏 請事斯語矣
기소불욕 물시어인 재방무원 재가무원 중궁왈 옹수불민 청사사어의

해설 己所不欲 勿施於人(기소불욕 물어시인): '자신이 원하지 않은 일은
남에게도 베풀지 마라' 공자의 가르침 중에서 가장 독특한 철학이라고
할 수 있는 '서(恕)'에 대해 설명하는 것이다.

|한자풀이| 仲弓(중궁): 공자의 제자, 염옹. 使民(사민): 백성을 부리다, 즉 백성을 부역에
동원하는 일

03 司馬牛問仁 子曰 仁者 其言也訒
사마우문인 자왈 인자 기언야인
曰 其言也訒 斯謂之仁矣乎 子曰 爲之難 言之得無訒乎
왈 기언야인 사위지인의호 자왈 위지난 언지득무인호

해설 司馬牛(사마우): 공자의 제자. 송나라에서 공자를 공격했던 환퇴의
동생이다. 공자의 문하에 들어가 제자가 되었다.

|한자풀이| 訒(인): 어렵게 여기다

04 司馬牛問君子 子曰 君子不憂不懼
사마우문군자 자왈 군자불우불구

曰 不憂不懼 斯謂之君子矣乎 子曰 內省不疚 夫何憂何懼
왈 불우불구 사위지군자의호 자왈 내성불구 부하우하구

|한자풀이| 憂(우): 근심하다, 疚(구): 꺼림칙하여 마음에 걸리다

05 司馬牛憂曰 人皆有兄弟 我獨亡
   사마우우왈 인개유형제 아독무
   子夏曰 商聞之矣 死生有命 富貴在天 君子敬而無失 與人恭而有禮
   자하왈 상문지의 사생유명 부귀재천 군자경이무실 여인공이유례
   四海之內 皆兄弟也 君子何患乎無兄弟也
   사해지내 개형제야 군자하환호무형제야

|한자풀이| 商聞之矣(상문지의): 여기에서 '商(상)'은 자하의 이름이다. 스스로를 칭하며 '내가 들은 바에 의하면'이라는 뜻. 四海(사해): 온 세상

06 子張問明 子曰 浸潤之譖 膚受之愬 不行焉 可謂明也已矣
   자장문명 자왈 침윤지참 부수지소 불행언 가위명야이의
   浸潤之譖 膚受之愬 不行焉 可謂遠也已矣
   침윤지참 부수지소 불행언 가위원야이의

|한자풀이| 明(명): 밝게 살피다, 浸潤(침윤): 점점 배어 들어가다, 膚受之愬(부수지소): 살을 찌르는 듯한 통절한 하소연

07 子貢問政 子曰 足食足兵 民信之矣
   자공문정 자왈 족식족병 민신지의
   子貢曰 必不得已而去 於斯三者何先 曰去兵
   자공왈 필부득이이거 어사삼자하선 왈거병
   子貢曰 必不得已而去 於斯二者何先 曰去食 自古皆有死 民無信不立
   자공왈 필부득이이거 어사이자하선 왈거식 자고개유사 민무신불립

352

08 棘子成曰 君子質而已矣 何以文爲
    극자성왈 군자질이이의 하이문위
    子貢曰 惜乎 夫子之說君子也 駟不及舌
    자공왈 석호 부자지설군자야 사불급설
    文猶質也 質猶文也 虎豹之鞹 猶犬羊之鞹
    문유질야 질유문야 호표지곽 유견양지곽

해설 棘子成(극자성): 위나라의 대부

|한자풀이| 質(질): 자질, 본연 그대로의 바탕, 文(문): 무늬, 겉모습, 舌(설): 혀, 언변, 鞹(곽) :
생가죽

09 哀公問於有若曰 年饑用不足 如之何
    애공문어유약왈 연기용부족 여지하
    有若對曰 盍徹乎 曰 二吾猶不足 如之何其徹也
    유약대왈 합철호 왈 이오유부족 여지하기철야
    對曰 百姓足 君孰與不足 百姓不足 君孰與足
    대왈 백성족 군숙여부족 백성부족 군숙여족

해설 徹法(철법) : 중국 주(周)나라 때의 세법, 수확의 10분 1을 징수했다.

|한자풀이| 饑(기): 기근, 盍(합): 어찌 ~하지 않는가

10 子張問崇德辨惑 子曰 主忠信 徙義 崇德也
    자장문숭덕변혹 자왈 주충신 사의 숭덕야

353

愛之欲其生 惡之欲其死 旣欲其生 又欲其死 是惑也
애지욕기생 오지욕기사 기욕기생 우욕기사 시혹야
誠不以富 亦祇以異
성불이부 역지이이

|한자풀이| 辨(변): 분별하다, 祇(지): 다만, 오직

11 齊景公問政於孔子 孔子對曰 君君臣臣父父子子
제경공문정어공자 공자대왈 군군신신부부자자
公曰 善哉 信如君不君 臣不臣 父不父 子不子 雖有粟 吾得而食諸
공왈 선재 신여군불군 신불신 부불부 자불자 수유속 오득이식저

|한자풀이| 粟(속): 곡식

12 子曰 片言可以折獄者 其由也與 子路無宿諾
자왈 편언가이절옥자 기유야여 자로무숙낙

|한자풀이| 片言(편언): 한쪽의 말, 또는 '길게 듣지 않고 짧게 듣고'라는 의미

13 子曰 聽訟 吾猶人也 必也使無訟乎
자왈 청송 오유인야 필야사무송호

14 子張問政 子曰 居之無倦 行之以忠
자장문정 자왈 거지무권 행지이충

해설 정치의 핵심에 대해 공자는 이렇게 말했다. '어떤 지위에 있게 될 때를
대비하여 긴장을 늦추지 말아야 하며, 정책을 단행하는 일에 있어서는
성의를 다해야 하는 것이다.'

354

15 子曰 君子博學於文 約之以禮 亦可以弗畔矣夫
   자왈 군자박학어문 약지이례 역가이불반의부

해설 넓게 배우고 익혀 예법에 따라 실행하면, 사람의 도에 어긋나지 않는
   훌륭한 삶을 이루어 낼 수 있을 것이다.

16 子曰 君子成人之美 不成人之惡 小人反是
   자왈 군자성인지미 불성인지악 소인반시

해설 군자란 다른 사람의 장점을 최대한 발휘할 수 있도록 해주며 단점은
   감싸줄 수 있도록 배려하는 사람이다.

|한자풀이| 成(성): 이루다

17 季康子 問政於孔子 孔子對曰 政者正也 子帥以正 孰敢不正
   계강자 문정어공자 공자대왈 정자정야 자솔이정 숙감부정

해설 정치에 대해 묻는 계강자에게, 공자는 '정(政)이란 글자 그대로
   올바르게(正) 하는 것'이라고 설명했다.

|한자풀이| 帥(사): 통솔하다, 이끌다

18 季康子患盜 問於孔子 孔子對曰 苟子之不欲 雖賞之 不竊
   계강자환도 문어공자 공자대왈 구자지불욕 수상지 부절

19 季康子問政於孔子曰 如殺無道 以就有道 何如
   계강자문정어공자왈 여살무도 이취유도 하여

孔子對曰 子爲政 焉用殺 子欲善而民善矣
공자대왈 자위정 언용살 자욕선이민선의
君子之德風 小人之德草 草上之風 必偃
군자지덕풍 소인지덕초 초상지풍 필언

|한자풀이| 偃(언): 눕다, 쓰러지다

20 子張問 士何如斯可謂之達矣 子曰 何哉 爾所謂達者
    자장문 사하여사가위지달의 자왈 하재 이소위달자
    子張對曰 在邦必聞 在家必聞 子曰 是聞也 非達也
    자장대왈 재방필문 재가필문 자왈 시문야 비달야
    夫達也者 質直而好義 察言而觀色 慮以下人 在邦必達 在家必達
    부달야자 질직이호의 찰언이관색 여이하인 재방필달 재가필달
    夫聞也者 色取仁而行違 居之不疑 在邦必聞 在家必聞
    부문야자 색취인이행위 거지불의 재방필문 재가필문

|한자풀이| 聞(문): 명성, 소문, 慮以下人(여이하인): 남보다 낮추어 생각하다

21 樊遲從遊於舞雩之下曰 敢問崇德修 慝辨惑
    번지종유어무우지하왈 감문숭덕수 특변혹
    子曰 善哉問 先事後得 非崇德與 攻其惡 無攻人之惡 非修慝與
    자왈 선재문 선사후득 비숭덕여 공기악 무공인지악 비수특여
    一朝之忿 忘其身 以及其親 非惑與
    일조지분 망기신 이급기친 비혹여

|한자풀이| 慝(특): 간특함, 악한 마음, 攻(공): 다스리다

22 樊遲問仁 子曰 愛人 問知 子曰 知人
    번지문인 자왈 애인 문지 자왈 지인

樊遲未達 子曰 舉直錯諸枉 能使枉者直
번지미달 자왈 거직조저왕 능사왕자직
樊遲退 見子夏曰 鄕也吾見於夫子而問知
번지퇴 견자하왈 향야오견어부자이문지
子曰 舉直錯諸枉 能使枉者直 何謂也 子夏曰 富哉 言乎
자왈 거직조저왕 능사왕자직 하위야 자하왈 부재 언호
舜有天下 選於衆 舉皐陶 不仁者 遠矣
순유천하 선어중 거고요 불인자원의
湯有天下 選於衆 舉伊尹 不仁者遠矣
탕유천하 선어중 거이윤 불인자원의

해설 舜(순): 고대 중국의 전설적인 제왕. 이름은 우(虞), 湯(탕): 중국의
고대왕조 은(殷: 상商이라고도 한다)나라를 건국한 사람

|한자풀이| 錯諸枉(조저왕): 바르지 못한 사람 위에 놓다, 遠(원): 멀리 떠나다,
사라지다

23 子貢問友 子曰 忠告而善道之 不可則止 無自辱焉
자공문우 자왈 충고이선도지 불가즉지 무자욕언

해설 자공이 친구를 어떻게 대해야 하는지를 물었다. 공자께서 이렇게
말했다. '솔직하게 충고해서 좋은 방향으로 이끌어야 한다. 그러나
듣지 않는다면 그만두는 것이 좋다. 스스로 욕을 먹게 되는 일은 하지
않는다.

|한자풀이| 道(도): 이끌다, 無自辱(무자욕): 스스로 욕을 자초하지 마라

24 曾子曰 君子 以文會友 以友輔仁
증자왈 군자 이문회우 이우보인

제13편(子路)

01 子路問政 子曰 先之勞之 請益 曰無倦
    자로문정 자왈 선지로지 청익 왈무권

해설 공자께서 정치에 대해 '솔선수범하여 사람들이 잘 할 수 있도록
    독려하는 것이다.' 거듭 묻자 이렇게 말했다. '지치는 일 없이 계속해야
    하는 것이다.'

|한자풀이| 先(선): 앞장 서다

02 仲弓爲季氏宰 問政 子曰 先有司 赦小過 擧賢才
    중궁위계씨재 문정 자왈 선유사 사소과 거현재
    曰 焉知賢才而擧之 曰 擧爾所知 爾所不知 人其舍諸
    왈 언지현재이거지 왈 거이소지 이소부지 인기사저

해설 人其舍諸(인기사저): '네가 모르는 인재라면 사람들이 추천하지
    않겠느냐'라는 뜻

|한자풀이| 有司(유사): 담당 관리, 赦(사): 용서하다

03 子路曰 衛君待子而爲政 子將奚先 子曰 必也正名乎
    자로왈 위군대자이위정 자장해선 자왈 필야정명호
    子路曰 有是哉 子之迂也 奚其正
    자로왈 유시재 자지우야 해기정

子曰 野哉 由也 君子於其所不知 蓋闕如也
자왈 야재 유야 군자어기소부지 개궐여야
名不正 則言不順 言不順 則事不成
명부정 즉언불순 언불순 즉사불성
事不成 則禮樂不興 禮樂不興 則刑罰不中 刑罰不中 則民無所措手足
사불성 즉례악불흥 예악불흥 즉형벌부중 형벌부중 즉민무소조수족
故君子名之必可言也 言之必可行也 君子於其言 無所苟而已矣
고군자명지필가언야 언지필가행야 군자어기언 무소구이이의

해설 위나라의 괴외는 영공의 첩(남자)이 정사를 휘두르자 난을 일으켰으나
    실패하고 다른 나라로 도망갔다. 영공이 죽고, 괴외의 아들(괴첩)이
    왕위에 오르며 아버지 괴외를 위나라에 들어오지 못하게 했다.
    아비와 자식 사이에 왕위를 두고 싸우는 것에 대해, 공자는 명분을
    바로잡겠다는 뜻을 표한 것이다.

|한자풀이| 正名(정명): 명분을 바로세우다. 迂(우): 먼길. 刑罰不中(형벌부중): 형벌이 사리에
맞지 않다. 苟(구): 구차하다

04 樊遲請學稼 子曰 吾不如老農 請學爲圃 曰吾不如老圃
   번지청학가 자왈 오불여노농 청학위포 왈오불여노포
   樊遲出 子曰 小人哉 樊須也
   번지출 자왈 소인재 번수야
   上好禮 則民莫敢不敬 上好義 則民莫敢不服 上好信 則民莫敢不用情
   상호례 즉민막감불경 상호의 즉민막감불복 상호신 즉민막감불용정
   夫如是 則四方之民 襁負其子而至矣 焉用稼
   부여시 즉사방지민 강부기자이지의 언용가

|한자풀이| 稼(가): 곡식를 심고 기르는 것. 爲圃(위포): 채소를 심고 기르는 것

05 子曰 誦詩三百 授之以政 不達 使於四方 不能專對 雖多 亦奚以爲
　　자왈 송시삼백 수지이정 부달 시어사방 불능전대 수다 역해이위

|한자풀이| 使(시): 사신으로 가다

06 子曰 其身正 不令而行 其身不正 雖令不從
　　자왈 기신정 불령이행 기신부정 수령부종

해설 자신이 스스로 올바르면 특별히 명령을 내리지 않아도 백성들은 그
　　말을 따르지만, 자신이 올바르지 않다면 아무리 명령을 내려도 어떤
　　백성도 따르지 않는다.

|한자풀이| 令(령): 임금의 명령

07 子曰 魯衛之政 兄弟也
　　자왈 노위지정 형제야

08 子謂衛公子荊 善居室 始有曰 苟合矣 少有曰 苟完矣 富有曰 苟美矣
　　자위위공자형 선거실 시유왈 구합의 소유왈 구완의 부유왈 구미의

|한자풀이| 始有(시유): 처음 살림을 소유하다, 苟(구): 그런대로, 대강, 合(합): 취합

09 子適衛 冉有僕 子曰 庶矣哉
　　자적위 염유복 자왈 서의재
　　冉有曰 旣庶矣 又何加焉 曰 富之 曰 旣富矣 又何加焉 曰 敎之
　　염유왈 기서의 우하가언 왈 부지 왈 기부의 우하가언 왈 교지

|한자풀이| 僕(복): 수레를 몰다, 庶(서): 사람의 수가 많다

10 子曰 苟有用我者 朞月而已可也 三年有成
    자왈 구유용아자 기월이이가야 삼년유성

|한자풀이| 朞月(기월): 열두 달(1년)이 지남

11 子曰 善人爲邦百年 亦可以勝殘去殺矣 誠哉 是言也
    자왈 선인위방백년 역가이승잔거살의 성재 시언야

|한자풀이| 爲邦(위방): 나라를 다스리다, 去殺(거살): 사형을 없애다, 誠哉(성재):
진실로 옳다

12 子曰 如有王者 必世而後仁
    자왈 여유왕자 필세이후인

해설 王(왕): 천명에 의해 덕으로 정치하는 사람을 가리킨다.

|한자풀이| 世(세): 한 세대, 30년

13 子曰 苟正其身矣 於從政乎何有 不能正其身 如正人何
    자왈 구정기신의 어종정호하유 불능정기신 여정인하

해설 어떤 일이 있어도 자신의 몸과 마음을 깨끗하게 유지한다면 정치를
    행하는 데 아무 어려움이 없다. 몸과 마음을 깨끗하게 하지 못하면서
    어떻게 다른 사람들을 올바르게 이끌어갈 수 있다고 할 것인가.

14 冉子退朝 子曰 何晏也 對曰 有政
    염자퇴조 자왈 하안야 대왈 유정
    子曰 其事也 如有政 雖不吾以 吾其與聞之
    자왈 기사야 여유정 수불오이 오기여문지

해설 冉子(염자): 공자의 제자. 노나라의 계씨 집안에서 가재로 있던
염구(冉求).

|한자풀이| 晏(안): 늦다. 與聞(여문): 미리 듣다

15 定公問 一言而可以興邦 有諸 孔子對曰 言不可以若是其幾也
정공문 일언이가이흥방 유저 공자대왈 언불가이약시기기야
人之言曰 爲君難 爲臣不易 如知爲君之難也 不幾乎一言而興邦乎
인지언왈 위군난 위신불이 여지위군지난야 불기호일언이흥방호
曰 一言而喪邦 有諸 孔子對曰 言不可以若是其幾也
왈 일언이상방 유저 공자대왈 언불가이약시기기야
人之言曰 予無樂乎爲君 唯其言而莫予違也
인지언왈 여무락호위군 유기언이막여위야
如其善而莫之違也 不亦善乎 如不善而莫之違也 不幾乎一言而喪邦乎
여기선이막지위야 불역선호 여불선이막지위야 불기호일언이상방호

해설 定公(정공): 노나라의 임금. 공자에게 재상의 일을 맡게 했다.
제경공과 협곡에서 회맹을 할 때, 공자가 예를 보여주자, 제나라는
노나라의 땅을 돌려주었다.

|한자풀이| 喪邦(상방): 나라를 잃다. 莫子違(막여위): 나의 말을 어기지 않다.

16 葉公問政 子曰 近者說 遠者來
섭공문정 자왈 근자열 원자래

해설 葉公(섭공): 초나라의 대부

17 子夏爲莒父宰 問政
　자하위거보재 문정
　子曰 無欲速 無見小利 欲速則不達 見小利則大事不成
　자왈 무욕속 무견소리 욕속즉부달 견소리즉대사불성

해설 성급히 목적을 이루려고 하면 실패하게 된다. 목전의 작은 이익에
　급급하면 큰일을 성취해낼 수 없다는 뜻.

18 葉公語孔子曰 吾黨有直躬者 其父攘羊 而子證之
　섭공어공자왈 오당유직궁자 기부양양 이자증지
　孔子曰 吾黨之直者 異於是 父爲子隱 子爲父隱 直在其中矣
　공자왈 오당지직자 이어시 부위자은 자위부은 직재기중의

|한자풀이| 黨(당): 향리, 마을, 直躬(직궁): 정직을 실천하다, 證(증) : 증거, 밝히다

19 樊遲問仁 子曰 居處恭 執事敬 與人忠 雖之夷狄 不可棄也
　번지문인 자왈 거처공 집사경 여인충 수지이적 불가기야

해설 번지가 인의 도란 무엇인지 물었다. 공자께서 이렇게 말했다. 집에
　있을 때는 조심스러운 태도로, 일을 처리할 때는 신중하게 수행하고,
　사람을 대할 때는 성의를 다해 접대하는 것이다. 무릇 변방으로 갈
　때에도 이러한 태도를 버려서는 안 되는 것이다.

20 子貢問曰 何如斯可謂之士矣
　자공문왈 하여사가위지사의
　子曰 行己有恥 使於四方 不辱君命 可謂士矣
　자왈 행기유치 사어사방 불욕군명 가위사의
　曰 敢問其次 曰 宗族稱孝焉 鄕黨稱弟焉
　왈 감문기차 왈 종족칭효언 향당칭제언

曰 敢問其次 曰 言必信 行必果 硜硜然小人哉 抑亦可以爲次矣
왈 감문기차 왈 언필신 행필과 경경연소인재 억역가이위차의
曰 今之從政者何如 子曰 噫斗筲之人 何足算也
왈 금지종정자하여 자왈 희두소지인 하족산야

|한자풀이| 硜硜(경경): 고집스러운, 또는 주변머리가 없는 것, 斗筲之人(두소지인): 두(斗)는
한 말, 소(筲)는 한 말 두 되들이 대그릇이다. 도량이 좁은 사람이라는 뜻

21 子曰 不得中行而與之 必也狂狷乎 狂者進取 狷者有所不爲也
    자왈 부득중행이여지 필야광견호 광자진취 견자유소불위야

|한자풀이| 中道(중도): 중용의 도, 狂狷(광견): 과격한 사람

22 子曰 南人有言曰 人而無恒 不可以作巫醫 善夫
    자왈 남인유언왈 인이무항 불가이작무의 선부
    不恒其德 或承之羞 子曰 不占而已矣
    불항기덕 혹승지수 자왈 부점이이의

해설 恒心(항심): 변함없이 한결 같은 마음을 강조하는 것이다. 여기서
    무(巫)란 길흉을 예측하고 의(醫)는 치료를 하는 사람이다. 즉 항심이
    없는 사람은 점을 쳐보지 않아도 알아볼 수 있다(不占而已矣)는 뜻.

|한자풀이| 羞(수): 수치

23 子曰 君子 和而不同 小人 同而不和
    자왈 군자 화이부동 소인 동이불화

24 子貢問曰 鄕人皆好之 何如 子曰 未可也
    자공문왈 향인개호지 하여 자왈 미가야

鄕人皆惡之 何如 子曰 未可也
향인개오지 하여 자왈 미가야
不如鄕人之善者好之 其不善者惡之
불여향인지선자호지 기불선자오지

25 子曰 君子易事而難說也 說之不以道 不說也 及其使人也 器之
자왈 군자이사이난열야 열지불이도 불열야 급기사인야 기지
小人 難事而易說也 說之雖不以道 說也 及其使人也 求備焉
소인 난사이이열야 열지수불이도 열야 급기사인야 구비언

|한자풀이| 器之(기지): 그릇으로 쓰다, 역량에 맞게 사람을 쓰다, 求備(구비): 능력을 다 갖추다

26 子曰 君子泰而不驕 小人驕而不泰
자왈 군자태이불교 소인교이불태

해설 군자는 잘난 체하며 뽐내지 않는다. 그러나 군자가 아닌 사람은
교만하게 잘난 체 뽐낸다.

27 子曰 剛毅木訥 近仁
자왈 강의목눌 근인

28 子路問曰 何如斯可謂之士矣
자로문왈 하여사가위지사의
子曰 切切偲偲 怡怡如也 可謂士矣 朋友 切切偲偲 兄弟怡怡
자왈 절절시시 이이여야 가위사의 붕우 절절시시 형제이이

해설 자로가 물었다. 어떤 태도를 가져야 사(士)라고 할 수 있습니까?
공자께서 이렇게 말했다. '서로 북돋우며 온화하게 지내는 사람을
사(士)라고 할 수 있다. 친구에게는 격려할 수 있고, 형제들과는

화목하고 다정하게 지내는 것이다.'

|한자풀이| 偲偲(시시) : 벗이나 동지끼리 서로 격려하며 선도를 권한다. 怡怡(이이): 화합하고
즐겁다

29 子曰 善人敎民七年 亦可以卽戎矣
    자왈 선인교민칠년 역가이즉융의

|한자풀이| 戎(융): 전쟁, 싸움

30 子曰 以不敎民戰 是謂棄之
    자왈 이불교민전 시위기지

|한자풀이| 棄(기): 버리다

제14편 헌문(憲問)

01 憲問恥 子曰 邦有道穀 邦無道穀 恥也
    헌문치 자왈 방유도곡 방무도곡 치야

해설 제자가 '부끄러움이란 어떤 것입니까'라고 묻자, 공자는 '나라가
     올바르게 다스려지고 있을 때는 녹봉을 받으며 나라를 위해 일해도
     괜찮다. 그러나 나라에 도가 행해지지 않고 있을 때에 녹봉을 받는
     것은 부끄러운 일이다.'라고 말했다.

|한자풀이| 憲(헌): 공자의 제자 원헌(原憲).

02 克伐怨欲 不行焉 可以爲仁矣 子曰 可以爲難矣 仁則吾不知也
　　극벌원욕 불행언 가이위인의 자왈 가이위난의 인즉오부지야

|한자풀이| 克(극): 남을 이기다

03 子曰 士而懷居 不足以爲士矣
　　자왈 사이회거 부족이위사의

해설 사(士)로서 나라 일을 보는 사람이 가정에서의 안락함만을 추구한다면
　　사(士)가 되기에는 부족하다.

|한자풀이| 懷(회): 마음에 품다

04 子曰 邦有道 危言危行 邦無道 危行言孫
　　자왈 방유도 위언위행 방무도 위행언손

|한자풀이| 危(위): 바르다, 똑바르다, 孫(손): 공손하다, 순종하다

05 子曰 有德者必有言 有言者不必有德 仁者必有勇 勇者不必有仁
　　자왈 유덕자필유언 유언자불필유덕 인자필유용 용자불필유인

해설 인덕을 갖춘 사람은 그에 상응하는 훌륭한 말을 하지만 훌륭한 말을
　　한다고 해서 반드시 덕을 갖춘 것은 아니다. 인(仁)한 사람은 용기가
　　있는 사람이지만 용맹과감한 사람이 반드시 인(仁)한 사람은 아니다.

|한자풀이| 有言(유언): 도리에 맞는 말

06 南宮适問於孔子曰 羿善射 奡盪舟 俱不得其死然
　　남궁괄문어공자왈 예선사 오탕주 구부득기사연

禹稷躬稼 而有天下 夫子不答 南宮适出
우직궁가 이유천하 부자부답 남궁괄출
子曰 君子哉若人 尙德哉若人
자왈 군자재약인 상덕재약인

해설 南宮适(남궁괄): 공자의 제자, 남용. 稷(직): 순(舜)임금의 신하였으며,
백성들에게 농사를 가르쳤다. 주(周)나라의 시조이다.

07 子曰 君子而不仁者有矣夫 未有小人而仁者也
자왈 군자이불인자유의부 미유소인이인자야

08 子曰 愛之 能勿勞乎 忠焉 能勿誨乎
자왈 애지 능물로호 충언 능물회호

해설 그 사람을 사랑한다면 힘을 내라고 어찌 격려하지 않을 수 있겠는가?
그 사람에게 충성을 다할 뜻이 있다면 어찌 가르쳐 주지 않을 수
있겠는가?

|한자풀이| 誨(회): 깨우쳐 주다

09 子曰 爲命 裨諶草創之 世叔討論之 行人子羽修飾之 東里子産潤色之
자왈 위명 비심초창지 세숙토론지 행인자우수식지 동리자산윤색지

|한자풀이| 命(명): 외교문서, 行人(행인): 외교의 일을 보는 사람, 東里(동리): 지명이다.

10 或問子産 子曰 惠人也 問子西 曰 彼哉彼哉
혹문자산 자왈 혜인야 문자서 왈 피재피재
問管仲 曰 人也 奪伯氏騈邑三百 飯疏食 沒齒無怨言
문관중 왈 인야 탈백씨변읍삼백 반소사 몰치무원언

해설 子西(자서): 초(楚)나라의 재상. 초의 소왕이 공자를 불러들여서 극진히 예우를 했으나, 공자에게 관직을 주는 것을 반대했다. 결국 공자는 초나라를 떠났다. 그후 자서는 초나라에서 일어난 권력투쟁(백공의 난)에서 비참한 죽음을 맞이했다. 그 소식을 들은 공자는 자서에 대해 물으니, '아, 그 사람은 그 사람은…'이라고만 답했다. 말할 가치도 없다는 것이었다.

|한자풀이| 飯疏食(반소사): 거친 밥을 먹다. 沒齒(몰치): 죽을 때까지

11 子曰 貧而無怨難 富而無驕易
자왈 빈이무원난 부이무교이

해설 궁핍한 생활을 하면서 남을 원망하거나 탓하지 않기란 어려운 일이지만, 돈이 많으면서 위세를 부리지 않는 것은 쉬운 일이다.

12 子曰 孟公綽爲趙魏老則優 不可以爲滕薛大夫
자왈 맹공작위조위로즉우 불가이위등설대부

해설 孟公綽(맹공작): 노나라의 대부.

13 子路問成人 子曰 若臧武仲之知 公綽之不欲 卞莊子之勇
자로문성인 자왈 약장무중지지 공작지불욕 변장자지용
冉求之藝 文之以禮樂 亦可以爲成人矣
염구지예 문지이례악 역가이위성인의
曰 今之成人者 何必然 見利思義 見危授命
왈 금지성인자 하필연 견리사의 견위수명
久要不忘平生之言 亦可以爲成人矣
구요불망평생지언 역가이위성인의

369

臧武仲(장무중): 노나라의 대부, 장손흘(臧孫紇)이다. 장문중의
손자이기도 하다.

文之(문지): 잘 꾸미다, 다스리다, 授命(수명): 목숨을 바치다, 久要(구요): 오래된
약속

14 子問公叔文子於公明賈曰 信乎 夫子不言 不笑不取乎
자문공숙문자어공명가왈 신호 부자불언 불소불취호
公明賈對曰 以告者過也 夫子時然後言 人不厭其言 樂然後笑 人不厭其笑
공명가대왈 이고자과야 부자시연후언 인불염기언 낙연후소 인불염기소
義然後取 人不厭其取 子曰 其然 豈其然乎
의연후취 인불염기취 자왈 기연 기기연호

해설 公叔文子(공숙문자): 위나라의 대부, 공손발(公孫拔), 公明賈(공명가):
위나라의 대부.

15 子曰 臧武仲以防求爲後於魯 雖曰 不要君 吾不信也
자왈 장무중이방구위후어노 수왈 불요군 오불신야

해설 臧武仲(장무중): 자신의 군사를 거느리고 노나라의 임금에게 위협을
가했다.

|한자풀이| 爲後(위후): 후계자로 삼다

16 子曰 晋文公譎而不正 齊桓公正而不譎
자왈 진문공휼이부정 제환공정이불휼

해설 晋文公(진문공): 춘추5패의 한 사람이다, 齊桓公(제환공): 관중을

등용하여 패권을 획득한 춘추5패의 한 사람이다.

17 子路曰 桓公殺公子糾 召忽死之 管仲不死 曰 未仁乎
　　자로왈 환공살공자규 소홀사지 관중불사 왈 미인호
　　子曰 桓公九合諸侯 不以兵車 管仲之力也 如其仁 如其仁
　　자왈 환공구합제후 불이병거 관중지력야 여기인 여기인

해설 召忽(소홀): 제나라의 대부이다. 제나라 양공의 동생인 공자 규를
　　추종하던 인물이다. 왕권 다툼으로 규가 죽음을 당하자, 자신도
　　목숨을 끊었다.

18 子貢曰 管仲非仁者與 桓公殺公子糾 不能死 又相之
　　자공왈 관중비인자여 환공살공자규 불능사 우상지
　　子曰 管仲相桓公 霸諸侯 一匡天下
　　자왈 관중상환공 패제후 일광천하
　　民到于今受其賜 微管仲 吾其被髮左衽矣
　　민도우금수기사 미관중 오기피발좌임의
　　豈若匹夫匹婦之爲諒也 自經於溝瀆而莫之知也
　　기약필부필부지위량야 자경어구독이막지지야

19 公叔文子之臣大夫僎 與文子同升諸公 子聞之曰 可以爲文矣
　　공숙문자지신대부선 여문자동승제공 자문지왈 가이위문의

| 한자풀이 | 升(승): 벼슬을 하다

20 子言衛靈公之無道也 康子曰 夫如是 奚而不喪
    자언위령공지무도야 강자왈 부여시 해이불상
    孔子曰 仲叔圉治賓客 祝駝治宗廟 王孫賈治軍旅 夫如是 奚其喪
    공자왈 중숙어치빈객 축타치종묘 왕손가치군려 부여시 해기상

해설 비록 군왕이 도를 바르게 행하지 못한다 해도, 각 분야의 신하들이
    자신에게 주어진 역할을 충실히 수행한다면 나라를 유지할 수 있다는
    의미.

| 한자풀이 | 喪(상): 잃다, 망하다

21 子曰 其言之不怍 則爲之也難
    자왈 기언지부작 즉위지야난

해설 군자는 자신의 말과 실제 행동이 크게 달라지는 것을 부끄러워해야
    한다.

| 한자풀이 | 怍(작): 부끄러워하다

22 陳成子弒簡公 孔子沐浴而朝 告於哀公曰 陳恒弒其君 請討之
    진성자시간공 공자목욕이조 고어애공왈 진항시기군 청토지
    公曰 告夫三子 孔子曰 以吾從大夫之後 不敢不告也 君曰 告夫三子者
    공왈 고부삼자 공자왈 이오종대부지후 불감불고야 군왈 고부삼자자
    之三子告 不可 孔子曰 以吾從大夫之後 不敢不告也
    지삼자고 불가 공자왈 이오종대부지후 불감불고야

372

해설 기원전 481년 제나라의 대부 진성자가 자신의 군주를 시해했다. 공자는 제나라에서는 군주가 자신의 신하에 의해 시해당하고, 노나라에서는 3명의 세도가들이 실권을 휘두르는 등 춘추시대의 제후국에서 정치적 기강이 무너지고 있음을 염려했다.

23 子路問事君 子曰 勿欺也 而犯之
    자로문사군 자왈 물기야 이범지

|한자풀이| 犯(범): 윗사람에게 직언을 하는 것

24 子曰 君子上達 小人下達
    자왈 군자상달 소인하달

25 子曰 古之學者爲己 今之學者爲人
    자왈 고지학자위기 금지학자위인

26 蘧伯玉使人於孔子 孔子與之坐而問焉曰 夫子何爲
    거백옥사인어공자 공자여지좌이문언왈 부자하위
    對曰 夫子欲寡其過 而未能也 使者出 子曰 使乎使乎
    대왈 부자욕과기과 이미능야 사자출 자왈 사호사호

|한자풀이| 蘧伯玉(거백옥): 위나라의 대부. 공자가 위나라에서 머물 때 그의 집에서 머물렀다.

27 子曰 不在其位 不謀其政
    자왈 부재기위 불모기정

28 曾子曰 君子思不出其位
    증자왈 군자사불출기위

373

29 子曰 君子恥其言而過其行
　　자왈 군자치기언이과기행

30 子曰 君子道者三 我無能焉 仁者不憂 知者不惑 勇者不懼
　　자왈 군자도자삼 아무능언 인자불우 지자불혹 용자불구
　　子貢曰 夫子自道也
　　자공왈 부자자도야

해설 군자가 취해야 할 세 가지 도가 있다. 즉, 어진 사람은 걱정을 하지
　　않으며, 지혜로운 사람은 갈팡질팡하지 않으며, 용감한 사람은
　　두려움이 없어야 한다. 공자는 자신도 아직 이 세 가지의 도에 미치지
　　못했다고 말한 것이다.

31 子貢方人 子曰 賜也賢乎哉 夫我則不暇
　　자공방인 자왈 사야현호재 부아즉불가

|한자풀이| 方人(방인): 사람들의 장단점을 비교하다

32 子曰 不患人之不己知 患其不能也
　　자왈 불환인지불기지 환기불능야

해설 꾸준한 공부를 통해 스스로 실력을 갖추고 있는 것이 중요하다. 실력이
　　있다면 남들이 알아주지 않는 것을 근심할 필요도 없다는 뜻이다.

|한자풀이| 不己知(불기지): 자기를 알아주지 않다

33 子曰 不逆詐 不億不信 抑亦先覺者 是賢乎
　　자왈 불역사 불억불신 억역선각자 시현호

34 微生畝謂孔子曰 丘何爲是栖栖者與 無乃爲佞乎
  미생무위공자왈 구하위시서서자여 무내위녕호
  孔子曰 非敢爲佞也 疾固也
  공자왈 비감위녕야 질고야

35 子曰 驥不稱其力 稱其德也
  자왈 기불칭기력 칭기덕야

36 或曰 以德報怨 何如 子曰 何以報德 以直報怨 以德報德
  혹왈 이보덕원 하여 자왈 하이보덕 이직보원 이덕보덕

37 子曰 莫我知也夫 子貢曰 何爲其莫知子也
  자왈 막아지야부 자공왈 하위기막지자야
  子曰 不怨天 不尤人 下學而上達 知我者其天乎
  자왈 불원천 불우인 하학이상달 지아자기천호

38 公伯寮愬子路於季孫 子服景伯以告曰
  공백료소자로어계손 자복경백이고왈
  夫子固有惑志於公伯寮 吾力猶能肆諸市朝
  부자고유혹지어공백료 오력유능사저시조

子曰 道之將行也與 命也 道之將廢也與 命也 公伯寮其如命何
자왈 도지장행야여 명야 도지장폐야여 명야 공백료기여명하

해설 공자는 계무자에게 자로를 천거하여 그의 일을 맡게 했다. 공백료가
자로를 모함한 것은, 다시 말하면 공자를 제거하려는 것과 같은
것이다.

|한자풀이| 愬(소): 참소하다, 일러바치다, 夫子(부자): 계손씨를 높여 부른 것이다, 肆(사):
사람을 죽여서 시신을 내거는 것

39 子曰 賢者辟世 其次辟地 其次辟色 其次辟言
자왈 현자피세 기차피지 기차피색 기차피언

|한자풀이| 辟世(피세): 혼란한 세상을 피하다

40 子曰 作者七人矣
자왈 작자칠인의

41 子路宿於石門 晨門曰 奚自 子路曰 自孔氏 曰 是知其不可而爲之者與
자로숙어석문 신문왈 해자 자로왈 자공씨 왈 시지기불가이위지자여

|한자풀이| 石門(석문): 노나라의 성문, 晨門(신문): 아침저녁으로 문을 열고 닫는 사람

42 子擊磬於衛 有荷簣而過孔氏之門者 曰 有心哉 擊磬乎
자격경어위 유하궤이과공씨지문자 왈 유심재 격경호
旣而曰 鄙哉 硜硜乎 莫己知也 斯已而已矣 深則厲 淺則揭
기이왈 비재 경경호 막기지야 사이이이의 심즉려 천즉게
子曰 果哉 末之難矣
자왈 과재 말지난의

43 子張曰 書云 高宗諒陰 三年不言 何謂也
   자장왈 서운 고종양음 삼년불언 하위야
   子曰 何必高宗 古之人皆然 君薨 百官總己 以聽於冢宰三年
   자왈 하필고종 고지인개연 군훙 백관총기 이청어총재삼년

해설 高宗(고종): 은나라를 흥하게 한 왕, 무정(武丁)이다. 고종이 부모의
   상을 당했을 때 효를 다한 이야기이다.

|한자풀이| 薨(훙): 임금이 죽다, 總己(총기): 자기의 일을 총괄하다

44 子曰 上好禮 則民易使也
   자왈 상호례 즉민이사야

45 子路問君子 子曰 修己以敬 曰 如斯而已乎 曰 修己以安人
   자로문군자 자왈 수기이경 왈 여사이이호 왈 수기이안인
   曰 如斯而已乎 曰 修己以安百姓 修己以安百姓 堯舜其猶病諸
   왈 여사이이호 왈 수기이안백성 수기이안백성 요순기유병저

해설 자기 수양의 목표는 겸손해지는 것이다. 진심으로 겸손해지면 주변
   사람들이 편안해진다. 그러므로 군왕이 끊임없는 수양을 통해
   겸손해진다면 만백성이 편안해지는 것이다.

46 原壤夷俟 子曰 幼而不孫弟 長而無述焉 老而不死 是爲賊 以杖叩其脛
   원양이사 자왈 유이불손제 장이무술언 노이불사 시위적 이장고기경

原壤(원양): 노나라 사람으로 공자의 친구.

|한자풀이| 夷(이): 두 다리를 뻗고 앉아 있는 것, 脛(경): 정강이

47 闕黨童子將命 或問之曰 益者與
   궐당동자장명 혹문지왈 익자여
   子曰 吾見其居於位也 見其與先生并行也
   자왈 오견기거어위야 견기여선생병행야
   非求益者也 欲速成者也
   비구익자야 욕속성자야

|한자풀이| 將命(장명): 어른의 명을 전하는 심부름, 益者(익자): 학문을 더 열심히 하려는 사람

제15편 위령공(衛靈公)

01 衛靈公 問陳於孔子
   위령공 문진어공자
   孔子對曰 俎豆之事 則嘗聞之矣 軍旅之事 未之學也 明日遂行
   공자대왈 조두지사 즉상문지의 군려지사 미지학야 명일수행
   在陳絶糧 從者病 莫能興
   재진절량 종자병 막능흥
   子路慍見曰 君子亦有窮乎 子曰 君子固窮 小人窮斯濫矣
   자로온현왈 군자역유궁호 자왈 군자고궁 소인궁사람의

해설 공자는 진나라, 채나라 등을 방문하던 중 위나라 영공의 부름을 받고
    위나라로 갔다. 영공이 속읍인 포가 모반을 꾀하자, 군사를 줄 테니
    속읍을 토벌하라고 했다. 공자로서는 관직에 등용될 순간이었다.

그러나 공자는 '제례에 대해서는 일찍부터 듣고 배운 바가 있으나,
군사에 대해서는 배우지 못했습니다'라고 말하며 사의를 표했다.
토벌해야 할 사람은 역모의 근원인 재상, 공숙씨라고 말했다. 영공이
원하는 해결책이 아니었기 때문에 결국 정사에 참여할 기회가
주어지지 않았다. 공자는 여러 차례 위나라를 방문했지만, 번번히
떠나야 했다.

|한자풀이| 陣(진): 진을 치다, 俎豆之事(조두지사): 제례에 관한 일, 軍旅之事(군려지사):
군대에 관한 일, 慍(온): 성내다, 固窮(고궁): 곤궁함을 참고 견디다, 濫(람): 넘치다, 함부로
하다

02 子曰 賜也 女以予爲多學而識之者與 對曰 然 非與 曰 非也 予一以貫之
   자왈 사야 여이여위다학이지지자여 대왈 연 비여 왈 비야 여일이관지

해설 많은 지식을 쌓는다고 해서 반드시 이치를 깨달을 수 있는 것이
    아니다. 오직 한 가지, 도를 통해서만 모든 이치에 도달할 수 있다.

|한자풀이| 賜(사): 자공, 識(지): 기억하다

03 子曰 由知德者鮮矣
   자왈 유지덕자선의

|한자풀이| 由(유): 자로, 鮮(선): 드물다

04 子曰 無爲而治者 其舜也與 夫何爲哉 恭己正南面而已矣
   자왈 무위이치자 기순야여 부하위재 공기정남면이이의

해설 순임금은 직위에 알맞은 사람을 등용하여 관직을 맡겨 천하를 잘
    다스렸다고 한다. 무위(無爲)란 몸소 나서지 않고 현명한 신하에게

379

일을 맡겼다는 뜻이다.

05 子張問行 子曰 言忠信 行篤敬 雖蠻貊之邦行矣
　　자장문행 자왈 언충신 행독경 수만맥지방행의
　　言不忠信 行不篤敬 雖州里行乎哉
　　언불충신 행불독경 수주리행호재
　　立則見其參於前也 在輿則見其倚於衡也 夫然後行 子張書諸紳
　　입즉견기참어전야 재여즉견기의어형야 부연후행 자장서저신

해설 자신의 뜻을 세상에 펼칠 수 있게 해주는 처세가 있다면 그것은 진실이
　　담긴 말과 공경스러운 행동이다. 반대로 말에 진실이 없고 행동이
　　공경스럽지 않다면 작은 읍에서조차 뜻을 펼칠 수 없다.

|한자풀이| 參(참): 빽빽하게 늘어서 있다, 輿(여): 수레, 紳(신): 예복에 하는 폭이 넓은 띠

06 子曰 直哉史魚 邦有道 如矢 邦無道 如矢
　　자왈 직재사어 방유도 여시 방무도 여시
　　君子哉蘧伯玉 邦有道則仕 邦無道 則可卷而懷之
　　군자재거백옥 방유도즉사 방무도 즉가권이회지

해설 史魚(사어): 위나라 대부, 蘧伯玉(거백옥): 위나라 대부

|한자풀이| 如矢(여시): 화살처럼 올곧다, 懷(회): 숨다, 은둔하다

07 子曰 可與言而不與之言 失人
　　자왈 가여언이불여지언 실인
　　不可與言而與之言 失言 知者不失人 亦不失言
　　불가여언이여지언 실언 지자불실인 역불실언

함께 이야기를 나누기에 적합한 사람을 만났을 때 대화를 하지 않으면
상대방을 놓치게 된다. 이야기를 나누지 않아야 할 사람과 대화를
하면 쓸데없는 말을 하게 된다. 지혜로운 사람은 상대를 도망가게
하지도 않고 또한 쓸데없는 말을 하는 일도 없다.

08 子曰 志士仁人 無求生以害人 有殺身以成仁
   자왈 지사인인 무구생이해인 유살신이성인

해설 뜻이 있는 사(士)와 인(仁)한 사람은 자신의 목숨을 아끼기 위해
   인덕을 해치는 일을 하지 않는다. 목숨을 버리는 한이 있어도 인덕을
   수행할 것이다.

|한자풀이| 殺身(살신): 자신을 희생하다

09 子貢問爲仁 子曰 工欲善其事 必先利其器
   자공문위인 자왈 공욕선기사 필선리기기
   居是邦也 事其大夫之賢者 友其士之仁者
   거시방야 사기대부지현자 우기사지인자

해설 자장이 인덕을 실천하는 방법을 물었다. 선생은 이렇게 말했다.
   '장인이 자신의 일을 능숙하게 해내려면 먼저 연장을 잘 연마하여 날을
   날카롭게 해 두어야 하는 법이다. 마찬가지로 나라를 잘 다스리려면
   그 나라의 대신 중에서 현명한 사람을 섬겨야 하며, 관리 중에서
   인덕이 있는 사람과 친하게 지내며, 자기 자신을 갈고 닦아야 한다.'

|한자풀이| 工(공): 장인, 기술자, 利其器(리기기): 공구를 손질하다

10 顔淵問爲邦 子曰 行夏之時 乘殷之輅 服周之冕 樂則韶舞
   안연문위방 자왈 행하지시 승은지로 복주지면 악즉소무

381

放鄭聲 遠佞人 鄭聲淫 佞人殆
방정성 원녕인 정성음 영인태

해설 정(鄭)나라는 남녀의 감정을 노래하는 음악이 많았는데 음란하게
느껴져서, 예를 중시하는 공자는 음악이 변질되는 것으로 여겼다.

|한자풀이| 時(시): 역법, 韶舞(소무): 소는 순임금 시절의 음악, 무는 무왕(武王)의 음악

11 子曰 人無遠慮 必有近憂
자왈 인무원려 필유근우

12 子曰 已矣乎 吾未見好德 如好色者也
자왈 이의호 오미견호덕 여호색자야

13 子曰 臧文仲其竊位者與 知柳下惠之賢而不與立也
자왈 장문중기절위자여 지유하혜지현이불여립야

해설 柳下惠(유하혜): 노나라의 대부, 與立(여립): 함께 조정에 서다

14 子曰 躬自厚 而薄責於人 則遠怨矣
자왈 궁자후 이박책어인 즉원원의

해설 자기 자신에 대해서는 엄격하고 타인에 대해서는 관대하면 원망을 살
일도 없고, 또한 원한을 품을 일도 없을 것이다.

|한자풀이| 躬(궁): 자기, 자신

15 子曰 不曰 如之何如之何者 吾末如之何也已矣
자왈 불왈 여지하여지하자 오말여지하야이의

남의 조언조차 구하지 않는 사람에겐 아무런 도움을 줄 수도 없다. 자신의 능력을 과신하기보다 늘 주변의 도움을 구하는 자세가 중요하다.

16 子曰 群居終日 言不及義 好行小慧 難矣哉
   자왈 군거종일 언불급의 호행소혜 난의재

17 子曰 君子義以爲質 禮以行之 孫以出之 信以成之 君子哉
   자왈 군자의이위질 예의행지 손이출지 신이성지 군자재

18 子曰 君子病無能焉 不病人之不己知也
   자왈 군자병무능언 불병인지불기지야

|한자풀이| 不己知(불기지): 자기를 알아주지 않다

19 子曰 君子疾沒世而名不稱焉
   자왈 군자질몰세이명불칭언

20 子曰 君子求諸己 小人求諸人
   자왈 군자구저기 소인구저인

해설 군자는 스스로 잘못한 일이 없는지를 생각하지만, 소인은 다른 사람의 탓으로 돌려 비난한다.

21 子曰 君子矜而不爭 群而不黨
   자왈 군자긍이부쟁 군이부당

22 子曰 君子不以言擧人 不以人廢言
　　자왈 군자불이언거인 불이인폐언

23 子貢問曰 有一言而可以終身行之者乎 子曰 其恕乎 己所不欲 勿施於人
　　자공문왈 유일언이가이종신행지자호 자왈 기서호 기소불욕 물시어인

_{해설} 恕(서): 배려, 즉 나보다 남을 먼저 헤아리는 마음. 충(忠)과 함께
　　공자의 핵심 사상이다.

24 子曰 吾之於人也 誰毁誰譽 如有所譽者 其有所試矣
　　자왈 오지어인야 수훼수예 여유소예자 기유소시의
　　斯民也 三代之所以直道而行也
　　사민야 삼대지소이직도이행야

|한자풀이| 毁(훼): 비난하다, 三代(삼대): 하(夏), 은(殷), 주(周)

25 子曰 吾猶及史之闕文也 有馬者借人乘之 今亡矣夫
　　자왈 오유급사지궐문야 유마자차인승지 금무의부

_{해설} 闕文(궐문): 문장 중에서 빠진 글자 또는 구절, 또는 옛글에서
　　자의적인 해석을 하지 않고 남겨 둔 것.

|한자풀이| 史(사): 사관

26 子曰 巧言亂德 小不忍則亂大謀
　　자왈 교언난덕 소불인즉란대모

27 子曰 衆惡之 必察焉 衆好之 必察焉
　　자왈 중오지 필찰언 중호지 필찰언

28　子曰 人能弘道 非道弘人
　　자왈 인능홍도 비도홍인

29　子曰 過而不改 是謂過矣
　　자왈 과이불개 시위과의

^{해설} 실수를 하고도 개선하지 않는 것이야말로 진짜 잘못된 것이라고 말할
수 있다.

30　子曰 吾嘗終日不食 終夜不寢 以思 無益 不如學也
　　자왈 오상종일불식 종야불침 이사 무익 불여학야

|한자풀이| 嘗(상): 일찍이

31　子曰 君子謀道 不謀食 耕也餒在其中矣 學也祿在其中矣
　　자왈 군자모도 불모식 경야뇌재기중의 학야녹재기중의
　　君子憂道不憂貧
　　군자우도불우빈

|한자풀이| 餒(뇌): 굶주리다

32　子曰 知及之 仁不能守之 雖得之 必失之
　　자왈 지급지 인불능수지 수득지 필실지
　　知及之 仁能守之 不莊以涖之 則民不敬
　　지급지 인능수지 부장이리지 즉민불경
　　知及之 仁能守之 莊以涖之 動之不以禮 未善也
　　지급지 인능수지 장이리지 동지불이례 미선야

해설 백성을 다스릴 때 뛰어난 지혜로움을 갖추었을지라도 인덕에 의해 실천하지 않으면 일시에 얻은 지위일지라도 반드시 잃게 된다. 지혜가 충분하고 인덕으로 지켜낼 수 있어도 위용을 갖추고 임하지 않으면 백성들은 존경하지 않는다. 지혜도 있고 인덕으로 지켜내고 위용을 갖추었다고 해도 백성을 예로써 이끌지 않으면 아직 완전한 것이 아니다.

|한자풀이| 莊(장): 장중함, 엄격함, 動之(동지): 백성들을 이끌다

33 子曰 君子不可小知 而可大受也 小人不可大受 而可小知也
    자왈 군자불가소지 이가대수야 소인불가대수 이가소지야

해설 군자에게는 작은 일은 맡길 수 없을지 모르지만 큰일은 맡길 수 있다. 소인에게는 큰일은 맡길 수 없지만 작은 일은 맡길 수 있다.

34 子曰 民之於仁也 甚於水火 水火 吾見蹈而死者矣 未見蹈仁而死者也
    자왈 민지어인야 심어수화 수화 오견도이사자의 미견도인이사자야

해설 백성들에게 인덕이 필요한 것은 물과 불보다 소중한 것이기 때문이다. 그런데도 물과 불에 달려 들어가서 죽은 사람은 보았으나 인을 실천하기 위해 죽은 사람은 나는 아직껏 본 적이 없다.

|한자풀이| 蹈(도): 밟다, 뛰어들다

35 子曰 當仁 不讓於師
    자왈 당인 불양어사

36 子曰 君子貞而不諒
    자왈 군자정이불량

386

37 子曰 事君 敬其事 而後其食
    자왈 사군 경기사 이후기식

38 子曰 有敎無類
    자왈 유교무류

해설 누구라도 교육에 의해 나아질 수도 있고, 나빠질 수 있다. 그러므로
    출신성분에 따라 가르침에 차별을 두어서는 안 된다.

39 子曰 道不同 不相爲謀
    자왈 도부동 불상위모

40 子曰 辭達而已矣
    자왈 사달이이의

41 師冕見 及階 子曰 階也 及席 子曰 席也 皆坐 子告之曰 某在斯 某在斯
    사면현 급계 자왈 계야 급석 자왈 석야 개좌 자고지왈 모재사 모재사
    師冕出 子張問曰 與師言之道與 子曰 然固相師之道也
    사면출 자장문왈 여사언지도여 자왈 연고상사지도야

제16편 계씨(季氏)

01 季氏將伐顓臾 冉有季路見於孔子曰 季氏將有事於顓臾
   계씨장벌전유 염유계로현어공자왈 계씨장유사어전유
   孔子曰 求無乃爾是過與
   공자왈 구무내이시과여
   夫顓臾 昔者先王以爲東蒙主 且在邦域之中矣 是社稷之臣也 何以伐爲
   부전유 석자선왕이위동몽주 차재방역지중의 시사직지신야 하이벌위
   冉有曰 夫子欲之 吾二臣者 皆不欲也
   염유왈 부자욕지 오이신자 개불욕야
   孔子曰 求 周任有言曰 陳力就列 不能者止
   공자왈 구 주임유언왈 진력취열 불능자지
   危而不持 顚而不扶 則將焉用彼相矣
   위이부지 전이불부 즉장언용피상의
   且爾言過矣 虎兕出於柙 龜玉毁於櫝中 是誰之過與
   차이언과의 호시출어합 귀옥훼어독중 시수지과여
   冉有曰 今夫顓臾固而近於費 今不取 後世必爲子孫憂
   염유왈 금부전유고이근어비 금불취 후세필위자손우
   孔子曰 求 君子疾夫舍曰 欲之 而必爲之辭
   공자왈 구 군자질부사왈 욕지 이필위지사
   丘也聞 有國有家者 不患寡而患不均 不患貧而患不安
   구야문 유국유가자 불환과이환불균 불환빈이환불안
   蓋均無貧 和無寡 安無傾
   개균무빈 화무과 안무경
   夫如是故 遠人不服 則修文德以來之 旣來之 則安之
   부여시고 원인불복 즉수문덕이래지 기래지 즉안지

今由與求也 相夫子 遠人不服 而不能來也 邦分崩離析 而不能守也
금유여구야 상부자 원인불복 이불능래야 방분붕리석 이불능수야
而謀動干戈於邦內 吾恐季孫之憂 不在顓臾 而在蕭牆之內也
이모동간과어방내 오공계손지우 부재전유 이재소장지내야

해설 季氏(계씨): 노나라의 대부, 계강자(季康子). 冉有(염유): 염구(冉求),
季路(계로): 자로. 공자의 제자였던 염구와 자로는 계씨의 가신으로
일했다.

|한자풀이| 社稷之臣(사직지신): 나라의 신하, 危而不持 顛而不扶(위이부지, 전이불부):
위태로운데 도와주지 못하고, 넘어져도 잡아주지 못하고, 崩(붕): 떠나려 하다, 蕭牆(소장):
임금과 신하 사이에 세우는 병풍, 蕭牆之內(소장지내): 노나라의 내부.

02 孔子曰 天下有道 則禮樂征伐自天子出 天下無道 則禮樂征伐自諸侯出
공자왈 천하유도 즉예악정벌자천자출 천하무도 즉예악정벌자제후출
自諸侯出 蓋十世希不失矣 自大夫出 五世希不失矣
자제후출 개십세희불실의 자대부출 오세희불실의
陪臣執國命 三世希不失矣
배신집국명 삼세희불실의
天下有道 則政不在大夫 天下有道 則庶人不議
천하유도 즉정부재대부 천하유도 즉서인불의

|한자풀이| 陪臣(배신): 가신, 不議(불의): 정치에 대해 논하지 않다

03 孔子曰 祿之去公室五世矣 政逮於大夫四世矣 故夫三桓之子孫微矣
공자왈 녹지거공실오세의 정체어대부사세의 고부삼환지자손미의

해설 公室(공실): 노나라의 조정. 노나라 정공(定公)의 초기. 조정의 권력이
3대 대부에게 넘어가는 시점이다.

389

|한자풀이| 三桓(삼환): 노나라의 3대 가문, 계손씨, 숙손씨 맹손씨

04 孔子曰 益者三友 損者三友
공자왈 익자삼우 손자삼우
友直 友諒 友多聞 益矣 友便辟 友善柔 友便佞 損矣
우직 우량 우다문 익의 우편벽 우선유 우편녕 손의

해설 유익한 친구가 세 부류가 있으며, 해로운 친구가 세 부류가 있다.
정직한 사람, 진심이 있는 사람, 박학다식한 사람을 친구로 삼으면
유익하다. 겉만 번지르르한 사람, 아첨을 잘 하는 사람, 말만 앞선
사람을 친구로 삼으면 해롭다.

|한자풀이| 便辟(편벽): 남이 싫어하는 것을 교묘히 피하는 것, 善柔(선유): 겉으로 복종하는,
便佞(편녕): 말만 잘하는

05 孔子曰 益者三樂 損者三樂 樂節禮樂 樂道人之善 樂多賢友 益矣
공자왈 익자삼요 손자삼요 요절예약 요도인지선 요다현우 익의
樂驕樂 樂佚遊 樂宴樂 損矣
요교락 요질유 요연락 손의

|한자풀이| 樂(요): 좋아하다, 佚(질): 방탕하다

06 孔子曰 侍於君子有三愆 言未及之而言 謂之躁
공자왈 시어군자유삼건 언미급지이언 위지조
言及之而不言 謂之隱 未見顏色而言 謂之瞽
언급지이불언 위지은 미견안색이언 위지고

해설 군자를 곁에서 모실 때 저지르기 쉬운 세 가지 잘못이 있다. 아직

말하지 않아야 할 것을 말해 버릴 경우 경솔함이라고 말한다. 말해야 할 것을 말하지 않는 경우는 은폐라고 말한다. 상대의 표정을 살피지도 않고 말하는 경우는 맹목이라고 말한다.

|한자풀이| 愆(건): 잘못, 瞽(고): 장님, 분별이 없다

07 孔子曰 君子有三戒 少之時 血氣未定 戒之在色
    공자왈 군자유삼계 소지시 혈기미정 계지재색
    及其壯也 血氣方剛 戒之在鬪 及其老也 血氣旣衰 戒之在得
    급기장야 혈기방강 계지재투 급기로야 혈기기쇠 계지재득

08 孔子曰 君子有三畏 畏天命 畏大人 畏聖人之言
    공자왈 군자유삼외 외천명 외대인 외성인지언
    小人 不知天命而不畏也 狎大人 侮聖人之言
    소인 부지천명이불외야 압대인 모성인지언

|한자풀이| 畏(외): 경외, 狎(압): 함부로 대하다, 大人(대인): 덕이 높은 사람, 즉 성인

09 孔子曰 生而知之者 上也 學而知之者 次也
    공자왈 생이지지자 상야 학이지지자 차야
    困而學之 又其次也 困而不學 民斯爲下矣
    곤이학지 우기차야 곤이불학 민사위하의

해설 선천적으로 재능이 있다면 가장 좋은 일이며, 배워서 알게 된다면 그 다음으로 좋은 일이며, 어려운 일을 당하고 배우게 되면 그 다음으로 좋은 일이며, 어려운 일을 당하고도 배우려 하지 않는 것은 가장 수준이 낮은 백성인 것이다.

10 孔子曰 君子有九思
　　군자왈 군자유구사
　　視思明 聽思聰 色思溫 貌思恭 言思忠 事思敬 疑思問 忿思難 見得思義
　　시사명 청사총 색사온 모사공 언사충 사사경 의사문 분사난 견득사의

11 孔子曰 見善如不及 見不善如探湯 吾見其人矣 吾聞其語矣
　　공자왈 견선여불급 견불선여탐탕 오견기인의 오문기어의
　　隱居以求其志 行義以達其道 吾聞其語矣 未見其人也
　　은거이구기지 행의이달기도 오문기어의 미견기인야

해설 속세를 떠나 은둔주의를 택한 사람들을 공자는 반대했다.

12 齊景公有馬千駟 死之日 民無德而稱焉
　　제경공유마천사 사지일 민무덕이칭언
　　伯夷叔齊餓于首陽之下 民到于今稱之 其斯之謂與
　　백이숙제아우수양지하 민도우금칭지 기사지위여

13 陳亢問於伯魚曰 子亦有異聞乎
　　진항문어백어왈 자역유이문호
　　對曰 未也 嘗獨立 鯉趨而過庭 曰學詩乎 對曰未也
　　대왈 미야 상독립 리추이과정 왈학시호 대왈미야
　　不學詩 無以言 鯉退而學詩
　　불학시 무이언 리퇴이학시

他日 又獨立 鯉趨而過庭 曰學禮乎 對曰未也
타일 우독립 리추이과정 왈학례호 대왈미야
不學禮 無以立 鯉退而學禮 聞斯二者
불학례 무이립 리퇴이학례 문사이자
陳亢退而喜曰 問一得三 聞詩聞禮 又聞君子之遠其子也
진항퇴이희왈 문일득삼 문시문례 우문군자지원기자야

해설 陳亢(진항): 공자의 제자, 伯魚(백어): 공자의 아들, 리(鯉). 공자가
노나라를 떠나 방랑길에 나서자 공자의 사학을 지켰다.

|한자풀이| 趨(추): 종종걸음으로 가다. 遠其子(원기자): 자식을 멀리하다

14 邦君之妻 君稱之曰夫人 夫人自稱曰小童 邦人稱之曰君夫人
    방군지처 군칭지왈부인 부인자칭왈소동 방인칭지왈군부인
    稱諸異邦曰寡小君 異邦人稱之亦曰君夫人
    칭저이방왈과소군 이방인칭지역왈군부인

제17편 양화(陽貨)

01 陽貨欲見孔子 孔子不見 歸孔子豚 孔子時其亡也 而往拜之 遇諸塗
    양화욕견공자 공자불현 귀공자돈 공자시기무야 이왕배지 우저도
    謂孔子曰 來 予與爾言 曰 懷其寶而迷其邦 可謂仁乎 曰 不可
    위공자왈 래 여여이언 왈 회기보이미기방 가위인호 왈 불가
    好從事而亟失時 可謂知乎 曰不可
    호종사이기실시 가위지호 왈불가
    日月逝矣 歲不我與 孔子曰 諾 吾將仕矣
    일월서의 세불아여 공자왈 낙 오장사의

해설 陽貨(양화): 양호. 노나라의 공족 맹씨(孟氏). 계씨의 가신으로
　　있으면서 계환자를 구금하고 국정을 전횡했다. 삼환을 제거하려다
　　실패하고 진(晉)나라로 도망갔다.

|한자풀이| 歸(귀): 선물을 보내다, 時其亡(시기무): 출타하고 없을 때를 엿보다, 기(기): 자주,
逝(서): 흘러가다

02　子曰 性相近也 習相遠也
　　자왈 성상근야 습상원야

해설 사람이 태어날 때는 비슷할지라도 매일의 습관과 교양에 의해 격차가
　　커지는 것이다.

03　子曰 唯上知與下愚不移
　　자왈 유상지여하우불이

|한자풀이| 不移(불이): 바뀌지 않다

04　子之武城 聞弦歌之聲 夫子莞爾而笑曰 割鷄焉用牛刀
　　자지무성 문현가지성 부자완이이소왈 할계언용우도
　　子游對曰 昔者 偃也聞諸夫子曰 君子學道則愛人 小人學道則易使也
　　자유대왈 석자 언야문저부자왈 군자학도즉애인 소인학도즉이사야
　　子曰 二三者 偃之言是也 前言戲之耳
　　자왈 이삼자 언지언시야 전언희지이

해설 子游(자유): 노나라의 작은 고을, 무성의 읍재였다. 백성들을 예악으로
　　교화하려고 했다. 이름이 偃(언)이다.

05 公山弗擾以費畔 召 子欲往 子路不說曰 末之也已 何必公山氏之之也
    송산불요이비반 소 자욕왕 자로불열왈 말지야이 하필공산씨지지야
    子曰 夫召我者 而豈徒哉 如有用我者 吾其爲東周乎
    자왈 부소아자 이기도재 여유용아자 오기위동주호

해설 公山弗擾(공산불요): 양호와 함께 노나라의 계환자를 구금하고, 비
    땅에서 난을 일으켰다.

|한자풀이| 末之(말지): 갈 곳이 없다, 徒(도): 공연히

06 子張問仁於孔子 孔子曰 能行五者於天下 爲仁矣
    자장문인어공자 공자왈 능행오자어천하 위인의
    請問之曰 恭寬信敏惠
    청문지왈 공관신민혜
    恭則不侮 寬則得衆 信則人任焉 敏則有功 惠則足以使人
    공즉불모 관즉득중 신즉인임언 민즉유공 혜즉족이사인

|한자풀이| 不侮(불모): 업신여기지 않다, 得衆(득중): 많은 사람들이 따르다

07 佛肸召 子欲往
    필힐소 자욕왕
    子路曰 昔者 由也聞諸夫子曰 親於其身爲不善者 君子不入也
    자로왈 석자 유야문저부자왈 친어기신위불선자 군자불입야
    佛肸以中牟畔 子之往也 如之何
    필힐이중모반 자지왕야 여지하
    子曰 然 有是言也 不曰 堅乎 磨而不磷 不曰 白乎 涅而不緇
    자왈 연 유시언야 불왈 견호 마이불린 불왈 백호 날이불치

395

吾豈匏瓜也哉 焉能繫而不食
오기포과야재 언능계이불식

해설 佛肸(필힐): 진(晉)나라의 대부

|한자풀이| 磷(린): 얇은 돌, 涅(날): 검은 물을 들이는 염료, 緇(치): 검다, 匏瓜(포과): 조롱박

08 子曰 由也 女聞六言六蔽矣乎 對曰 未也 居 吾語女
   자왈 유야 여문육언육폐의호 대왈 미야 거 오어여
   好仁不好學 其蔽也愚 好知不好學 其蔽也蕩 好信不好學 其蔽也賊
   호인불호학 기폐야우 호지불호학 기폐야탕 호신불호학 기폐야적
   好直不好學 其蔽也絞 好勇不好學 其蔽也亂 好剛不好學 其蔽也狂
   호직불호학 기폐야교 호용불호학 기폐야란 호강불호학 기폐야광

|한자풀이| 絞(교): 비방하다, 남을 헐뜯다

09 子曰 小子何莫學夫詩 詩可以興 可以觀 可以群 可以怨
   자왈 소자하막학부시 시가이흥 가이관 가이군 가이원
   邇之事父 遠之事君 多識於鳥獸草木之名
   이지사부 원지사군 다식어조수초목지명

|한자풀이| 怨(원): 비판하고, 풍자하다, 邇(이): 가까이

10 子謂伯魚曰 女爲周南召南矣乎 人而不爲周南召南 其猶正牆面而立也與
   자위백어왈 여위주남소남의호 인이불위주남소남 기유정장면이립야여

해설 周南(주남), 召南(소남): 《시경》의 앞부분. 악기를 연주하고, 노래를 하는 것은 당대의 지식인이라면 반드시 학습해야 할 중요한 과목이었다.

11 子曰 禮云禮云 玉帛云乎哉 樂云樂云 鐘鼓云乎哉
   자왈 예운예운 옥백운호재 악운악운 종고운호재

해설 예의 본질이 옥과 비단에 있는 것이 아니며, 악의 근본이 종이나 북
   같은 악기에 있는 것이 아니라는 뜻.

12 子曰 色厲而內荏 譬諸小人 其猶穿窬之盜也與
   자왈 색려이내임 비저소인 기유천유지도야여

|한자풀이| 色厲內荏(색려내임): 겉으로는 엄격하나 내심으로는 유약함, 穿窬(천
유): 벽을 뚫고 담을 넘다

13 子曰 鄉原 德之賊也
   자왈 향원 덕지적야

해설 鄉原(향원): 사회적 위치를 이용하여 사리사욕을 추구하는 사이비
   지식인을 가리킨다.

14 子曰 道聽而塗說 德之棄也
   자왈 도청이도설 덕지기야

해설 길에서 주워들은 것을 곧바로 다른 사람에게 말해 버리는 것은 덕을
   포기하는 것과 다름없다.

15 子曰 鄙夫可與事君也與哉 其未得之也 患得之 旣得之 患失之
   자왈 비부가여사군야여재 기미득지야 환득지 기득지 환실지
   苟患失之 無所不至矣
   구환실지 무소부지의

16 子曰 古者民有三疾 今也或是之亡也
    자왈 고자민유삼질 금야혹시지무야
    古之狂也肆 今之狂也蕩 古之矜也廉 今之矜也忿戾
    고지광야사 금지광야탕 고지긍야렴 금지긍야분려
    古之愚也直 今之愚也詐而已矣
    고지우야직 금지우야사이이의

17 子曰 巧言令色 鮮矣仁
    자왈 교언영색 선의인

18 子曰 惡紫之奪朱也 惡鄭聲之亂雅樂也 惡利口之覆邦家者
    자왈 오자지탈주야 오정성지란아악야 오리구지복방가자

해설 雅樂(아악): 정악(正樂), 바른 음악으로 제례, 궁중에서 연주하는 음악

19 子曰 子欲無言 子貢曰 子如不言 則小子何述焉
    자왈 여욕무언 자공왈 자여불언 즉소자하술언
    子曰 天何言哉 四時行焉 百物生焉 天何言哉
    자왈 천하언재 사시행언 백물생언 천하언재

20 孺悲欲見孔子 孔子辭以疾 將命者出戶 取瑟而歌 使之聞之
    유비욕현공자 공자사이질 장명자출호 취슬이가 사지문지

해설 孺悲(유비): 노나라 사람

21 宰我問 三年之喪 期已久矣
    재아문 삼년지상 기이구의
    君子三年不爲禮 禮必壞 三年不爲樂 樂必崩
    군자삼년불위례 예필괴 삼년불위악 악필붕
    舊穀旣沒 新穀旣升 鑽燧改火 期可已矣
    구곡기몰 신곡기승 찬수개화 기가이의
    子曰 食夫稻 衣夫錦 於女安乎 曰 安
    자왈 식부도 의부금 어여안호 왈 안
    女安則爲之 夫君子之居喪 食旨不甘 聞樂不樂 居處不安 故不爲也
    여안즉위지 부군자지거상 식지불감 문악불락 거처불안 고불위야
    今女安則爲之
    금여안즉위지
    宰我出 子曰 予之不仁也 子生三年 然後免於父母之懷
    재아출 자왈 여지불인야 자생삼년 연후면어부모지회
    夫三年之喪 天下之通喪也 予也有三年之愛於其父母乎
    부삼년지상 천하지통상야 여야유삼년지애어기부모호

해설 予(여): 공자의 제자, 재아(宰我)의 이름

|한자풀이| 鑽燧改火(찬수개화): 나무 꼬챙이를 나무판에 대고 비벼서 불을 일으킴. 그렇게
일으킨 불씨, 懷(회): 품, 가슴

22 子曰 飽食終日 無所用心 難矣哉 不有博奕者乎 爲之猶賢乎已
    자왈 포식종일 무소용심 난의재 불유박혁자호 위지유현호이

|한자풀이| 無所用心(무소용심): 마음 쓸 데가 없다, 博(박): 장기, 奕(혁): 바둑

23 子路曰 君子尚勇乎 子曰 君子義以爲上
    자로왈 군자상용호 자왈 군자의이위상
    君子有勇而無義 爲亂 小人有勇而無義 爲盜
    군자유용이무의 위란 소인유용이무의 위도

해설 군자의 용맹함에 대해 선생께서 이렇게 말했다. '군자는 용기를 가장
    가치 있는 것으로 생각해야 하지만 그것보다 도의를 최우선으로
    삼아야 한다. 높은 위치에 있는 사람이 아무리 용맹스럽다 해도
    도의를 갖추지 못하면 반란을 일으키게 되며, 낮은 위치에 있는
    사람이 용맹하지만 도의를 갖추지 못하면 도적이 될 뿐이다.'

24 子貢曰 君子亦有惡乎 子曰 有惡
    자공왈 군자역유오호 자왈 유오
    惡稱人之惡者 惡居下流而訕上者 惡勇而無禮者 惡果敢而窒者
    오칭인지악자 오거하류이산상자 오용이무례자 오과감이질자
    曰 賜也 亦有惡乎 惡徼以爲知者 惡不孫以爲勇者 惡訐以爲直者
    왈 사야 역유오호 오요이위지자 오불손이위용자 오알이위직자

|한자풀이| 訕上(산상): 윗사람을 비방하다, 窒(질): 막히다, 徼(요): 훔치다, 訐(알): 남의
단점을 지적하다

25 子曰 唯女子與小人 爲難養也 近之則不孫 遠之則怨
    자왈 유여자여소인 위난양야 근지직불손 원지즉원

26 子曰 年四十而見惡焉 其終也已
    자왈 연사십이견오언 기종야이

제18편(微子)

01 微子去之 箕子爲之奴 比干諫而死 孔子曰 殷有三仁焉
   미자거지 기자위지노 비간간이사 공자왈 은유삼인언

해설 은나라의 주(紂)왕은 폭정을 일삼아 현자들이 세상을 등졌다. 결국
    은나라는 주(周)나라의 무왕(武王)에 의해 멸망당했다.

02 柳下惠 爲士師 三黜 人曰 子未可以去乎
   유하혜 위사사 삼출 인왈 자미가이거호
   曰 直道而事人 焉往而不三黜 枉道而事人 何必去父母之邦
   왈 직도이사인 언왕이불삼출 왕도이사인 하필거부모지방

해설 유하혜는 재판관에 세 번이나 올랐으나 세 번 모두 면직되었다. 어떤
    사람이 '당신은 그런 지경을 당하고도 어째서 다른 나라로 가지 않는
    것입니까?'라고 물었다. 그의 대답은 '올바른 도를 수행하며 관직에
    있으려면 어디를 가도 세 번 정도는 퇴출당합니다. 그럴 바엔 딱히
    태어난 고향을 떠날 필요도 없겠지요.

|한자풀이| 士師(사사): 법관, 焉往(언왕): 어디를 간다해도

03 齊景公待孔子曰 若季氏則吾不能 以季孟之間待之
   제경공대공자왈 약계씨즉오불능 이계맹지간대지
   曰 吾老矣 不能用也 孔子行
   왈 오노의 불능용야 공자행

해설 공자는 여러 제후국을 주유했는데, 그 중에서 제나라는 4~5번 정도 갔다. 그러나 등용될 기회를 얻지 못했다. 제나라의 경공도 공자를 여러 차례 불러들였으나 관직을 내리지는 못했다.

04 齊人歸女樂 季桓子受之 三日不朝 孔子行
제인귀여악 계환자수지 삼일부조 공자행

해설 季桓子(계환자): 노나라의 제후로서 삼환씨(계손씨, 맹손씨, 숙손씨)라 불리는 대부 중의 한 사람이다. 삼환에 의해 노나라의 정치가 혼란해지고 있을 때, 제나라에서 여자 무희들을 보냈다. 계환자가 이들과 가무를 즐기느라 정사를 소홀히 했다. 결국 공자는 노나라에서 더 이상 희망이 없다고 느끼고, 노나라를 떠나 중원의 여러 제후국을 여행했다. 공자의 여행은 이후 14여년 동안 계속되었다.

05 楚狂接輿歌而過孔子曰
초광접여가이과공자왈
鳳兮鳳兮 何德之衰 往者不可諫 來者猶可追 已而已而 今之從政者殆而
봉혜봉혜 하덕지쇠 왕자불가간 내자유가추 이이이이 금지종정자태이
孔子下 欲與之言 趨而辟之 不得與之言
공자하 욕여지언 추이피지 부득여지언

해설 接輿(접여): 미친 척하며 속세를 떠난 은자(隱者)였다고 한다.

06 長沮桀溺 耦而耕 孔子過之 使子路問津焉
장저걸익 우이경 공자과지 사자로문진언
長沮曰 夫執輿者爲誰 子路曰 爲孔丘
장저왈 부집여자위수 자로왈 위공구
曰 是魯孔丘與 曰 是也 曰 是知津矣
왈 시노공구여 왈 시야 왈 시지진의

問於桀溺 桀溺日 子爲誰 日 爲仲由 日 是魯孔丘之徒與 對日 然
문어걸익 걸익왈 자위수 왈 위중유 왈 시노공구지도여 대왈 연
日 滔滔者 天下皆是也 而誰以易之
왈 도도자 천하개시야 이수이역지
且而與其從辟人之士也 豈若從辟世之士哉 耰而不輟
차이여기종피인지사야 기약종피세지사재 우이불철
子路行以告 夫子憮然日 鳥獸不可與同群 吾非斯人之徒與而誰與
자로행이고 부자무연왈 조수불가여동군 오비사인지도여이수여
天下有道 丘不與易也
천하유도 구불여역야

해설 長沮(장저), 걸익(桀溺): 세상을 등지고 숨어버린 초나라의 은자로
알려진 인물들이다.

|한자풀이| 易之(역지): 물의 흐름을 바꾸다, 輟(철): 멈추다, 與同群(여동군): 함께 어울려 살다

07 子路從而後 遇丈人以杖荷蓧
자로종이후 우장인이장하조
子路問日 子見夫子乎 丈人日 四體不勤 五穀不分 孰爲夫子 植其杖而芸
자로문왈 자견부자호 장인왈 사체불근 오곡불분 숙위부자 식기장이운
子路拱而立 止子路宿 殺鷄爲黍而食之 見其二子焉
자로공이립 지자로숙 살계위서이사지 견기이자언
明日子路行以告 子日 隱者也 使子路反見之 至則行矣
명일자로행이고 자왈 은자야 사자로반견지 지즉행의
子路日 不仕無義 長幼之節 不可廢也 君臣之義 如之何其廢之
자로왈 불사무의 장유지절 불가폐야 군신지의 여지하기폐지
欲潔其身 而亂大倫 君子之仕也 行其義也 道之不行 已知之矣
욕결기신 이란대륜 군자지사야 행기의야 도지불행 이지지의

08 逸民 伯夷叔齊 虞仲夷逸 朱張柳下惠少連
   일민 백이숙제 우중이일 주장유하혜소련
   子曰 不降其志 不辱其身 伯夷叔齊與
   자왈 불강기지 불욕기신 백이숙제여
   謂柳下惠少連 降志辱身矣 言中倫 行中慮 其斯而已矣
   위유하혜소련 강지욕신의 언중륜 행중려 기사이이의
   謂虞仲夷逸 隱居放言 身中清 廢中權 我則異於是 無可無不可
   위우중이일 은거방언 신중청 폐중권 아즉이어시 무가무불가

09 大師摯適齊 亞飯干適楚 三飯繚適蔡 四飯缺適秦
   태사지적제 아반간적초 삼반료적채 사반결적진
   鼓方叔入於河 播鼗武入於漢 小師陽 擊磬襄 入於海
   고방숙입어하 파도무입어한 소사양 격경양 입어해

해설 노나라의 음악인들이 노나라를 떠나 다른 나라로 갔다는 것을 설명하고 있는 것이다.

10 周公謂魯公曰 君子不施其親 不使大臣怨乎不以
   주공위노공왈 군자불시기친 불사대신원호불이
   故舊無大故則不棄也 無求備於一人
   고구무대고즉불기야 무구비어일인

해설 주공이 아들 노공을 향해 말했다. '윗사람은 자기 친족의 일은 소홀히
　　하지 않는다. 또한 중신의 말을 들어주지 않아서 그에 대해 원망하는
　　일이 없도록 해야 한다. 옛 친구는 중대한 실수를 하지 않는 한 버리지
　　않는다. 한 사람에게 완벽함을 요구해서는 한 된다.'

|한자풀이| 施(시): 소홀히 하다. 大故(대고): 큰 죄

11 周有八士 伯達 伯适 仲突 仲忽 叔夜 叔夏 季隨 季騧
　　주유팔사 백달 백괄 중돌 중홀 숙야 숙하 계수 계와

제19편 자장(子張)

01 子張曰 士見危致命 見得思義 祭思敬 喪思哀 其可已矣
　　자장왈 사견위치명 견득사의 제사경 상사애 기가이의

해설 자장이 말했다. '사(士)는 나라의 위기 앞에서는 목숨을 던져야
　　하고, 이득이 있을 때는 그것을 취해도 괜찮은지 도의에 비추어
　　합당하였는지를 살피며, 제사에는 정성을 다해야 하고, 상을 당했을
　　때는 애도의 뜻을 전한다. 이것이 바로 사(士)라고 말할 수 있을
　　것이다.'

|한자풀이| 致命(치명): 목숨을 바치다

02 子張曰 執德不弘 信道不篤 焉能爲有 焉能爲亡
　　자장왈 집덕불홍 신도부독 언능위유 언능위무

해설 자장이 이렇게 말했다. '덕을 열심히 닦지도 않고, 도를 확고하게

지키지도 않는다면 그것은 있으나 없으나 마찬가지이다.'

|한자풀이| 執德(집덕): 덕을 지키다, 篤(독): 두터이 하다

03 子夏之門人 問交於子張 子張曰 子夏云何
    자하지문인 문교어자장 자장왈 자하운하
    對曰 子夏曰 可者與之 其不可者拒之
    대왈 자하왈 가자여지 기불가자거지
    子張曰 異乎吾所聞 君子 尊賢而容衆 嘉善而矜不能
    자장왈 이호오소문 군자 존현이용중 가선이긍불능
    我之大賢與 於人何所不容 我之不賢與 人將拒我 如之何其拒人也
    아지대현여 어인하소불용 아지불현여 인장거아 여지하기기거인야

|한자풀이| 容衆(용중): 여러 사람을 포용하다, 矜(긍): 불쌍히 여기다

04 子夏曰 雖小道 必有可觀者焉 致遠恐泥 是以君子不爲也
    자하왈 수소도 필유가관자언 치원공니 시이군자불위야

|한자풀이| 恐泥(공니): 장애가 될까 두렵다

05 子夏曰 日知其所亡 月無忘其所能 可謂好學也已矣
    자하왈 일지기소무 월무망기소능 가위호학야이의

해설 자하가 말했다. '날마다 스스로 알지 못했던 것을 배워 알게 되고,
    날마다 깨달은 것을 잊지 않는다면 그것이야말로 학문을 좋아한다고
    말해도 좋을 것이다.'

06 子夏曰 博學而篤志 切問而近思 仁在其中矣
    자하왈 박학이독지 절문이근사 인재기중의

07 子夏曰 百工居肆 以成其事 君子學以致其道
　　자하왈 백공거사 이성기사 군자학이치기도

08 子夏曰 小人之過也 必文
　　자하왈 소인지과야 필문

09 子夏曰 君子有三變 望之儼然 卽之也溫 聽其言也厲
　　자하왈 군자유삼변 망지엄연 즉지야온 청기언야려

10 子夏曰 君子信而後勞其民 未信則以爲厲己也
　　자하왈 군자신이후로기민 미신즉이위려기야
　　信而後諫 未信則以爲謗己也
　　신이후간 미신즉이위방기야

11 子夏曰 大德不踰閑 小德出入可也
　　자하왈 대덕불유한 소덕출입가야

12 子游曰 子夏之門人小子 當灑掃應對進退則可矣 抑末也 本之則無 如之何
　　자유왈 자하지문인소자 당쇄소응대진퇴즉가의 억말야 본지즉무 여지하
　　子夏聞之曰 噫 言游過矣 君子之道 孰先傳焉 孰後倦焉
　　자하문지왈 희 언유과의 군자지도 숙선전언 숙후권언
　　譬諸草木 區以別矣 君子之道 焉可誣也 有始有卒者 其惟聖人乎
　　비저초목 구이별의 군자지도 언가무야 유시유졸자 기유성인호

|한자풀이| 灑掃(쇄소): 청소, 本之則無(본지즉무): 근원적인 것은 없다, 誣(무): 소홀이 하다

13　子夏曰 仕而優則學 學而優則仕
　　자하왈 사이우즉학 학이우즉사

|한자풀이| 優(우): 여유가 있다

14　子游曰 喪致乎哀而止
　　자유왈 상치호애이지

15　子游曰 吾友張也 爲難能也 然而未仁
　　자유왈 오우장야 위난능야 연이미인

해설 張(장): 공자의 제자, 자장

16　曾子曰 堂堂乎張也 難與並爲仁矣
　　증자왈 당당호장야 난여병위인의

|한자풀이| 並(병): 나란히

17　曾子曰 吾聞諸夫子 人未有自致者也 必也親喪乎
　　증자왈 오문저부자 인미유자치자야 필야친상호

18 曾子曰 吾聞諸夫子 孟莊子之孝也 其他可能也
    증자왈 오문저부자 맹장자지효야 기타가능야
    其不改父之臣與父之政 是難能也
    기불개부지신여부지정 시난능야

19 孟氏使陽膚 爲士師 問於曾子
    맹씨사양부 위사사 문어증자
    曾子曰 上失其道 民散久矣 如得其情 則哀矜而勿喜
    증자왈 상실기도 민산구의 여득기정 즉애긍이물희

20 子貢曰 紂之不善 不如是之甚也 是以君子惡居下流 天下之惡 皆歸焉
    자공왈 주지불선 불여시지심야 시이군자오거하류 천하지악 개귀언

21 子貢曰 君子之過也 如日月之食焉 過也 人皆見之 更也 人皆仰之
    자공왈 군자지과야 여일월지식언 과야 인개견지 경야 인개앙지

그러나 잘못한 것을 알고 고치면 모든 사람이 우러러보며 감복하게
된다.'

|한자풀이| 更(경): 고치다, 仰(앙): 우러러보다

22 衛公孫朝問於子貢曰 仲尼焉學
   위공손조문어자공왈 중니언학
   子貢曰 文武之道 未墜於地在人 賢者識其大者 不賢者識其小者
   자공왈 문무지도 미추어지재인 현자지기대자 불현자지기소자
   莫不有文武之道焉 夫子焉不學 而亦何常師之有
   막불유문무지도언 부자언불학 이역하상사지유

해설 公孫朝(공손조): 위나라의 대부, 仲尼(중니): 공자의 자

|한자풀이| 墜(추): 떨어지다, 常師(상사): 정해진 스승

23 叔孫武叔語大夫於朝曰 子貢賢於仲尼
   숙손무숙어대부어조왈 자공현어중니
   子服景伯以告子貢 子貢曰 譬之宮牆 賜之牆也及肩 窺見室家之好
   자복경백이고자공 자공왈 비지궁장 사지장야급견 규견실가지호
   夫子之牆數仞 不得其門而入 不見宗廟之美 百官之富
   부자지장수인 부득기문이입 불견종묘지미 백관지부
   得其門者或寡矣 夫子之云 不亦宜乎
   득기문자혹과의 부자지운 불역의호

해설 叔孫武叔(숙손무숙): 노나라의 대부, 숙손씨, 子服景伯(자복경백):
     노나라의 대부

|한자풀이| 及肩(급견): 어깨에 이르다, 窺(규): 엿보다, 仞(인): 한 길, 여덟 자 혹은 열 자

24 叔孫武叔毁仲尼 子貢曰 無以爲也 仲尼不可毁也
　　숙손무숙훼중니 자공왈 무이위야 중니불가훼야
　　他人之賢者 丘陵也 猶可踰也 仲尼日月也 無得而踰焉
　　타인지현자 구릉야 유가유야 중니일월야 무득이유언
　　人雖欲自絶 其何傷於日月乎 多見其不知量也
　　인수욕자절 기하상어일월호 다현기부지량야

|한자풀이| 無以爲(무이위): 소용없다, 踰(유): 넘다, 多見(다현): 많이 드러내다, 量(량): 분수

25 陳子禽謂子貢曰 子爲恭也 仲尼豈賢於子乎
　　진자금위자공왈 자위공야 중니기현어자호
　　子貢曰 君子一言以爲知 一言以爲不知 言不可不愼也
　　자공왈 군자일언이위지 일언이위부지 언불가불신야
　　夫子之不可及也 猶天之不可階而升也
　　부자지불가급야 유천지불가계이승야
　　夫子之得邦家者 所謂立之斯立 道之斯行 綏之斯來 動之斯和
　　부자지득방가자 소위입지사립 도지사행 수지사래 동지사화
　　其生也榮 其死也哀 如之何其可及也
　　기생야영 기사야애 여지하기가급야

|한자풀이| 得邦家(득방가): 봉읍를 내려 받아 제후나 대부가 되어 다스리다

제20장 요왈(堯曰)

01 堯曰 咨爾舜 天之曆數在爾躬 允執其中
　　요왈 자이순 천지력수재이궁 윤집기중

四海困窮 天祿永終 舜亦以命禹
사해곤궁 천록영종 순역이명우

^{해설} 중국의 태평시대였던 요순시대에 천자란 하늘의 명을 받은
사람이었다. 요임금이 그러했으며, 요임금은 천자의 자리를 장자에게
물려주지 않고 효성으로 이름이 난 순에게 물려주었다. 순임금도 역시
신하 우(禹)를 천자로 천거했다.

|한자풀이| 咨(자): 탄식하는 말. 曆數(역수): 제왕들이 계승하는 차례

曰 予小子履 敢用玄牡 敢昭告于皇皇后帝
왈 여소자리 감용현모 감소고우황황후제
有罪不敢赦 帝臣不蔽 簡在帝心
유죄불감사 제신불폐 간재제심
朕躬有罪 無以萬方 萬方有罪 罪在朕躬
짐궁유죄 무이만방 만방유죄 죄재짐궁

^{해설} 탕임금이 걸(桀)을 추방하고 난 후 제후들에게 고한 것이다. 고대
중국에서는 우임금이 세운 하나라부터는 군주세습제가 도입되었다.
하나라의 마지막 왕, 걸(桀)이 주지육림의 정치를 행하는 등 악행을
저지르자, 은족(殷族)의 우두머리였던 탕(湯)이 군사를 일으켜
멸망시켰다. 그리고 탕은 새로운 나라 은(殷)을 건국했다. 결국
은나라는 세습이 아니라, 무력으로 새 왕조를 열게 된 것이다.
탕왕(湯王)은 걸왕의 죄를 비난하며, 자신에게 하늘의 명이 내려져 새
왕조를 열게 되었음을 고하고 있다. 그동안 은(殷)은 전설상의 나라로
여겨졌으나, 갑골문자가 발견되어 역사적으로 존재했던 중국 최초의
고대국가로 밝혀졌다. 정식 명칭은 상(商)이다.

|한자풀이| 履(리): 탕(湯)임금의 이름. 罪(죄): 하나라의 걸(桀)임금이 저지른 죄를 가리킨다.

412

后帝(후제): 천제, 하늘. 簡在帝心(간재제심): 살펴보는 것이 하늘의 뜻에 달려 있다

周有大賚 善人是富 雖有周親 不如仁人 百姓有過 在子一人
주유대뢰 선인시부 수유주친 불여인인 백성유과 재여일인
謹權量 審法度 修廢官 四方之政行焉
근권량 심법도 수폐관 사방지정행언
興滅國 繼絶世 擧逸民 天下之民歸心焉 所重民食喪祭
흥멸국 계절세 거일민 천하지민귀심언 소중민식상제

해설 주나라의 정치제도가 엿보이는 내용이다. 주(周)나라의 무왕은
은나라의 마지막 왕 주(紂)를 토벌하고 천하를 차지했다. 주나라
왕실은 덕을 갖추면 하늘이 도우며, 부덕한 자는 하늘로부터 버림을
받는다고 생각했다. 따라서 왕실의 친인척을 제후로 삼아 영지를
내리는 봉건제도를 실시했는데, 이들에게 인(仁)의 덕을 갖추어야
한다는 것을 말한 것이다.

주나라는 고대국가로서의 훌륭한 제도를 잘 정비했다. 저울이나
되의 사용에 속임수가 생기지 않도록 관리하고 예악과 법치제도를
마련하고, 폐지했던 관직을 정비하여 중앙의 권력이 지방으로
원활하게 펼쳐지게 했다. 몰락한 제후국은 부흥시키고 대가 끊긴
가문은 다시 계승되도록 하고, 숨어 있는 인재들을 등용하여 천하의
민심을 얻었다. 그러나 그보다 더 근본적으로 중시한 것은 백성들의
먹을거리와 상례, 그리고 제례였다.

|한자풀이| 大賚(대뢰): 크게 은혜를 내리다. 周親(주친): 주 왕실의 친인척. 謹權量(근권량):
도량형(저울과 되)을 바로잡다

寬則得衆 信則民任焉 敏則有功 公則說
관즉득중 신즉민임언 민즉유공 공즉열

해설 이 구절은 일반적인 군주의 도에 대해 논한 것으로 무왕의 말과는 별도로 구분한다. 관대함이 있으면 인망을 얻게 되며, 신의가 있으면 백성들로부터 믿음을 얻게 되고, 부지런하면 성공을 하게 되며, 공평하면 기뻐하게 된다는 의미.

|한자풀이| 敏(민): 민첩하다, 부지런하다

02 子張問於孔子曰 何如斯可以從政矣 子曰 尊五美 屛四惡 斯可以從政矣
   자장문어공자왈 하여사가이종정의 자왈 존오미 병사악 사가이종정의
   子張曰 何謂五美
   자장왈 하위오미
   子曰 君子惠而不費 勞而不怨 欲而不貪 泰而不驕 威而不猛
   자왈 군자혜이불비 노이불원 욕이불탐 태이불교 위이불맹
   子張曰 何謂惠而不費 子曰 因民之所利而利之 斯不亦惠而不費乎
   자장왈 하위혜이불비 자왈 인민지소리이리지 사불역혜이불비호
   擇可勞而勞之 又誰怨 欲仁而得仁 又焉貪
   택가로이로지 우수원 욕인이득인 우언탐
   君子無衆寡 無小大 無敢慢 斯不亦泰而不驕乎
   군자무중과 무소대 무감만 사불역태이불교호
   君子正其衣冠 尊其瞻視 儼然人望而畏之 斯不亦威而不猛乎
   군자정기의관 존기첨시 엄연인방이외지 사불역위이불맹호
   子張曰 何謂四惡 子曰 不敎而殺謂之虐 不戒視成謂之暴
   자장왈 하위사악 자왈 불교이살위지학 불계시성위지폭
   慢令致期謂之賊 猶之與人也 出納之吝 謂之有司
   만령치기위지적 유지여인야 출납지린 위지유사

|한자풀이| 敢慢(감만): 소홀히 하다, 瞻視(첨시): 눈을 휘둘러 보다, 不戒(불계): 미리 주의를 주지 않다, 猶(유): 같다, 똑같이, 有司(유사): 낮은 관리

414

03 子曰 不知命 無以爲君子也 不知禮 無以立也 不知言 無以知人也
    자왈 부지명 무이위군자야 부지례 무이립야 부지언 무이지인야

해설 천명을 알지 못하면 군자라 할 수 없다. 예절을 알지 못하면 한 사람의
    인간으로 우뚝 설 수 없으며, 말의 뜻을 이해하지 못하면 사람을
    알아볼 수 없다.

|한자풀이| 命(명): 천명, 立(립): 인간으로 우뚝 서다

공자와 생애와 사상

중국 역사상 최초의 사학을 열다

공자(孔子 BC 551~479)는 성은 공(孔)이고 이름은 구(丘)이며 자(子)가 중니(仲尼)이다. 선생님이라는 뜻의 '자(子)'가 붙어 공자라는 호칭으로 알려졌다. 춘추시대 말기 중국의 동북부, 지금의 산둥성 중부에 있는 노(魯)나라의 곡부에서 태어났다. 노나라는 주(周)나라의 천자에 의해 봉해진 제후국이기 때문에 주나라의 의례와 전통이 잘 보존된 곳이었다. 그러한 노나라의 환경이 공자가 성장하면서 예(禮)에 관심을 갖고 공부하게 된 결정적인 원인이 되었다.

공자는 무사계급이었던 아버지 숙량흘(叔梁紇)이 60이 넘어서, 젊은(20세 전후) 여인 안징재(顔徵在)를 맞아 태어났기 때문에 정식 혼인관계에서 태어나지 않은 것으로 알려져 있다. 아버지를 일찍 여의고 홀어머니와 가난한 생활을 하였으나 어려서부터 학문에 뜻을 두었다는 것은 그의 저서 《논어》 가운데 '나는 열다섯에 학문에 뜻을 두었다(吾十有五而志于學)'에서 밝히고 있다.

공자가 말한 학문은 당시로 말하면 주나라(BC 1046~770) 시대의 예법이다. 공자가 태어날 즈음 중국은 춘추시대 말기로 접어들면서 주 왕조를 중심으로 한 봉건국가의 지배구조가 쇠퇴하기 시작했다. 구체제의 가치관이 해체되고 사회는 도덕적, 정치적으로 혼란기에 접어들었다. 즉 공자의 학문은 주 왕조의 전통적인 예법, 제례, 관습 등에 대한 것이었다.

그 외에도 공자는 6예, 즉 예(禮), 악(樂), 사(射 활쏘기), 어(御 마차술), 서(書 서예), 수(數)에 능통했고, 고전 특히 역사와 시(詩)에 뛰어났기 때문에 서른 살 즈음에는 많은 사람들이 그의 학문을 배우기 위해 모여들기 시작했다. 공자는 중국 역사상 최초의 사학을 열어 빈부와 신분에 상관없이 모든 사람들에게 가르침을 개방했다. 사실 이때부터 세습귀족 신분이 아닌 일반 사람도 교육을 받을 수 있게 되었으며 공자의 가르침을 받으려는 제자들이 생겨났다. 세습귀족이 아닌 사람들 중에서 당대의 교육 과목을 공부하여 관직에 등용되는 사람들을 사(士)라고 했다.

인(仁)에 기반한 도덕정치

공자는 군자(君子)란 배움을 통해 자신을 발전시키고, 더 나아가 공직에서 도덕을 실현해야 한다고 역설했다. 속세에서 벗어나는 것이 아니라, 세상에 살면서 세상을 변모시켜야 한다고 생각했으며 정치에 참여하는 것이 하늘이 자신에게 내려준 사명이라고 믿었다.

젊은 시절에는 말단 관리생활을 했지만 정치에 대한 사명감을 가지고 있었기 때문에 40대와 50대초에는 관직에 나가 정치에 참여하기도 했다.

처음에는 노나라의 3대 정치가문 삼환씨 중의 하나인 계환자 의 가문에서 가축 관리와 창고 관리의 일을 했으나 지방관인 중도재(中都宰)와 토목 관리의 일을 주관하는 사공(司空)에 임명되기도 했다. 노나라의 정공(定公 재위: BC 509~495) 때, 대사구(大司寇)의 자리에 임명되어 노나라의 정치, 사법, 행정, 외교 분야의 일에 참여했다.

그러나 제후나 최고 통치자들은 공자의 정치적 견해를 존경하여 국가의 사안이 있을 때마다 공자를 불러 의견을 묻기도 했으나 세도가들의 견제를 받아야 했다. 결국 나이 55세에 이를 때까지 자신을 알아주는 군주를 만나지 못한 공자는 마침내 노나라를 떠나 유랑 생활을 할 수밖에 없었다.

공자는 춘추시대의 제후국을 떠돌며 인(仁)에 기반한 도덕정치를 현실정치에서 실현하고자 군주들을 설득했으나, 부국강병으로 천하통일을 노리는 제왕들은 공자의 이상을 받아주지 않았다. 결국 유랑 생활은 14년 동안 계속되었으며 그동안 여러 차례 죽을 고비까지 넘긴 공자는 BC 484년 다시 노나라로 돌아왔다.

고향으로 돌아온 후 공자의 정치적 활동은 끝이 났으나 명성은 멀리 퍼져 그의 사학에는 제자들이 몰려들었다. 공자는 죽을 때까지 제자들을 가르치며 저술과 편집에 몰두했다.

공자의 제자 중에는 뛰어난 학자들이 많았는데(3천여 명), 그들은 여러 나라에 등용되어 공자의 사상을 근간으로 현실 정치에 참여했다. 공자의 제자 중에서 특히 학식이나 덕망이 높은 사람 10여명을 가리켜 공문십철(孔門十哲)이라 한다. 안회, 민자건, 염백우, 중궁, 재아, 자공, 염유, 자로, 자유, 자하 등이다.

유교와 《논어》

유교(儒敎)는 공자가 체계화한 사상이다. 수기치인(修己治人), 자기 자신의 수양에 힘쓰고 천하를 이상적으로 다스리는 것을 목표로 하는 학문이며 또한 그것을 향한 실천이라고 할 수 있다. 공자는 자신을 '옛 것을 살려 새로운 것을 알게 하는(溫故而知新)' 것을 실천하려는 사람으로 여겼다. 그래서 제사, 천제, 장례 등의 의식이 수세기 동안 이어져오고 있는 이유를 알기 위해 중국의 고대 왕조를 연구하며 옛 것을 찾아내고자 했다.

공자가 고대 왕조에서 가장 숭배했던 인물은 주공(周公 BC ? ~ 1094?)이다. 주공은 중국의 전설적인 왕인 황제(黃帝)와 요(堯), 순(舜)시대, 하(夏)나라의 우왕(禹王), 은(殷)나라의 탕왕(湯王)을 거쳐 중원을 차지한 주(周)나라 무왕(武王)의 동생이다. 무왕이 죽은 뒤, 왕위에 오를 수도 있었지만 나이 어린 성왕(成王)을 대신하여 섭정을 하며 주나라의 정사를 돌보았다.

주나라 이전까지 중국의 왕조는 철저하게 천제 즉, 하늘의 명을 받은 사람인 천자에 의해 통치되는 신정정치시대였다. 천자가 중앙에서 천하를 직접 통치하며 제사와 정치를 주도했다. 그러나 주공은 새로운 행정단위를 설치하고 혈족들을 제후로 봉하여 그 땅의 지배를 상속하게 함으로써 주 왕실의 권위를 지탱했다. 이것을 고대 중국인들은 봉건이라 했다.

주나라는 봉건제도와 함께 새로운 의례제도가 다져지는데, 그것은 혈연과 결혼으로 맺어진 인척관계를 존중하고 조상에게 제사를 지내는 것을 아주 중요한 일로 여겼으며, 제후들과의 관계도 상호의존을 바탕으로 예의범절에 의해 사회적 유대를 이루어내려는 정치적 이상을 지향했다.

그러나 공자의 시대에 이르면 주나라의 천자에게 충성을 맹세하던 제후들은 천하의 질서에는 관심이 없고 오로지 자신들의 세력만을 키우려는 도덕적인 타락으로 이어졌다. 결국 나라의 위계질서가 무너져갔다.

공자는 자신보다 500년 전에 살았던 주공의 정신과 주나라 초기의 기풍을 지표로 삼았다. 주 왕실의 도덕정치라는 뿌리깊은 세계관을 본받고자 했기 때문이다. 공자는 스스로 인간이 되기 위한 학문에 힘쓰면서 수세기 동안 중원의 정치안정과 사회질서에 기여해 온 의례제도를 회복하고자 했다. 또한 그것을 위해서는 무엇보다 도덕심이 회복되어야 한다고 주장했다.

공자의 사상은 공자가 죽은 후 제자들에 의해 기록된 《논어(論語)》에 집약되었다. 따라서 유교는 공자에 의해 창시된 것은 아니지만 공자의 제자들을 비롯하여 공자의 사상을 받들려는 사람들 즉 유가(儒家)들에 의해 실천되기 시작했다.

인(仁)과 예(禮)

공자의 중심 사상은 인(仁)의 회복이다. 인의 본질은 사람이 내심에 가지고 있는 '사랑의 마음'이며, 예(禮)를 통해 실천될 수 있으며 그것은 '효(孝)와 제(悌)'의 가족제도에서 시작된다고 본다. 또한 서(恕)는 충(忠)과 함께 인을 실천하는 방법이다. 특히 서(恕)는 배려, '자기가 하고 싶지 않은 일을 남에게 시키지 않는 것'이다. 정치에서는 덕치(德治) 사상, 군주는 덕으로 백성들을 다스려야 하며 군자다운 인격을 갖추어야 한다. 따라서 군주란 자신을 수양하여 남을 편안하게 하고 백성을 편안하게 하는 사람임을 강조한다.

인과 예로 형성된 유교는 2,500여 년 동안 중국과 우리나라를 비롯하여 동양의 정치 제도와 사상, 문화에 중요한 영향을 미쳤다. 마오쩌둥(毛澤東)의 문화혁명 시절 유교는 낡은 것을 대표하는 체제로 지목되어 수난을 겪었으나 현재 중국에서는 공자와 유교 사상을 부활시키려는 연구가 활발하다.

공자의 사상을 이어간, 맹자와 순자

 중국은 주나라의 봉건제도가 무너지면서 크고 작은 나라의 제후들이
패권을 차지하기 위해 치열한 경쟁을 벌였다(춘추시대 BC 770~403). 이들의
경쟁을 경계한 공자의 가르침 이후 새로운 가치관을 제시하는 수많은
사상가 또는 철학자들이 나타났는데, 이 시대를 제자백가 시대라고 한다.
 제자백가 가운데 맹자(孟子 BC 372~289)와 순자(荀子 BC 298~238)는
공자의 사상을 계승 발전시킨 사상가들이다. 맹자는 전국시대(BC 403~221)에
활동한 사람으로 공자의 '인(仁)' 사상을 발전시켜, 성선설(性善說)을
주장했다.
 맹자는 인의(仁義)란 사람이 본성적으로 타고난 것이며, 그를 바탕으로
덕으로써 천하를 다스려야 한다는 왕도정치를 주장했다. 맹자가 생각하는
인간은 누구나 본래부터 측은지심, 수오지심, 사양지심, 시비지심이라는
사단(四端)과 인의예지라는 사덕(四德)을 지니고 있다.
 맹자는 이러한 도덕적 본성을 지닌 이상적인 인간을 대인(大人) 또는
대장부(大丈夫)라 지칭하며, 여기에 호연지기(浩然之氣, 하늘과 땅 사이에
넘치는 크고 강하고 곧은 것)를 갖추게 된다면 수양을 통해 도덕적 용기를
지닌 성인이 될 수 있다고 본 것이다.

424

맹자와 같은 시대에 활동한 순자는, 흔히 맹자의 성선설과 대비되는 성악설(性惡說)을 주장한 사람으로 알려져 있다. 조(趙)나라 사람이었으나 당대의 학문의 중심지였던 제(齊)나라의 최고 학사였다. 전국시대 말기 최고의 석학이었다고 할 수 있다.

순자는 인간의 본성에는 욕망이 앞서고 있으므로 이러한 본성을 없애기 위해서 예(禮)와 악(樂)으로 교정해야 한다고 주장했다. 남을 시기하고 증오하는 감정을 내버려 두면 폭력과 범죄로 나아가는 세상이 되며, 충성과 믿음은 모두 사라진다고 생각했다.

따라서 이러한 본성을 없애기 위해서는 스승을 찾아가서 가르침, 즉 예에 복종해야 한다. 그런 다음 겸손하게 행동하라는 명령을 따르고, 사회의 규칙을 준수하면 질서를 이룰 수 있다는 것이다.

순자는 선(善)을 위해서, 법과 벌이라는 제도로 복종을 강요하는 법가의 주장에는 전적으로 동의하지 않았다. 오히려 과거 시대의 지혜, 즉 요순시대의 것을 연구하여 따라야 한다는 공자의 사상을 더욱 확장시켰다.

순자는 스스로 공자를 계승한 진정한 유가라고 천명했다. 맹자와 순자의 사상적 뿌리가 유교라는 것에는 다름이 없다. 다만 맹자가 마음에서 우러나오는 예를 강조했다면, 순자는 외부로부터 절제하는 예를 강조했다. 이러한 이유 때문에 훗날 송대의 학자들에 의해 맹자가 칭송된 반면, 순자는 유교의 이단자로 배척되기도 했다.

논어(論語)에 대하여

유교의 경전으로 손꼽히는 고전 중의 고전

공자와 제자들이 주고받은 이야기나 제후들과 정치적 사안에 대해 토론한 내용들로 이루어져 있다. 또한 공자가 교육을 하거나 휴식을 취할 때의 모습이라든가, 길에서 마주친 사람들과 나눈 대화 등등이 기록되어 있어 공자의 삶과 사상을 이해하는 데 가장 귀중한 자료이다.

공자의 사후 제자들이 편찬한 것으로, 대화하고 생각하는 공자의 모습이 그대로 드러나 있다. 전체는 20편으로 다음과 같이 구성되어 있다. 각 편에서 첫 문장의 두 글자를 제목으로 삼았다.

제1편 학이(學而): '배우고 때때로 이를 익히면 이 또한 기쁜 일이 아닌가' '군자란 중심을 세우지 못하면 위엄이 없으며 배움도 완고해서는 안 된다' 등 학문을 대하는 자세에 대한 내용이다.

제2편 위정(爲政): 정치를 펼치는 위정자, 즉 군주 또는 제후의 자세에 대해 말한다. 정치란 덕을 바탕으로 백성들을 가르쳤을 때 좋은 풍속이 만들어지는 것이며, 형벌로 백성을 다스리는 것은 좋은 정치가 아닌 것이다.

제3편 팔일(八佾): 공자는 주(周)나라의 전통인 예와 악이 올바르게 실천되어야 나라가 편안해진다고 생각했다. '예란 거창한 것이 아니고 오히려 검소한 것이다. 상례는 형식이 중요한 것이 아니고 오히려 슬퍼함이다'

제4편 이인(里仁): 공자의 중심 사상인 인(仁)에 대해 논한다. 인(仁)의 본질은 '사람을 사랑하는 마음'이며 이것은 예(禮)를 통해서 실천될 수 있으며, 효(孝)와 제(悌)의 근본이 되는 것이다.

제5편 공야장(公冶長): 공자의 가르침을 받은 제자들에 대해 공자가 어떻게 평가하고 있었는지를 알 수 있다. 또한 그외 여러 인물들의 행적에 대해 비판하거나 칭찬한다.

제6편 옹야(雍也): 노나라의 제후, 대부들과 정사에 대해 논하거나, 관직에 등용되는 인재들이 어떤 자질을 가져야 하는지에 대한 내용이다. 특히 신분과 계급에 차별을 두지 않는 공자의 사상을 엿볼 수 있다.

제7편 술이(述而): 공자는 스스로를 '나는 태어나면서부터 모든 것을 아는 사람이 아니다. 옛것을 좋아하여 부지런히 탐구해 온 사람이다'라고 했다. 공자가 힘써 추구하고자 했던 옛것, 즉 성인(聖人), 현인들의 덕행에 대해 언급한다.

제8편 태백(泰伯): 중국 고대 정치에서 성인으로 불리는 요와 순임금, 우임금, 주나라 주공의 덕행을 찬미한다.

제9편 자한(子罕): 평소에 제자들에게 들려준 공자의 가르침이 정리되어 있다. 또한 제자들이 공자의 높은 학문과 덕에 대해 얼마나 경외심을 가지고 있었는지를 알 수 있다.

제10편 향당(鄕黨): 공자가 일상적으로 몸소 실행했던 예와 덕, 언행 등이 묘사되어 있다. 조정에서 제후를 대할 때의 법도, 제례를 행할 때의 자세와 의관, 그 외에 음식을 대하는 태도에 이르기까지 세세한 공자의 모습이 드러나 있다.

제11편 선진(先進): 대부분 공자와 제자들이 나눈 대화이다. 제자들에게 진정으로 배워야 학문의 본질이 무엇인지, 또한 경계해야 할 것들이 무엇인지를 깨우쳐 준다.

제12편 안연(顔淵): 공자가 추구하는 '군자'에 대해 구체적으로 이야기한다. 공자의 사상에서 근간을 이루는 '인(仁)의 경지'에 이르기 위해서는 어떻게 해야 하는지를 묻는 제자에게 공자는 '극기복례(克己復禮)' 즉 자기를 극복하고 예(禮)로 돌아가면 인(仁)의 경지에 이르게 된다고 말한다.

제13편 자로(子路): 위나라와 노나라의 정사에 대해 언급하면서 백성들을 어떻게 다스려야 하는지를 논한다. 공자는 '가까운 곳에 있는 사람들은 기뻐하고, 먼 곳에 있는 사람들이 찾아오도록 하는 것이다'라고 말한다.

제14편 헌문(憲問): 세습귀족이 아닌 평범한 사람들이 실력을 쌓아 관직에 등용된 사람들을 사(士)라 한다. 공자는 이들이 관직에 나아가려면 어떻게 자신을 수양해야 하는지, 또한 등용되었을 때 자신이 섬겨야 할 제후, 그리고 백성들에 대해 어떠한 자세로 임해야 하는지를 논한다.

제15편 위령공(衛靈公): '백성에게 있어서 인(仁)이란 물이나 불보다 더 필요한 것이다. 나는 물과 불에 뛰어들어 죽은 사람은 보았지만, 인에 뛰어들어 죽은 사람은 보지 못했다' 공자는 군자란, 나라를 위해 진정으로 봉사하는 사(士)가 되어야 하며, 인(仁)을 실천할 때는 스승에게도 양보하지 않을 정도로 충실하게 해야 하는 것이라고 강조한다.

제16편 계씨(季氏): 예와 법도가 무너져 혼란해지고 있는 현실 정치에 대해 비판한다. 도를 추구하는 구체적인 정치철학을 제시하며, 오로지 도(道)로써 세상이 올바르게 될 수 있다고 말한다.

제17편 양화(陽貨): 노나라의 '양화'와 같은 타락하고 부패한 신하들에 대해 공자는 '말을 교묘하게 하고 얼굴빛을 곱게 꾸미면서 인(仁)한 경우는 드물다'라고 비판하며, 덕을 갖추지 못한 군자들이 세상을 어지럽히고 있음을 한탄한다.

제18편 미자(微子): 혼탁해진 세상을 뒤로 하고 숨어버린 은자들에 대해, 공자는 '새와 짐승과 어울려 살 수는 없는 것이다. 내가 이 세상 사람들과 더불어 살지 않으면 누구와 함께 하겠느냐?'라고 말한다. 비록 관직에 등용되지는 않았으나, 자신은 철저하게 현실정치에 참여할 것이라는 의지를 표명한다.

제19편 자장(子張): 자하, 자공, 증자 등등의 제자들이 평소 자신들에게 들려준 공자의 가르침을 정리한 것이다.

제20편 요왈(堯曰): 성인으로 추앙받는 제왕들에 대한 내용이며, 제자들은 공자 역시 그들과 같은 성인이라고 말한다.

서양의 지식인들에게 전해진, 공자의 철학

중국 문화와 공자를 예찬한, 볼테르

17, 18세기 유럽에는 중세의 신(神) 중심 사상과 비이성적 사유를 거부하며, 인간의 이성을 주장하고, 이성에 의한 인류의 진보를 주장하는 새로운 사상의 흐름이 일고 있었다. 즉 존 로크를 비롯하여 루소, 볼테르(Voltaire 1694~1778), 디드로 등에 의해 제기된 계몽주의 사상이다. 그 중에서 계몽주의 사상을 이끌어낸 핵심적인 인물로 평가되는 프랑스의 사상가, 볼테르는 유럽인 중에서 중국의 문화와 공자를 가장 예찬한 사람이다.

당시 유럽은 극히 일부 학자를 제외하고는 중국을 문화적으로 낙후되어 있는 미개한 나라로 인식하는 경향이 있었다. 한편 중국도 유럽에서 건너온 사람들을 '변방의 오랑캐'라고 생각했다. 그러나 볼테르는 중국의 나침반과 화약, 활판 인쇄술 그리고 종이 제작에 대해 놀라움을 감추지 못했다.

누에로 비단을 만들고, 닥나무로 종이를 만들어내고, 자신들은 모방할 수도 없는 유약과 도자기의 제조 시기는 너무 오래 되어 알지도 못하며, 유리 제작은 2천년 전부터 그 기술을 알고 있었다고 평가했다. 그로 인해 중국은 자연의 혜택으로 유럽보다 경제적 풍요를 누릴 수 있었다고 말했다.

그러나 볼테르가 중국의 과학기술보다 더 주목한 것이 있었다. 그것은 중국의 문화와 도덕, 정치철학이었다. 자신의 저서 《철학서간》에 효와 공경의 사상을 근간으로 하는 중국의 통치철학과 그 안에 담겨 있는 도덕성과 법치주의를 찬양한다. 또한 중국의 '예' 사상을 자세하게 이해하고 있었으며, 유럽보다 2,000년 전에 이미 동양에서 행해지고 있다는 것에 대해 한편으로는 놀라운 충격이었다고 고백하고 있다.

유럽과의 문호 개방을 거부하는 중국의 폐쇄주의와 황제 중심의 왕조 통치에서 일부 학자들은 유럽의 절대군주를 연상하며 비판했다. 그러나 그들의 견해에 대해 볼테르는 찬성하지 않았다. 오히려 중국인들의 도덕성과 법이 유럽의 국가들보다 뛰어났다고 생각했다.

중국의 법은 처벌하면서도 덕행을 권장하고, 그것을 행한 사람에게 보상을 한다는 것이 큰 차이가 있다고 했다. 공자의 인(仁)의 도덕성과 서(恕)의 배려와 겸손을 높이 평가했다. 특히 공자의 핵심 사상 중의 하나인 '서(恕)'는 '너 자신이 원하지 않는 것을 남에게도 행하지 말라'는 가르침이다.

볼테르는 기독교의 윤리관, 즉 '무엇이든지 남에게 대접 받고자 하는 대로 너희도 남을 대해라'라는 황금률과 공자의 가르침이 거의 유사하다고 생각한 것이다.

볼테르는 당시 유럽에서 자행되고 있는 종교적 배타성에 대해 강력하게 비난했다. 기독교 교리 외의 것에 대한 폭력성에 대해 더없이 잔인하고 야만적인 것이라고 생각한 것이다. 그는 인류의 모든 역사는 신의 섭리에 따라 이루어진다는 기독교 중심의 역사에 대해 반기를 들었다. 종교를 정치와 마찬가지로 인류의 발전 과정에 나타난 사회적 산물로 바라본 것이다.

볼테르는 오로지 유대 민족에 의해 역사가 시작되었다는 것에 동의하지 않았다. 고대 중국, 인도, 페르시아의 역사와 종교를 고찰하며, 오히려 고대 동양 중에서 중국이 역사의 시발점일 수 있다고 주장하며 성서에 의한 창조의 신화를 거부했다.

이러한 주장은 당시 학자들은 물론이고 성직자들로부터 엄청난 비난과 박해가 쏟아졌으며, 결국 볼테르는 프랑스를 떠나 유럽을 떠도는 망명 생활을 해야 했다. 그러나 볼테르는 이미 2,000년 전에 종교적인 색채가 없는 순수한 도덕성과 관습을 기반으로 발전해 온 중국의 역사가 잔인한 유대 민족의 역사보다 고귀하다며 공자를 위대한 현인으로 존경했다.

종교적 광신이 인류에게 얼마나 재앙을 가져오는지를 역설하며, 다른 종교, 다른 종파에 대해 '톨레랑스' 즉 '관용'의 정신이 필요하다고 강조한 것은 볼테르의 이러한 역사 철학에서 기인한 것이다.

공자에 대한 볼테르의 견해와 주장은 그와 함께 활동했던 《백과전서》(디드로, 달랑베르의 주도하에 볼테르, 몽테스키외, 루소 등 당시의 계몽 사상가 160여명이 공동으로 집필한 책. 프랑스 계몽주의를 상징하는 저술)파의 계몽주의 사상가들에게도 널리 확산되었다.

동양 철학에 심취한, 헤르만 헤세

《데미안》으로 우리에게 익숙한 독일의 작가 헤르만 헤세(Hermann Hesse 1877~1962)도 일찌감치 동양 철학에 심취해 있었다. 1913년에 발표한 《인도 여행의 기록》, 1946년, 그에게 노벨문학상을 안겨준 《싯다르타》 등은 헤세의 동양관을 알 수 있게 해주는 작품이다.

그러나 헤세는 인도 외에 중국에 대해서도 깊은 관심을 가지고 있었으며 공자의 《논어》, 노자의 《도덕경》 등 중국의 고전을 접하고 그에 대한 서평을 신문이나 잡지에 기고했다.

《논어》는 독일의 중국학자였던 리하르트 빌헬름(Richard Wihelm 1878~1930)의 번역으로 《대화》라는 제목으로 독일에서 출간되었다. 헤세는 이 책을 '위대한 중국인의 대화'라고 말하며, 읽기에 쉽지는 않았으나 중국의 정신을 들여다 볼 수 있는 훌륭한 기회였다고 말한다. 그리고 공자라는 사상가의 본질에서 서양 역사에서 위대했던 인물들과 동일한 것을 발견했다고 말한다.

그것은 볼테르와 마찬가지로 기독교의 정신, '무엇이든지 남에게 대접받고자 하는 대로 너희도 남을 대접하라'는 공자가 말한 '서(恕); 너 자신이 원하지 않는 것을 남에게도 행하지 말라'와 일맥상통하고 있음을 말한 것이다.

헤세는 자신이 이해한 《논어》의 구절을 일간지의 서평에 다음과 같이
소개했다.

'나는 사람들이 나를 알아주지 않는다고 근심하지 않는다. 다만 내가
사람들을 알아보지 못하는 것이 걱정이다'

(子曰 不患人之不己知 患不知人也- 학이편 16)

'자신의 본질로 다스리는 사람은 북극성과 같다. 그는 한 자리에 서 있고
나머지는 모든 별들이 그를 중심으로 돈다.'

(子曰 爲政以德 譬如北辰 居其所而衆星共之- 위정편 01)

1, 2차 세계대전을 겪은 헤세는 전쟁으로 모든 것이 파괴되는 것을
증오했다. 평화와 자유를 기원했던 그는 서양의 정신에 비해 보다 영적인
붓다와 불교 사상을 통해 새로운 가치를 만들고자 했으며, 그 과정에서
만난 공자의 아름다운 윤리가 기독교에 아주 가깝다는 것을 이해했다.
그리고 이러한 동양의 사상이 유럽에서 더욱 뻗어나가기를 바란 열린
지식인이었다.

동양의 현자 공자를 새롭게 발견한, 카렌 암스트롱

21세기 종교문제 비평가인 영국의 여성학자 카렌 암스트롱(Karen Armstrong 1944 ~)은 공자의 사상 외에 중국의 문명에 대해 누구보다 뛰어난 통찰력을 가지고 있는 것으로 유명하다.

저서 《축의 시대》와 《자비를 말하다》에서는 공자의 핵심 사상 중의 하나인 '서(恕)'에 대해 기독교의 황금률뿐만 아니라, 소크라테스(BC 470~399)와 플라톤(BC 427~347)의 '선(Goodness)', 붓다의 '측은지심(자비)'과 통하는 사유라고 말한다.

카렌 암스트롱은 이러한 사유들이 동양과 서양에서 거의 비슷한 시기에 일어난 것에 대한 인문학적 탐사를 시도했으며, 중국에서의 철학적 사유의 원류를 공자에게서 발견했다. 그리고 공자의 사상을 다음과 같이 인식했다.

'《논어》는 수백 편의 짧고 서로 관련 없는 말로 이루어져 있으며, 분명하게 규정된 전망을 만들려 하지 않는다. 그의 스타일은 중국의 풍경화와 마찬가지로 암시적이다.'

그러나 '중국의 풍경화처럼 암시적'이었다는 공자의 사상에서 '인(仁)'과

'예(禮)' '서(恕)'의 본질을 정확하게 꿰뚫어 보았다.

'서(恕)'의 의식은 타인을 소홀하게 대하거나 단순한 실리나 사적 이익에 끌려 다녀서는 안된다는 것을 분명히 했다. 이처럼 인자한 행동 규범들은 모든 인간의 존엄성을 인식하고, 신선한 경의를 표하고 베풀도록 했으며 모든 가족 구성원에게 다른 사람을 위해 살아야 한다고 가르쳤다. 또한 동료들에게 양보하는 미덕(讓)을 개인들에게 가르쳐 인(仁)의 부드러움과 유연함을 계발하는 데 도움을 주었다. 이 의례들은 이기심의 한계를 뛰어넘을 수 있게 해주는 정신적인 교육이었다.'

카렌 암스트롱은 공자의 사상이 BC 6세기 중국에서 제후들의 세력 다툼으로 '예'가 사라져 가던 시기에 정치적으로 영향력을 끼쳤다고 보았다. 서양의 일부 학자들은 공자를 종종 '가정생활을 규정하는 무의미해 보이는 사소한 규칙들에 사로잡힌 편협한 의례주의자'로 여기지만, '통치자가 단 하루만이라도 자아를 억제하여 예에 복종할 수 있다면' 파괴적인 전쟁이 일어나지 않을 것이라는 공자의 사상이 그가 살아 있는 동안에는 실현되지 않았지만, 중국의 정신세계는 이후 공자의 영향력으로부터 벗어날 수 없었다고 말한다.

【참고자료】

  - 《공자, 잠든 유럽을 깨우다》(김영사)

  - 《우리가 사랑한 헤세, 헤세가 사랑한 책들》(김영사)

  - 《카렌 암스트롱, 자비란 무엇인가》(돋을새김)

  - 《축의 시대〉〉(교양인))